Ethica Thomistica:
The Moral Philosophy of Thomas Aquinas
성 토마스의 윤리철학

Ralph McInerny, *Ethica Thomistica : The Moral Philosophy of Thomas Aquinas*, rev. ed., Washington, The Catholic University of America Press, 1982, 1997.

Korean Copyright ⓒ The St. Thomas Institute in Korea

이 책의 한국어판 저작권은 '에릭양' 에이전시를 통한 The Catholic University of America Press와의 독점계약으로 ⓒ '한국성토마스연구소'에 있습니다.
저작권법의 보호를 받는 저작물이므로 무단전재와 무단복제를 금합니다.

Ethica Thomistica:
The Moral Philosophy of Thomas Aquinas
성 토마스의 윤리철학

교회인가 2023년 10월 27일(원주교구)
제1판 제1쇄 펴낸날 2023년 10월 31일

지은이 | 랄프 매키너니
옮긴이 | 이재룡 · 김성수
펴낸이 | 이재룡
펴낸곳 | 한국성토마스연구소

우편주소 | 25244 강원도 횡성군 우천면 경강로산전7길 28-53
전화번호 | 82-33-344-1238
전자우편 | stik2019@naver.com
홈페이지 | http://www.stik.or.kr
출판등록 | 2018년 6월 19일 (2018-000003호)
인쇄제자 | 오엔북스

ⓒ 한국성토마스연구소

보급 | 한국출판협동조합_가톨릭출판사, 교보문고, 알라딘, 예스24
전화 | 02) 716-5616

값 18,000원

ISBN 979-11-981560-8-2 03100

토미즘소책 05

성 토마스의 윤리철학

랄프 매키너니 지음
이재룡 · 김성수 옮김

한국성토마스연구소

| 차 례 |

머리말 … 7

1. 도덕성과 인간적 삶 … 11

2. 인간의 선 … 27
2.1. 아리스토텔레스 … 27
2.2. 토마스 아퀴나스 … 47

3. 궁극 목적과 도덕적 원리들 … 61
3.1. 실천 이성 … 66
3.2. 자연법 … 69
3.3. 성 토마스의 확실한 대안 … 80
3.4. 몇 가지 비판적 성찰들 … 91
3.5. 상대적인 도덕 원리들 … 92

4. 인간적 행위의 구조 … 99
4.1. 의도적인, 비의도적인, 의지와 무관한 … 100
4.2. 의도하는 것의 양상들 … 112

5. 인간적 행위의 선악 … 125

6. 성격과 결단 · 143
   6.1. 인간적 행위의 도덕성 ··· 151
   6.2. 윤리학과 현명 ··· 155

7. 현명과 양심 · 161

8. 종교와 도덕성 · 177

부록: 계시 없는 윤리철학?(버논 부르크) · · · · · · · · · · · · · · · · · 191

참고문헌 ··· 213
인명색인 ··· 218
사항색인 ··· 222
역자후기 ··· 233

| 머리말 |

이 작은 책은 여러 해 동안 절판 상태였다. 이 책을 찾는 이들이 많다는 소식을 듣는 것은 참으로 기쁜 일이었다. 윤리학에 관한 책이 윤리학적으로 존재할 수 있다는 것은 거의 기본에 가깝다고 할 수 있다. 그러나 그것이 사실이기는 하지만, 진실의 전부라고 할 수는 없다. 이로써 나는 훨씬 더 많은 것이 말해질 수 있었다는 것을 말하려는 것이지만, 그렇다고 여기서 말한 것이 말해질 필요가 없었다는 뜻은 아니다.

초판(1982)의 머리말에서 설명한 것처럼, 이 책은 여름 강좌 이전에 토마스 아퀴나스(Thomas Aquinas)가 도덕철학을 수행했던 방식의 개요를 작성해 달라는 요청으로부터 탄생했다. 나의 노력은 잘 받아들여졌고, 그것이 결국 하나의 책자가 되었을 때, 많은 이들이 그것을 '토미스트 윤리학'의 안내서로 유용하다고 보았다. 나는 그 수명 연장이 허용된 것을 참으로 기쁘게 생각한다.

토마스는 자신이 개인적인 차원에서 또는 (적어도 이런 다원주의를 급진적인 의미로 이해한다면) 남들과 대립되는 방식으로 윤리학을 하고 있다거나 철학을 하고 있다는 의식을 갖고 있지 않았다. 그는 철학을 하였지 '토미스트 철학'을 한 것이 아니다. 그것은 아리스토텔레스(Aristoteles)가 철학을 한 것이지, 어떤 통상적이지 않은 개인적인 체계를 만들어내려는 의도를 가지고 있지 않았던 것과 같다.

근대 철학은 종종 서로 독창적이 되려고, 남들과 어떻게든 달리 보이려고, 이전에 아무도 가지 않은 길을 가려는 노력의 연속인 것처럼 보인다. 그리스 철학은 시(詩)로 시작되었다가 산문이 되었다. 근대 철학은 라틴어로 시작했다가, 나중에는 방언들이 되었고, 그들이 가끔 연루되는 국수주의(國粹主義)로 바뀌었다. 한때 단순하게 철학이 있었고, 그것을 표현할 공용어(lingua franca)가 생겨났다가, 이제는 프랑스 철학, 독일 철학, 영국 철학 등이 있다. 그리고 이 각각의 철학들 안에서 철학자는 통상적인 불어나 독일어나 영어와는 전혀 다른 일종의 '은어(patois)'를 만들어내려고 하는 것처럼 보였다.

시인은 독창적이고 어려워야 할 의무가 있다고 흔히들 생각한다. 독자들은 그들에게 예속되어야 하고, 세계를 그들이 보듯이 보아야 한다. 혹자는 엘리엇(T. S. Eliot)이 「전통과 개인적 재능」(Tradition and the Individuasl Talent)에서 했듯이 이 가정을 논박하거나 아니면 적어도 교정할 수 있다. 하지만 우리는 지금 이 가정이 공개적으로, "강력한 시인(Strong Poets)"이 되어야 한다는 압박을 받고 있는 철학자들에게 적용되고 있는 것을 본다. 곧 너무도 '자기-주장적'이어서, 그밖에 달리 주장할 것이 아무것도 없는 것처럼 보인다.

이런 무의미를 향한 발단은 르네 데카르트(René Descartes)가 스스로 "방법적 의심(Methodic Doubt)"이라고 부른 것을 만들어냈을 때 처음부터 현존하고 있었다. 만일 데카르트가 자신이 어떤 것을 확실하게 알고 있는지를 알기 위해서는 의심이 필요했다. 그 의심의 불길을 성공적으로 통과한 것이 무엇이든 그것은 어떤 지식의 항목이 있다고 주장할 수 있었다. 이것은 익숙한 이야기지만, 그 근본 가정에 주목할 수 있어야 한다: 곧 나의 관점을 방법적 의심에 예속시키기 전까지는, 그리고 예속시키지 않는 한, 나는 무언가를 안다고 말할 어떤 권리도 가지고 있지 않다. 그런데 방법적 의심은 철학자가 행하는 무엇이고(그렇지만 명백히 데카르트 이전에는 그렇지 않았는데, 이 사실은 아무런 의미도 없는 것이 아니다.), 이것은 철학을 위한 시간이나 재능을 가지고 있지 않은 대중들은 아는 이들 가운데 낄 수 없다는 것을 의미한다.

모두가 데카르트를 멋진 친구, 예수회 대학을 나온 충실한 가톨릭 신자로 여길지 모르지만, 그가 이 엘리트주의적 귀결을 의도했는지 여부는 의심스럽다. 하지만 사정이 그러하다. 인류의 다수가 말한다고 해서 그것이 진리 탐구에서 어떤 인식적 가치를 지니고 있는 것은 아니다.

한편 토마스 아퀴나스나 아리스토텔레스의 가정은 전혀 달랐다. 그것은 모든 사람이 세상과 자기 자신에 대해서 이미 어떤 것들을 확실히 알고 있다는 것이었다. 그들이 인간인 한 모든 사람에게는 공통적인 진리가 있다. 이 진리들은 철학의 발표들이 아니지만, 자연적으로 알려지고, 철학에 의해서 전제된다. 철학은 이 자연적으로 알려진 진리들로부터 출발해서, 그것들을 넘어가려고 노력한다. 그것들을 의문에 부치는 것이 아니라, 오히려 그것들에 닻을 내린다. 철학자가 자신이 무엇을 의미하는지를, 더 이상 모든 이가 이미 알고 있는 것과 연관시켜 설명할 수 없을 때, 실패하는 것은 인류의 다수가 아니라 철학자다.

데카르트 이래로 철학의 이상스러움의 상당 부분은 이 엘리트주의적 철학 개념(elitest conception of philosophy)과, 당신의 가까운 이웃에 대한 그것의 함축적인 경멸로 소급될 수 있다. 고전적 가정에 의하면, 철학자들은 자기들만의 특징적인 목소리, 독특한 유형을 가지고 있을 것이지만, 그들의 수신인은 원칙적으로 누구나이고, 그들의 주제는 그들의 배꼽에서 발견되어야 하는 실보무라지가 아니라 실재(實在, res)이다.

  이런 성찰들은 토미스트 윤리학의 개요를 작성해 달라는 요청을 받았을 때 자기가 무엇을 하고 있다고 생각하는지에 영향을 미친다. 이 책을 읽는 방식은 그것이 모든 이가 알고 있는 것과 일치하는지를 묻는 것이다. 그것이 일치하지 않는다면, 나는 토마스를 충실하게 소개하는 데 실패한 것이고, 당신은 이 책을 불태우고 토마스에게로 돌아가야 한다. 현 개정판에서 수정된 부분들은 이 실패를 모면하려는 노력들이다. 제3장은 가장 많은 손질을 거친 부분이다. 이전에 나는 제르맹 그리세즈(Germain Grisez, 1929-2018)와 존 핀니스(John Finnis, 1940-), 그리고 '그들의 추종자들(et sequaces eorum)'을 비판했지만, 이곳이 그들을 비판할 자리는 아니라고 생각하게 되었다. 저 두 경탄할 만한 신사들이 이 점을 이해하고 있기 때문에, 이것이 이전의 비판에 대한 철회는 아니다.

                          1997년 1월, 인디애나, 노트르담에서
                                      랄프 매키너니

1. 도덕성과 인간적 삶

성 토마스 아퀴나스(St. Thomas Aquinas)가 도덕철학의 주제는 '인간적 행위(actus humanus)'라고 했을 때, (인간적 행위는 도덕적 행위이고, 그 역도 마찬가지다.) 그는 도덕적 혹은 윤리적인 것이 인간 삶에 스며들어 있다는 의미가 무엇인지를 정확히 포착하고 있었다. 그러나 그는 또한 어떻게 그토록 [인간 삶 전반에 스며들어 있는] 광범위한 어떤 것이 한 특정한 탐구의 대상을 구성할 수 있는지 우리의 궁금증을 자아낸다. 우리가 인간적 행위에 대한 그의 개념에 대해 생각해볼 때, 한줄기 빛이 이 문제에 비치게 된다. 인간적 행위란 의식적이고 의도적이며 자유로운 것, 그것에 대해 우리가 책임져야 하는 어떤 것이다. "당신은 왜 그것을 했나요?" "나는 무엇을 해야 하나요?" 그러나 물론 우리가 도덕적이라고 부르거나 윤리학의 영역에 할당하기를 망설일 수 있는 그러한 질문에 대한 답들도 존재한다. 예를 들면, "3루에 사람이 있었어요."라거나 "8번 아이언으로 한번 쳐보세요."와 같은 답들이다.

조각상을 만드는 리드 암스트롱(Reed Armstrong)은 책임 있는 행위를 하고 있지만, 우리는 그의 활동에 구현된 지식과 그 활동에 대한 그 자신과 다른 사람들의 성찰을 도덕철학과 구분한다. 조각가나 엔지니어, 낚시꾼이나 유격수는 모두 인간적 행위에 참여한다. 그러나 그들의 행위에 관한 성찰을 도덕철학이라고 부르는 것은 적절해 보이지 않는다. 토마스가 너무 넓은 그물을 드리운 것일까?

인간적 행위는 특정 목표(purpose)를 위해, 특정 목적(end)을 염두에 두고 행해진다. 그리고 인간적 행위의 평가는 그 목적을 달성하기 위해 사용된 수단들을 고려한다. 자물쇠를 종이열쇠(paper key)로 열려고 시도하는 것은 보통 염두에 둔 목적을 달성하기에 좋은 방법으로 여겨지지 않는다. 인간은 어떤 목적을 위해 행동한다. 수단들은 그 목적에 적합하지 않거나 알맞은 것이다. 행위에 관한 다른 평가는 목적, 대상 또는 목표 자체와 관련이 있다. 단지 목적들을 달성하기 위한 수단이 아니라, 목적들 그 자체가 선하거나 혹은 악하다고 평가될 수 있다.

성 토마스는 그의 철학적 스승인 아리스토텔레스와 마찬가지로 처음에는 선한 목적과 악한 목적을 식별하기 위한 어떤 기준도 허용하지 않은 것처럼 보인다. 그는 이렇게 말했다. 모든 행위는 특정 목적을 염두에 두고 행해진다. '그리고' 그 목적은 선한 성격을 지니고 있다. 그러나 만약 모든 행위가 목적 또는 목표를 지니고 있고 모든 목적이 선하다면, 만약 선한 행위가 선을 지향하는 행위라면, 모든 행위는 반드시 선한 것이어야 하는 것처럼 보인다.

여기서 "선한(bonum)"은 행위자(agens)를 완전하게 하는 혹은 충만하게 하는 것을 의미한다. 나는 내가 소유하고 있지 않은 어떤 것을 원한다. 왜냐하면 그것을 소유하는 것은 소유하지 않는 것보다 더 좋기 때문이다. 그러므로 나는 그것을 추구한다. 그 목적이 행위자를 완전하게 하는 혹은 충만하게 하는 것이라는 믿음은 모든 행위에 잠재되어 있다. [어떤 행위의] 추구가 그 목적을 성취한다는 것이 행위자가 추구하는 선이다. 그러나 이러한 관점에서라면 어떻게 악한 행위들이 존재할 수 있는가? 토마스와 아리스토텔레스는 실재적 선(bonum verisimile)과 외양적 선(bonum apparens)을 구별하는 것으로 해답을 내놓는다.

실재적 선은 나를 완전하게 하고 충만케 하는 것으로서 내가 추구하는 어떤 것인데, 내가 그것을 소유하고 있다면 참으로 나를 완전하게 하고 충만하게 해준다. 그에 반해서 외양적 선은 나를 완전하게 하고 충만케 하는 것으로서 추구된 목적이지만, 내가 그것을 소유하고 있다 하더라도 참으로 나를 완전하게 하거나 충만케 하지 못할 것이다. 당신이 식탁에 앉아 있는 나에게 온다고 하자. 내 앞에는 압정으로 가득 찬 그릇이 놓여 있다. 나는 그 위에 저지방 우유를 붓고 감미료와 섞는다. 그리고 한 숟가락을 내 입을 향해 가져간다. 십자말풀이에서 말하는 것처럼 입을 향해. 당신은 소리를 지르며 내 손을 잡는다. "왜 압정을 먹으려고 하나요?" 당신은 합리적으로 질문한다. "내 식단에 철분이 더 필요하다고 내가 말했잖아요." 내가 말한다. 당신은 압정을 평가하는 사람의 역할을 수행하면서 압정을 먹는 것은 내 목적을 달성하는 방법이 아니라고 나에게 설명한다. 당신은 내가 건강을 되찾고 얼굴에 장밋빛을 되찾기 위해 내 식단에서 철분을 더 원할 것이라고 추정한다. 당신의 개입에서 아무 의심 없이 받아들여지고 있는 것은 건강은 좋은 것이고 철분은 건강의 한 구성요소라는 것이다. 따라서 당신의 비판은 목적을 손대지 않은 채 남겨둔다. 물론 나는 한숨을 쉬며 당신의 질문에, 최근 나의 고생에 대해 짧은 이야기를 들려주며 나는 죽기를 원한다고 대답할지도 모른다. 압정을 삼킴으로써 발생할 내출혈은 나의 힘든 정신에게는 목적을 달성하기 위한 효과적인 방법으로 보인다. 당신은 그에 대해 무엇이라고 말할 것인가?

분명 나의 목적이 죽음이라면, 말하자면 나는 나의 충만함 혹은 완전함이 결국 내가 존재하지 않음과 이를 초래할 내출혈에 있다고 주장해야 하는 논리적 어려움에 처할 것이다. 인간 행위자의 비존재가 인간 행위자의 선, 완성 또는 성취라고 할 수는 없다. 내가 식사하고 있는 한 동료에게 그릇에 담긴 압정을 먹도록 설득하거나 강요하려 한다고 하자. 이제 나의 목적은 다른 사람을 제거하는 것, 어쩌면 나의 손을 붙잡고 왜 압정이 들어가지 않은 점심식사를 피하지 않았는지 나에게 물으며 강요하려 드는 동료를 제거하는 것이다. 나는 그가 존재하기를 그치는 것이 그가 존재하기를 지속하는 것보다 나에게 더 좋다는 추정에 따라 행동하고 있다. 이런 식으로 나의 식구 숫자 하나를 줄이는 것이 정말로 나를 완성시키고 충만하게 할 수 있는가? 내가 그러한 목적을 가지고 그것을 선으로서 추구하는 것은 가능하다. 그러나 나의 추구와 그 목적의 달성이 정말로 선한 것인가? 앞으로 살펴보겠지만, 토마스에 따르면 도덕철학자의 임무들 가운데 하나는 그러한 목적이 오직 외양적으로만 선하고 참으로 선한 것은 아님을 보여주는 근거를 발견하는 것이다.

그러나 전혀 도덕적인 것으로는 보이지 않고 그것들에 대한 평가가 과학적, 미학적 또는 요리와 연관되거나 다른 기준들에 호소하는 인간의 모든 행동에 대해서는 어떠한가? 만일 인간의 모든 행동에 대하여 도덕적으로 평가할 수 있는 것이 아니라면, 토마스는 어떻게 인간적 행위와 도덕적 행위 사이의 동등함을 견지할 수 있단 말인가? 한 사례를 들어보자.

타데우스 스킬렌(Thaddeus Skillen)은 폐암을 단지 과거의 추억으로 만들기 위한 연구에 종사하고 있다. 우리는 그가 연구실에서 비커에 담긴 흐릿한 내용물을 검토하는 동안 생각에 잠긴 채 박하(멘톨)가 들어 있는 담배를 피우는 것을 본다. 그의 뒤로는 철장 안의

쥐가 날쌔게 움직인다. 연구실에는 우리가 창조성과 연관시키는 악취가 있다. 거대한 기구가 탁자 전체를 덮고 있다. 타데우스에게는 속삭이는 음악처럼 들릴지도 모르지만, 거품이 나는 액체에서 가스가 빠져나가는 작고 낮은 쉬익하는 소리, 좌절한 퀴리 부인에게 호소하는 듯한 분위기가 있다. 스킬렌은 자신이 바라보고 있는 물질을 실험용 쥐에게 주입한다. 묘한, 그다지 의기양양하지 않은 미소가 그의 수염난 얼굴을 어지럽힌다. 보고가 들어온다. 한 조교가 그에게, 이 액체를 주입한 결과 전에 암에 걸렸던 쥐 한 마리가 완치되었다고 이야기한다. 스킬렌은 폐암을 위한 치료제를 완성했다.

그에게 좋은 일인가? 물론이다. 그는 노벨상을 받을지도 모른다. 우리가 가장 먼저 미래의 수상자를 축하하자. 그러나 스킬렌에 대한 우리의 칭찬은 도덕적인 칭찬인가? 그가 행한 일에 대한 우리의 평가는 도덕적 행위에 대한 것인가? 꼭 그런 것은 아니다. 우리는 아마 단순히 그가 그의 과학적 작업을 잘 수행했다고 말하고 있는 것 같다. 분명히 그것은 그의 행동들에 대한 도덕적 평가로부터 거리가 있는 것일 수 있다. 우리의 관점을 넓혀서 과학자로서 그의 작업에 대한 우리의 긍정적인 평가에 부정적인 도덕적 평가를 더한다면 이것은 매우 분명해질 것이다.

스킬렌 부인과 그의 어린아이들이 온통 폐암 치료제 연구에만 몰두한 스킬렌 때문에 피골이 상접했다고 상상해보자. 찬장은 텅 비고, 집은 난방도 되지 않는다. 어린 스킬렌들은 신발도 신지 못한 채, 사랑받지 못하고 시무룩한 모습으로 활기 없는 방을 거닌다. 이렇게 보다 넓은 관점에서 바라보면, 스킬렌은 그의 연구에 대한 우리의 칭찬과 충돌하는 다른 판단에 직면하게 된다. 이것은 우리로 하여금 연구소 주변을 더 가까이 바라보도록 만든다. 경각심을 가지고 살펴보면서 우리는 몇몇 철장 안에 인간이 갇혀 있음을 알아차렸다. 그들은 실험용 무균 쥐와 다름없는 취급을 받고 있었다. 우리의 시선은 창턱 위에 보이는 흰 장갑을 낀 한 쌍의 손을 향한다. 거기에 떨어지기 일보직전인 스킬렌의 조교 하나가 매달려서 도움을 청하고 있었다. 우리의 과학자는 그의 곤경을 무시했다.

일상의 그런 예들은 인간적 행위가 여러 각도로 평가될 수 있음을 보여준다. 말하자면 내적으로나 외적으로 또는 좀 더 이해하기 쉽게 도덕적으로 평가될 수 있다. 따라서 인간적 행위에 대한 비-도덕적 평가는 축소된 관점처럼 보일 것이다. 물론 우리는 골퍼, 요리사, 회계사의 행동들을 골프, 요리, 회계의 기준에 호소함으로써 평가할 수 있다. 그러나 그러한 모든 행위들은 동시에 도덕적으로도 평가될 수 있다. 여러 측면에서 포괄적으로 볼 때, 그것들은 행위자의 선, 그의 개인적인 선, 그리고 그가 그와 같은 종류의 다른 사람들과 공유하는 선에 좋은가? 비록 모든 인간적 행위가 비-도덕적으로도 평가될 수 있다 하더라도, 어떤 인간적 행위도 이 더 넓은 평가에서 벗어나 있을 수는 없다. 확실히 어떤 일련의 비-도덕적 기준도 도덕적인 것이 갖는 포괄적인 범위를 가지지는 못할 것이다. 골프를 치지 않거나 요리를 하지 않는 사람도 있다. 우리가 그들에게 혹시 연민을 품을 수 있을지는 모르지만, 그들을 비난하지는 않는다.

도덕성이 [인간 행동에] 전반적으로 연관된다는 것, 인간적 행위가 도덕적 행위와 동일하다는 사실은 우리가 자주 던지는 질문과 관련해서 분명한 내용을 함축하고 있다. 이것은 단지 철학자들의 문제만이 아니다. '나는 왜 도덕적이어야 하는가?'라는 질문은 한 사람이 도덕적 관점에 따라 행동하거나 그러지 않기를 선택할 수 있다고 시사하는 것처럼 보일지도 모른다. 성 토마스에게 이것은 한 사람이 도덕적 행위들을 수행하거나 그러지 않기를 선택할 수 있다는 의미였을 수도 있다. 만약 인간적 행위가 바로 그냥 그 자체로 도덕적이고, 또 어느 누구도 행동하지 않을 수 없다면, 단순히 인간 행위자라는 이유만으로 그는 도덕적 행위자이다. 행동하는 인간 행위자가 도덕적 행위에 관련하고 있고 그렇기 때문에 도덕적 평가의 주체라는 것은 피해갈 수 없다.

말할 필요도 없이, 어떤 사람이 반드시 인간적 행위를 선하게 수행해야만 하는 것은 아니다. 그리고 만약 질문이 의미하는 바가 '나는 왜 선하게 행동해야 하는가?'라면, 물론 그것은 기본적 선택을 가리킨다. 인간은 선하게 혹은 악하게 행동할 자유가 있고, 선하게 행동하기로 선택하는 것은 한 사람이 그렇게 할 수도 그러지 않을 수도 있는 사안이다. 선하게 행동하지 않기로 결심한 사람은 도덕성을 거부하고 그가 행한 것에 대한 도덕적 평가를 무례하고 상관없는 것으로 만들어버린 것인가? 그의 행위에 대한 도덕적 평가들은 그것들이 다른 사람들은 받아들일지 모르지만, 그 자신은 거부한 세계관을 구현하기 때문에 이질적인 것이 아닌가? 그렇지는 않다. 만약 인간적 행위가 그와 같이 도덕적이라면 그것들은 그렇게 선하거나 악하다. 선하고 악한 인간적 행위를 다루는 도덕적인 것에 대해 이야기해보자. 그러면 도덕적인 것은 선하게 수행된 인간적 행위들을 의미하는 것일 수 있다. 예를 들면, 선한 인간적 행위들과 같은 것이다. 모든 인간적 행위는 반드시 도덕적이지만 꼭 도덕적이어야 하는 것은 아니다. 내가 수행하는 모든 행위가 도덕적이라는 것은 선택의 문제가 아니라 필연성의 문제다. 나의 어떤 행위가 도덕적이라는 것은 필연성의 문제가 아니라 선택의 문제다. 토마스가 관심을 가진 "나는 왜 도덕적이어야 하는가?"라는 질문은 오직 "나는 왜 도덕적이어야 하는가?"를 의미할 수 있다.

우리는 당장 그 질문에 대한 답을 찾지는 않을 것이다. 그 대신, 단편적으로 발생하는 문제이든 [지속적인] 정책의 문제이든지 간에 선하게 행동하지 않기로 결심한 어떤 사람이 그 문제를, 그 자신의 관점이 아니라 다른 사람의 관점에서 제기된, 단지 다른 어떤 사람의 문제로만 여길 수 있는지에 대해 다시 생각해보기로 하자. 나는 토마스가 이 해석을 비현실적인 것으로 옳게 거부했다고 생각한다. 선하게 행동하려는 지향이나 약속은 모두가 수행하는 행위 안에 빠짐없이 구현된다. 만약 인간적 행위의 목적이 분명하다면, 염두에 둔 목적에 따라 이뤄진다면, 그리고 그 목적이 선의 성격을 지닌다면, 그러면 내가 무엇을 하는지와 관계없이 나는 그것을, 나를 완성하고 충만케 해주는 것을 행한다는 의도[지향](intentio)로 한다. 이것은 내가 선하게 행동할 때와 마찬가지로 악하게 행동할 때도 사실이다. 내가 악하게 행동할 때 나는 오직 외양적으로 선한 어떤 것을 추구하고 있는 것이다. 어쩌면 그것은 실재적 선을 그릇된 방식이나 그릇된 시간에 추구하고 있기 때문일지도 모른다. 그러나 나는 그것을 나를 완성하는 것으로만 추구할 수 있다. 물론 나를 완성하는 것은 예수님께서 말씀하신 완전함('하늘의 너희 아버지께서 완전하신 것처럼 너희도 완전한 사람이 되어라.')이나 영웅적 덕을 의미하는 것은 아니다. 만약 내가 추구하고 있는 것에 대해 잘못 판단하고 있다면, 만약 그것이 참으로 나를 충만하게 하는 것이 아니라면, 그 잠재된, 내포된 의도는 그것에 따라 나의 행위가 평가될 수 있는 내재적 기준을 제공한다. 그렇게 "나는 왜 도덕적이어야 하는가?"라는 질문에 답할 수 있다. 왜냐하면 그것은 이미 당신이 행동하는 지향[의도](intentio, 志向)이기 때문이다. 그 질문은 어떤 이질적인 관점에서 비롯된 것이 아니다.

그것은 결국 내 행위의 바닥에 놓여 있는 전제다.

 인간 행위자는 행동하지 않을 수 없다. 이것은 내가 어쩔 수 없이 이 행위 또는 저 행위를 해야 한다는 의미는 아니다. 정확히 말하면 나는 어떤 행동이나 다른 행동을 수행해야만 한다는 뜻이다. (남은 주간 동안 아무 행위도 하지 않기로 결심하는 것을 상상해보라.) 내가 수행하는 모든 행동은 그만큼 도덕적이다. 행위는 도덕적이지 않은 다양한 관점, 셀 수 없이 다양한 다른 관점에 의해 평가될 수 있다. 하지만 어떤 인간적 행위도 빠짐없이 도덕적으로 평가될 수 있다. 다시 말해, 그 행위가 행위자를 참으로 완성하고 충만하게 하는 것에 좋은 것으로 여겨졌기 때문에 행해진 것으로 평가될 수 있다. 어떤 행위들은 골퍼의 행위로, 어떤 것들은 회계사의 행위로, 어떤 것들은 과학자의 행위로 평가될 수 있다. 이런 식으로 계속해서 [특정 행위들은 특정한 방식으로 평가될 수 있다.] 그러나 이 모든 행위들은 도덕적으로도 평가될 수 있다. 다시 말해 인간 인격이 의식적으로 목적을 갖고, 그리고 자유롭게 행한 모든 것들은 도덕적 행위이다. 한 인간 행위자가 도덕적 행위자인 만큼, 그의 행위들은 내재적이거나 혹은 좁은 의미의 기준, 그리고 포괄적인 의미의 도덕적 기준, 양쪽 모두에 호소하는 평가에 쉽게 영향을 받는다. 도덕적 질서는, 인간 행위자가 자유롭게 그리고 책임 있게 그 행위들을 다루는 한, 사변적이고 실천적인 문제들을 포괄하는 인간적 행위 자체의 범위만큼이나 넓다.

 인간적 행위와 도덕성 범위의 개념은 넓게 볼 때 인간 삶에 대한 나쁜 인상을 초래할 수 있다. 토마스는 그 나쁜 인상을 피하고자 했다. 일설에 의하면 인간적 삶이란 우리가 한 이야기를 씀으로써 시작하고 다른 이야기를 씀으로써 마치는 책과 같다. 이것은 단순히 내가 이전에는 그러그러한 것을 행하기 시작했다가 나중에 마음을 바꿔서 그 대신 이러저러한 것을 행하기로 결심했다는 의미가 아니다. 그 평가는 더 깊은 의미를 지니고 있다.

  한 인생의 이야기는 언제나 한 사람이 책임져야 할 도덕적 행위 이상의 것을 포함한다. 한 사람이 도덕철학에 관심을 가질 무렵에 그는 이미 복잡한 개인사를 갖고 있다. 과거의 삶을 되돌아보라. 당신은 그 삶을 의심의 여지 없이 그저 우리가 지금까지 논의해온 그런 종류의 행위들의 연속이라고 생각할 수는 없다고 여길 것이다. 물론 당신은 A를 의도했고 그 다음엔 B를 의도했다. 당신은 선택했고, 결정했고, 미래에 대해 생각하고, 이것과 저것을 행했다. 그리고 이 모든 것들은 자유롭고, 의식적이고 책임감 있는 행위들로 간주된다. 그것들은 당신이 행하기 시작하려는 것들이다. 그러나 모든 인간 삶에는 의도된 것들과 의도되지 않은 것들이 매우 복잡하게 섞여 있다. 그리고 모든 의도된 행동들이 나에게 일어난 [의도하지 않은] 일들과 완전히 무관한 것이라고 따로 분류하는 방식으로 그 행동들을 분류하는 것은 가능하지 않다.

  간단한 예를 들어보자. 시카고 컵스 야구경기를 보기 위해 리글리필드(Wrigley Field)에 가는 것은 합리적인 행동이라고, 최소한 어떤 사람이 그러한 것을 의도적으로 행한다는 의미로 그렇다고 상상해보자. 나는 시카고에 가서 경기를 보기로 결정했다. 그런데 인디아나 유료도로에서 타이어에 구멍이 나 차 한 대가 나를 돕기 위해 섰다. 운전석에는 아주 매력적인 젊은 여성이 있다. 그녀의 이름은 베아트리체(Beatrice)*이다. 아마 예명일지도 모른다. 그녀는 내

---

* 저자가 이 작품에서 한 대명사처럼 여러 차례 사용하고 있는 '피피 라뤼(Fifi LaRue)'라는 이름은 한때 미국의 인기 드라마 여주인공의 이름인 것 같은데, 우리에게는 너무 낯선 이름이어서, 역자는 고민 끝에 이 이름을 단테의 『신곡』(*La Divina Comedia*)에서 저자를 천국으로 인도하는, 단테의 영원한 마음속 여인 '베아트리체(Beatrice)'로 바꾸어 사용한다.

게 다음 휴게소까지 데려다주겠다고 했다. 나는 그 요청을 받아들인다. 우리가 차를 몰아 떠날 때, 그녀의 황갈색 긴 머리가 바람에 흔들린다. 나는 욕정적인(concupiscibile) 복잡한 문제와 더불어 [사랑의] 열병에 연관된 것 같은 기분 좋은 두근거림을 경험한다. 휴게소에서 내 차로 돌아갈 견인차를 부르기에 앞서 나는 베아트리체에게 커피 한 잔 함께하겠느냐고 묻는다. 우리가 식당에 들어섰을 때, 요란하게 사이렌이 울리고, 종소리가 들린다. 눈부신 조명이 켜지고 카메라가 돌아간다. 내 팔을 부축하고 있는 베아트리체와 함께 나는 고속도로 식당을 이용하는 1500만 번째 고객이 되었다. 이 장면은 국영 방송에 방영된다. 내 아내는 저녁 뉴스를 틀었다가 광채가 나는 베아트리체와 팔짱을 낀 내가 역사적인 입장을 하는 장면을 본다. 내가 받은 상품 가운데에는 버뮤다행 여행이 있었다. 태양에 빛나는 버뮤다의 금빛 모래사장에서 나와 아내는 마침내 화해했다. 내 팔은 잘 회복되고 있고, 눈 주변의 부기도 가라앉고 있다. 미래는 희망적으로 보인다. 우리 화해의 열매인 아이… 하지만 충분하다. 그런 이야기는 계속된다. 그것이 삶이다. 사실이 그렇다. 시카고 컵스는 2대1로 패했다.

 이와 같은 이야기에서 토마스가 도덕적인 것이라고 부르는 종류의 행위들을 식별할 수 있다. 그러나 또한 나의 선택들과 연관되어 있기는 하지만 내가 의도한 것이 아닌 사건들을 인지한다. 나는 시카고에 가기로 결정했다. 그런데 하필 타이어에 구멍이 났다. 나는 앞으로 무슨 일이 일어날지 알지 못한 채 태워주겠다는 베아트리체의 요청을 받아들였다. 나는 그녀에게 커피 한 잔을 마시자고 초대했지만, 국영 방송에 나가려는 의도는 없었다. 식당에 들어가려고 의도했지만, 그 모든 상품을 받을 의도는 없었다. 내가 행동했을 때 나는 한편으로는 이전 행위들의 결과이고 다른 한편으로는 그 선택들의 의도되지 않은 결과인 상황들의 한 묶음 속에 있었다. 목적을 가지는 것으로, 목표를 염두에 둔 것으로 정의되는 인간적 행위는 언제나 우연한 결과들에 열려 있다. 그리고 물론 아내가 이야기한 대로 우연한 결과물들이 드러내 보여주는 상황에서 무엇을 할지에 대한 책임은 나에게 있다고 하더라도, 그런 우연한 결과들에 대해 나는 책임이 없다.

토마스는 목적을 갖는 내 행위의 우연한 효과를 예기치 않은(un-looked for), 드문(rare), 그리고 의미가 있는(significant) 것으로 정의했다. 인간 행위자는 언제나 행운과 불운의 포로가 된다. 그러나 그는 그의 결정들이 가져온 효과들에 대하여 칭찬도 비난도 받지 않는다. 우연한 것, 내가 행동할 때 나에게 발생한 것에 대한 언급 없이 삶에 대해 이야기하기란 불가능에 가깝다. 만약 내가 내 선택들의 의도된 효과만이 아니라 의도하지 않은 효과들의 원인이기도 하다면, 분명 나는 같은 방식으로 각각의 효과를 일으킨 원인이 되지는 않는다. 내가 골프공을 쳤는데 갑자기 골프카트 한 대가 페어웨이를 쏜살같이 달린다. 내 공이 운전자의 머리에 맞았고 결과적으로 그를 죽게 만들었다. 나는 골프공이 중단 없이 200야드를 날아갔다고, 왜냐하면 내가 그렇게 되도록 의도했기 때문이라고 말할 수 있다. 그리고 나는 경솔한 운전자가 죽은 이유가 내가 공을 쳤기 때문이라고, 하지만 내 공이 일정 거리를 날아간 것과 같은 방식으로 내가 그의 죽음의 원인이 되는 것은 아니라고 말할 수 있다. 만약 내가 내 공이 그를 칠 것이라고 예상했다면, 나는 공을 치려는 순간 그만뒀을 것이다. 그러나 전에는 내게 이런 일이 일어난 적이 없었다. 나는 내 파란만장한 경력 중에 한 번도 동료 골퍼를 죽인 적이 없었다. 만약 내가 이제 와서 골프공을 치지 않겠다고 한다면, 그 이유가 내가 그렇게 하는 것의 논리적으로 가능한 몇몇 결과들 때문이라고 한다면, 상대방은 나를 이상한 사람으로 여길 것이다. 스텔스 폭격기(Stelth Bomber)라 불리는 저공비행기가 나의 3번 아이언에 의해 추락할지도 모른다. 내가 왜 골프를 치면 안 되는지에 대한 많은 이유들이 있다. 그러나 이것은 그 이유 중 하나가 아니다. 골프공을 티 위에 올려놓고 스윙을 하기에 앞서 충분히 신중한 주의를 기울이는 것이 바람직하다. 그러나 아무리 주의를 기울여도 예견할 수 없는 것을 미연에 방지할 수는 없다. 그 문제에 있어서 만약 내가 공을 쳐서 상상할 수 없는 결과들이 뒤따를 수 있다는 생각에 짓눌려 티샷을 앞두고 우물쭈물하고 있다면, 나는 행동하지 않기로 한 나의 결정 자체 역시 가능한 위협투성이라는 사실을 알아채야 한다. 울새(robin) 한 마리가 뻗어나온 가지 끝에서 둥지를 박차고 날아오른다. 부화하지 않은 알 하나가 내 동료의 코 위에 떨어진다. 그가 깜짝 놀라 크게 휘청거리며 골프채를 휘두르다가 내 귀 뒷부분을 때린다. 나는 피투성이가 된 채 힘없이 나무 옆 잔디밭에 누워 있다.

 삶은 그와 같다. 인간 행위자들은 언제나 그들이 의도한 것 이상의 매우 좋거나 나쁜 결과들을 종종 초래한다. 그러한 결과들은 도덕적 결정과 연관되어 있지만 그것들이 그 자체로 도덕적 결정의 결과물은 아니다. 물론 어떤 정형화된 양식이 나타난다면, 나는 그 점을 고려해야 한다. 만약 내가 골프공을 칠 때마다 누군가가 공에 맞는다면, 이를 내가 하고 있는 것의 우연한 결과로만 바라보는 데에 더 큰 어려움이 따를 것이다. 나는 아마도 의도적으로 게임을 포기할지도 모른다.

 이러한 성찰들은 내 행위들의 성질(qualitas)이고, 나는 그에 대해 내게 책임이 있는 선과 악, 그리고 내 행동의 결과로 일어났지만 그에 대하여 내 책임은 없는 선과 악을 구분할 수 있게 한다. 쇠렌 키에르케고르(Søren Kierkegaard)는 이 두 종류의 선과 악의 의미를 기초로 역사와 윤리학을 구분하고자 했다. 『전쟁과 평화』(*War and Peace*)의 결론에서 레프 톨스토이(Lev Tolstoy)가 역사적 의미는 사람들이 의도한 것보다 그들에게 일어난 것에 훨씬 더 달려 있다고 이야기한 것처럼 키에르케고르 역시 이 문제에 대해 많은 논의를 했다. 어떤 경우에도 선과 악의 두 가지 의미 사이의 구별은 충분히 분명하다.

그 구별은, 성 토마스가 넓은 의미에서 삶이 어떻게 되어야 할지에 대해 우리가 매우 불완전한 통제력밖에 지니고 있지 않다는 것을 견지하면서도, 왜 우리가 인간적 행위를 행하는 것으로 정의했는지를 이해할 수 있게 해준다. 그와 우리의 종교적 신념은 인간 행위자에 의해 의도되지 않은 사건들이 책임 있는 선택들의 결과라 하더라도 그 사건들이 하나부터 열까지 모두 의도되지 않은 것은 아니라는 입장을 견지하게끔 해준다. 창조된 질서에서 발생하는 그 어떤 사건도 하느님의 섭리(providentia, 攝理)를 벗어날 수는 없다. 따라서 어떤 사건이 왜 우리에게 일어났는지, 왜 우리가 운이 좋았거나 나빴는지 묻는 것은 유용하다. [그에 대한] 답변이 확정적인 것으로 간주될 수는 없겠지만, 우리가 우리의 삶을 어떻게 바라보는지와 관련해 의미를 가질 수 있다.

우리가 삶에 대하여 오직 불완전한 통제력만을 지닌 피조물이라는 점을 깨닫는 데 우리 행동의, 예상치 못하고 의도치 않은 결과들에 우리가 지속적으로 열려 있다는 사실보다 더 도움이 되는 몇 가지가 있다. 아리스토텔레스가 분석한 그리스 비극은 우연한 사건에 많이 의존하고 있다. 한 남자는 사실 그녀가 자신의 어머니라는 사실을 알지 못한 채 한 과부와 결혼한다. 그가 그녀와 결혼함으로써 의도한 것과 그것을 의도함으로써 실제로 그가 행한 바는 매우 다른 것이다. 근친상간(近親相姦)은 매우 끔찍한 것이기에 주인공은 그의 행동의 진짜 본성을 깨달았을 때, 반드시 상응하는 벌을 받아야 한다고 느꼈다. 그러나 그의 죄책감은 도덕적 죄책감이 될 수 없다. 그는 자신의 행한 바를 행하려고 의도하지 않았기 때문이다. 몇몇 사람들은 이를 실존적 죄책감이라고 이야기한다. 아마도 우리와 같은 종류의 행위자는 의도하지 않은 악을 의도치 않게 초래하는 운명에서부터 벗어날 수 없다는 의미일 것이다. 그러나 공평을 기하기 위해서 우리는 의도하지는 않았지만 행하려고 의도한 것을 행함으로 인해 예상치 못하게 초래된 그러한 선들을 다루기 위해 실존적 공로에 대해서도 이야기해야 한다.

   이러한 성찰들은 성 토마스가 인간적 행위와 도덕적 행위를 동일시하면서 인간적 삶을 오직 이성적 선택들과 그로 인해 초래된 언제나 의도된 결과들로 구성된 솔기 없는 전체로 보면서 행위자들을 그 결과에 책임이 있는 존재로 보아야 한다고 한 것에서 오는 두려움을 누그러뜨린다. 삶은 그것보다 훨씬 더 복잡하다. 사실, 이러한 성찰의 맥락에서는, 앞에서 널리 퍼져 있는 것처럼 간주되던 도덕적 질서가 온통 주변을 에워싼 어둠 속에서 빛나는 작은 영역처럼 보일 수 있다. 인간적 행위가 도덕적 행위와 같다고 하더라도, 도덕적 질서는 인간의 삶만큼 넓지 않다. 토마스는, 우리가 도덕철학의 주체인, 의식적이고 목적을 가지고 행하는 것으로서의 인간적 행위에 매우 조심스럽게 집중하면서, 천국과 지상, 그리고 우리의 삶 안에 우리가 철학 안에서 상상한 것보다 많은 것들이 존재한다는 사실을 분명히 자각하고 있다.

2. 인간의 선

성 토마스가 모든 인간 행위는 특정 목적을 염두에 두고 어떤 목표를 위해 수행된다고, 그 목적이 선(善, bonum)의 성격을 띤다고 할 때, 우리는 그를 보면서 아리스토텔레스를 떠올린다. 아리스토텔레스는 각각의 인간적 행위가 특정한 목표와 목적을 가질 뿐 아니라, 최우선시되는 궁극 목적이 존재하고 각각의 인간적 행위는 그 궁극 목적을 위해서 수행된다고 주장했다. 토마스가 아리스토텔레스로부터 받은 영향을 고려할 때, 먼저 위대한 이교도 철학자의 가르침을 살펴보고, 토마스가 궁극 목적이라는 개념을 어떻게 발전시켰는지 살펴보는 것이 타당해 보인다.

2.1. 아리스토텔레스

여기서 나는 서로 관련되고 중첩되는 세 가지 질문을 다룰 것이다. 아리스토텔레스는 '목적'과 '궁극 목적'을 어떤 의미로 사용했는가? 아리스토텔레스는 어디에서 그리고 어떠한 방식으로 인간이 어떤 궁극 목적을 갖고 있음을 드러내는가? 어떤 의미에서 궁극 목적은 단일한가? 나는 이 질문들에 대한 답을 전적으로 『니코마코스 윤리학』(*Nicomachean Ethics*) 제1권에 국한하여 찾아볼 것이다.

"모든 기예(技藝, ars)와 탐구는 물론이고, 모든 행위와 모든 추구는 어떤 선을 지향하는 것 같다. 그리고 이 때문에 선은 마땅히 모든 것이 지향하는 것으로 여겨질 수 있다."『니코마코스 윤리학』은 이렇게 시작한다. 어떤 이는 이 문장이 인간적 행위 또는 행동을 즉각적으로 나열하는 것이라고 할지도 모른다. 그것(인간적 행위 또는 행동)들은 모두 그렇게 목적론적인 것으로서, 어떤 목표를 염두에 두고 행해지고, 특정한 목적을 위해 수행된 것이다. 나아가 '선'의 의미를 결정짓는 첫 번째 요소가 주어진다. '선'은 한 행위의 목적 또는 목표이다. 물론 여기서 '선'은 우리가 인간적 행동들에 대해 이야기하고 있는 만큼 인간에게 선한 것을 의미한다.

이것은 윤리학에 대한 논고를 시작하는 매우 특이한 방법이다. 만약 모든 인간적 행위가 하나의 목적을 지향한다면, 그리고 그 목적과 선이 하나라면, 각각의 모든 인간적 행위는 인간적 행위이기에 선하다. 이렇게 단순화하는 결과를 피하기 위해서 아리스토텔레스는 실재적 선(bonum verisimile)과 외양적 선(bonum apparens)을 구별할 수 있는 어떤 기준을 필요로 했다. 그는 어떻게 그 기준을 발견할까?

그가 밟은 절차는 간단히 말하면 이렇다. 만약 어떤 행동이 하나의 목적을 염두에 두고, 특정한 선을 목적으로 수행된다면, 선으로 추구되는 것은 행위자를 완성시키는 것으로 여겨진다. 다시 말해, 행하지 않거나 소유하지 않는 것은 행하거나 소유하는 것보다 덜 완성시키는 것이다. 어떤 사람은 자신이 소유하지 않은 것을 소유하는 것이 더 좋은 것이고 어떤 능력을 완성시켜주는 것, 어떤 필요를 충족하는 것이기에 그것을 추구한다. 한 인간 인격이 행하거나 추구하는 것이 무엇이든 그것은 이러한 일반적 추정 아래에 행해지고 추구된다. 그러나 그렇게 추구되는 모든 것이 실제로 행위자를 완전하게 하는 것은 아니다. 이렇게 아리스토텔레스는 우리가 어떤 종류의 행위자인지에 대한 지식이 우리가 추구하는 것들 중에서 참으로 우리를 완전하게 하는 것과 그렇지 않은 것을 구별하는 기준을 제공해준다는 추정으로 나아간다. 바로 실재적 선과 외양적 선에 관한 전통적인 담론이다.

아리스토텔레스는 기예적인 혹은 기술적인 활동들에 대해 다루면서 관련된 문제의 성격을 명확히 한다. 그가 자연적 대상들에 관해 이야기하기 위해 인간이 만든 공예품을 비유로 들어 이야기한 것처럼, 여기서 아리스토텔레스는 인간적 행위에 대해 분명히 다루기에 앞서 인간적 제작에 담긴 용어들의 의미를 분명히 한다. 누구도 이 과정의 교육학적 유용성에 대해 의심할 수는 없겠지만, 다른 곳에서와 마찬가지로 여기서도 우리는 (일이 수월해지도록 하는) 도움이 (이해를 더 힘들게 만드는) 장애물이 되지 않도록 매우 주의를 기울여야 한다. "그러나 목적들 사이에는 하나의 분명한 차이가 존재한다. 어떤 것들은 활동이고, 다른 것들은 그것들을 생산한 행위들과 따로 구분되는 '제작물들(*erga*)'이다. 행위들로부터 따로 구분되는 목적들이 존재하는 곳에서는 행위들보다 더 뛰어난 것이 제작물들의 본성(本性, natura)이다." 이처럼 매우 정교하진 않지만, 나는 기술(技術, *techne*, ars)과 현명(賢明, *phronesis*, prudentia) 사이를 구별하는 윤곽을 잡기 위해 "행위 너머의 결과물(product-beyond-action)"과 "목적으로서의 행위(action-as-end)" 사이의 구별을 사용한다. 만일 전자가 후자에게 빛을 비추어준다면, 마찬가지로 오해를 불러일으킬 수도 있다. 특별히 우리가 목적과 수단에 관해 말할 때 그렇다. 기예에 관해 말할 때, 활동은 목적으로서의 제작물에 관련된 한 수단이다. 그렇게 기예에서 목적은 공예품의 선 또는 완전함이 된다. 행위자로서 인간에 대해 말하자면, 행위는 하나의 수단이 아니라 목적 자체이다. 이는 그 행위자가 그것에 의해 선하게 되는 어떤 특정 종류의 행위에 대해 이야기한다 하더라도 여전히 참이다. 여기서 그의 선성은 미래의 알맞은 상황에서 지금 다루고 있는 (행위자를 완전하게 하는) 그런 종류의 행위들을 수행하는 성향이다.

"많은 행위들, 기예들 그리고 학문들이 있는 것처럼 그들의 목적 또한 많다." 이 표현은 우리가 잊지 말아야 하는 것을 상기시킨다. 그것은 바로 『니코마코스 윤리학』의 첫 문장이 참이라면, 그것은 기예이건, 학문이나 선택이건, 각각의 모든 인간적 행위에 대하여 참인 무엇을 말해준다. 하지만 여기서의 (모든 인간적 행위가 지니는) 통일성은 일반론의 차원에서이다. 다시 말해, 어떤 것은 우리가 행하는 모든 경우에 참이라는 것이다. 모든 행위가 어떤 목적을 지향한다고 할 때, 이는 모든 행위가 (공통적으로) 지향하는 어떤 목적이 있다는 의미는 아니다. 이것이 보다 분명해지도록 아리스토텔레스는 일련의 행위들을 열거한다. 의술(醫術)의 목적은 건강이다, 조선(造船)의 목적은 선박이다, 전략의 목적은 승리이고, 경제의 목적은 부(富)이다 등. 만약 어떤 게임이 오락 활동의 하나라 하더라도, 이 진리는 우리에게 게임의 종류가 갖는 무수한 다양성을 알려주지 않는다. 어떤 행위가 하나의 목적을 지닌다 해도, 이 진리는 목적들의 무수한 다양성을 대체할 수 없다. 그렇게 점차 분명해지는 그림은 다음과 같다. 우리가 인간적 활동의 경기장 위를 날 수 있고 한 인간 인격이 행하는 것은 무엇이든 어떤 목적을 지향한다고 말할 수 있다 하더라도, 착륙하고 나면 이제 우리는 이 (하나의 개별적인) 목적을 조금씩 천천히 분석해 나가야 한다는 사실에 직면하게 될 것이다. 그다음엔 저 목적, 그리고 다음, 그렇게 '무한히(ad infinitum)' 계속된다.

그러나 목적들을 한데 모으는, 행동들을 군집화하는, 보편성의 범주가 아니면서도 종속하고 포함하는 어떤 다른 방식이 있을 수 있다. [물론, 보다 더 크고 작은 보편성에 대한 고전적인 표상인 포르피리우스 나무 또한 종속과 포괄이라는 언어를 사용한다. ― 인간은 동물에 속한다. 동물은 인간을 포함한다. ― 과제는 이러한 용어들의 양태들을 구별하는 것으로 보인다.] 행동들 또는 선들은 어떻게 분류될 수 있을까? "그렇지만 그러한 기예들이 하나의 단일한 능력에 종속될 때에는… 어떤 경우에도 주된 기예의 목적들이 (그에) 종속된 모든 (기예들의) 목적들에 우선한다. 후자를 추구하는 것은 전자를 추구하기 위해서이기 때문이다." 굴레-제작의 목적은 굴레이다. 등자-제작의 목적은 등자이고, 안장-제작의 목적은 안장이다. 이러한 목적들은 (말을) 타기 위해서, 승마술을 위해서 존재한다. 승마술은 승리를 그 목적으로 삼는 전쟁에 관한 기예인 군사학에 종속될 수 있을 것이다. 활동들과 그 목적들은 상위 범주의 더 큰 목적에 종속될 수 있다. (중심이 되는 단어 없이 따로 존재하지 않는다는 의미에서 한 단어의 앞에 붙는) 이러한 접두사들은 보다 더 크거나 작은 범주에 따라 읽혀서는 안 된다. 이러한 묘사는 유(類, genus)에 속하는 종(種, species)에 관한 것이 아니라, 더 큰 어떤 목적에 대해 수단이 되는 목적들에 관한 것이다.

(a) 모든 행위에 있어서 어떤 것이 일반적으로 참이라고 하면서 개별 행위들 또는 각각의 행위의 종류에 따른 특정 목적들을 분석할 필요를 열어놓는 것이 어떻게 가능한지, (b) 몇몇 종류의 행위의 목적들이 다른 활동의 목적에 종속될 때 인간의 목적론적 활동의 다양성이 행위들을 군집화하는 것에 의해서 어떤 식으로든 이해될 수 있음을 지적한 다음, 아리스토텔레스는 만약 우리가 두 번째 방식을 따른다면, 그 방식이 첫 번째 방식에 큰 혼란을 가져올

수 있음을 시사한다. "따라서 만약 우리가 행하는 것들의 어떤 목적 중에 그 자체를 목적으로 갈망하는 목적이 있고 [다른 모든 것은 이 목적을 위해 갈망된다면], 그리고 우리가 다른 어떤 것 때문에 모든 것을 선택하는 것이 아니라면, [만약 그렇다면, 그 과정이 무한히 이어져서 우리의 갈망은 공허하고 헛된 것이 되어버릴 테니까], (그 행위 자체를 목적으로 갈망하는) 이것은 분명 선성(善性), 그것도 최고선(最高善)일 것이다."

이 구절이 지닌 힘은 무엇일까? 만일 우리가 두 번째 대괄호 안에 제시된 이야기를 외면하려 든다면, 그저 하나의 가설, 가정, 어쩌면 희망사항을 이야기하는 것처럼 여겨질지도 모른다. 하지만 우리가 두 번째 대괄호의 이야기를 진지하게 고려한다면, 우리는 우리가 행하는 모든 것을 포괄하는 궁극적인 그러한 목적이 존재해야 한다는 취지의 논거를 갖고 있다고 할 수 있다.

심지어 어떤 사람이 인용된 구절을 하나의 가설로 여기려고 해도, 사실들의 매우 다른 두 종류(의 논증)에 호소함으로써 그것이 곧 범주적(範疇的)인 것임을 인정해야 할 것이다. 바로 이어서 우리는 아리스토텔레스가 다음과 같은 방식으로 (논의를) 전개하고 있음을 발견한다. 만일 그러한 궁극 목적이 존재한다면, 그에 대한 지식은 매우 큰 유용성을 지닐 것이다. 겨냥해야 할 과녁을 앞에 둔 궁수처럼, 우리도 올바른 방향을 조준할 수 있는 위치에 놓이게 될 것이다. 더 나아가, 만일 (모든 것을) 포괄하는 그러한 하나의 궁극 목적이 존재해야 한다면, 그것은 모든 인간적 행위의 주된 기예인 정치학(政治學)의 영역이 관심을 가져야 하는 바일 것이다. 아리스토텔레스를 그의 가설적인 몽상으로부터 앞으로 나아가도록 이끄는 것으로 여겨질 수 있는 것이 바로 이 관찰이다. 우리는 정치적 질서에 대해 고려할 때, 그러한 하나의 궁극 목적이 전제되어 있음을 발견한다. 아리스토텔레스는 정치인의 역할을 입법자라고 생각했다. 상상할 수 있는 모든 인간적 활동들에 관한 법률들이 통과된다. 하지만 단지 이러저러한 활동이 방해를 받아서는 안 된다는 식의 법률이 통과될 수 있기 때문에만, 어떤 공공연한 인간의 행동이 법률의 가능한 범위를 벗어나는 것 같지는 않다. 만일 법률이 금지하고, 규제하고, 허용적이고 또는 보호적이라면, 그것은 원칙적으로 모든 인간적 활동이 그 범위 아래에 놓일 수 있기 때문으로 보인다. 그러나 이것이 가능하기 위해서 법률 입안자는, 그가 인간적 행동 전체를 고려할 때 특정한 목적을 시야에 두고 특정한 선을 염두에 두고 (다른 것을 지켜보기) 좋은 위치를 갖고 있어야 한다. 그렇다면 이것이 개별적인 행동들의 개별적인 목적들이 종속되는, (그것들을) 포괄하는 어떤 궁극 목적이 아닐까? 그렇다면, 앞의 구절이 인간적 활동에 하나의 궁극 목적이 존재해야 한다는 취지의 논증으로 여겨지든 그렇지 않든 간에, 이후에 아리스토텔레스가 법률에 호소함으로써 인간이 그러한 하나의 궁극 목적을 인식할 수 있다고 주장할 것임이 확실하다.

   아리스토텔레스는 그의 가설을 어떤 범주적인 것으로 전환하기 위해, 말하자면 사실에 기반한, 다른 종류의 논증에도 호소한다. 그는 최소한 인간들 사이에 어떤 궁극 목적이 존재한다는 구두 합의가 있다고 보았다. 구두 합의인 이유는 우리가 그것에 대한 이름을 갖고 있기 때문인데, 바로 행복(幸福, *eudaimonia*)이다. 그렇게 이것은 (앞서) 인용된 구절을 이해하는 한 방식이 된다. 만약 인간적 행위를 하나로 포괄하는 궁극 목적이 있다면, 그것은 우리의 최고선이 될 것이다. 그러나 입법과 인간이 행복에 대해 이야기하는 방식 모두가 그러한 궁극 목적에 대한 인식을 시사한다. 그러므로, (이렇게 논증은 계속 이어진다.)

그런데도 친구나 적이나 마찬가지로 (인용된) 구절을 하나의 가설이 아니라 하나의 논증으로 받아들였고, (앞의) 두 번째 대괄호 안에 삽입된 표현은 이 해석을 뒷받침한다. 만약 궁극 목적이 없다면, 우리의 갈망은 공허하고 헛된 것이 되어버릴 것이다. 다시 말해, 만일 인간적 행위가 의미가 없는 것이 아니라면, 하나의 궁극 목적이 반드시 존재해야 한다. 이것이 하나의 논증이라고 가정하고, 그렇다면 그것은 얼마나 좋은 논증인가? 여기에 그 논증에 대한 몇 가지 고려할 만한 반론이 있다.

1. 여기서 아리스토텔레스는 종속적이고 포괄적인 목적들이라는 선형적(線形的) 유비에 의해 오도되고 있다. 현실의 삶은 천천히 움직이는 원형이다. 나는 B를 하기 위해 A를 원하고, C를 하기 위해 B를 원한다. 그리고 A를 하기 위해 C를 원한다. 다시 말해 나는 플로리다에서 휴가를 즐길 돈을 벌기 위해 일을 하는데, 그 일을 하기 위해 건강해지려고 운동을 한다. 플로리다에서 나는 햇빛 아래 누워 있을 것이고, 내 직업에서 요구되는 의무를 수행하기 위해 건강하려고 운동을 할 것이다. 이런 식이다. 이렇게 다른 — 무언가를 — 위해 했던 것이 나중에는 이전에 목표로 삼던 바의 목표가 될 것이다.
2. 자신의 삶에서 지배적인 어떤 하나의 열정을 위해 모든 것을 희생하는 사람들이 있다는 사실은 의심의 여지가 없다. 그러나 왜 한 개별적인 심리학적 유형에 그토록 높은 가치를 부여해야 하는가? 헨리 제임스(Henry James)와 얼 가디너(Erle S. Gardiner)는 열정이 넘치는 사람들이었다. 그들의 삶에서 모든 것은 단 하나의 목표에 종속되었고 바로 그 목표에서 그 목표의 중요성을 이끌어냈다. 그러나 모든 사람이 그와 같지

는 않다. 당신이나 나와 같이 어떤 한 목표가 다른 목적들 위에 우월함을 형성하지 않는 그러한 방식으로 목표들을 조직하는 보다 유쾌한 유형들도 존재한다. 우리가 원하는 것은 다른 어떤 것보다 우선시되는 하나의 목표가 아니라, 목적들의 조화이다.
3. 아리스토텔레스는 어리석은 오류에 대해 책임이 있다. 그는 "모든 일련의 일은 반드시 어딘가에서 끝나야 한다."에서 "이 모든 일련의 과정이 끝나는 어딘가가 있다."로 넘어갔다. 다른 말로, "모든 길은 어딘가에서 끝난다."에서 "모든 길이 끝나는 한 지점이 있다."로 넘어간 것이다. 어쩌면 그 모든 길이 끝나는 한 지점이 로마일지 모르지만.

이 반론들에 대한 첫 번째 반응은 아리스토텔레스가 그들에게 개방적이어서는 안 된다는 것이다. 이것을 독실한 반응이라고 부르자. 만약 궁극 목적이라는 개념이 타당하다면, 그것은 반론을 펼치는 이들이 우리에게 상기시키는 것을 희생시켜가면서까지 그래야 하는 것은 아니다. 세 번째 반론처럼 만약 그것이 영향력을 갖는다면, 그것은 아리스토텔레스에 대한 아리스토텔레스주의자의 반론이라고 할 수 있다. 그것의 요점은 정확하게 아리스토텔레스가 『니코마코스 윤리학』의 첫 번째 장에서 이야기한 것과 같다. 모든 행위가 하나의 목적을 갖는다는 공통적인 진리는 모든 행위가 갖는 하나의 공통된 목적에 대한 논증이 아니다. 우리가 행위들의 군집화라고 부르는 종속과 포괄의 도입이 이 제한된 지면과 이 지점에서 아리스토텔레스의 정신에 혼란을 가져온 것일까?

우리가 다루고 있는 구절의 (앞서 계속 언급한) 두 번째 대괄호 사이의 언명에 관해서, 그것이 『니코마코스 윤리학』 제1권 제1장의 성격에는 어긋난다고 말할 수 있다. 왜 우리는 하나의 궁극 목적이 없다면, 우리의 갈망이 헛되고 공허한 것이 되어버릴 것이라고 생각해야 하는가? 하나의 목적은 하나의 목적이다. 만약 이 행위가 하나의 목적을 지닌다면, 이것은 헛되고 공허한 것이 되는 것으로부터 우리의 갈망을 구할 것이다. 다음 목적이 그러할 것이고, 그 다음 목적도 마찬가지로 계속해서 그러할 것이다. 하지만 그것이 하나의 목적을 첫 단계에 놓인 목적으로 만드는, 다시 말해, 한 목적을 더 큰 목적에 종속시키는 것은 아니다. 그러한 종속됨 없이도 그것은 하나의 목표로 남는다. (계속 언급하는) 대괄호 안의 언명은 마치 특정한 목적이 그 자체로는 추구될 수 없고 어떤 것을 위해서 추구되어야 하는 것처럼 모든 개별적인 목적을 다루는 것처럼 보일 수 있다. 그러나 그것은 모든 목적을 추정되는 궁극 목적보다 작은, 단순히 도구적인 것으로, 그 자체로는 갈망될 수 없는 것으로 만든다. 모든 그러한 목적들은 건강을 위해 우리가 먹는 쓴 약과 같을 것이다. 아리스토텔레스는 무엇을 말하려고 하는 것일까?

여기서 위험을 벗어나는 길은, 종속과 포괄의 의미를 설명하기 위해 아리스토텔레스가 제시한 예를 있는 그대로 살펴보는 것이 도움이 되기도 하지만, 자칫 잘못된 이해를 야기할 수도 있음을 이해하는 것이다. 예시들은 어떻게 몇몇 개별적인 활동들이 다른 개별적 활동의 목적에 종속될 수 있는지를 보여준다. 그러나 분명히 아리스토텔레스는 어떤 개별적인 행위의 목적에 다른 모든 행위의 목적이 종속될 수 있는 그런 행위가 존재한다고 제안하고 있는 것이 아니다. 그렇다면 그는 궁극 목적이라는 말로 무엇을 의도한 것인가?

아마도 이것일 것이다. 우리는 벽돌쌓기가 무엇이고 그것의 목적이 무엇인지를 알고 있다. 마찬가지로 배관작업, 바이올린 연주, 프랑스어의 불규칙 동사를 가르치는 것, 얼음낚시, 스크래블 게임을 하는 것의 목적이 무엇인지도 안다. 그러나 이 모든 것들은 인간적 행위들이다. 만일 바이올린 연주를 잘하는 기준, 낚시를 잘하는 기준이 있다면, 인간적 행위를 잘 수행하는 기준은 없는 것일까? 두말할 필요도 없이 이것이 바로 아리스토텔레스가 취한 놀라운 방향이다. 우리는 행위들 그리고/또는 그 결과물을 연주자로서의 한 사람 또는 낚시꾼으로서의 한 사람, 기하학자로서의 한 사람의 공(혹은 탓)으로 돌릴 줄 안다. 그렇다면 하나의 행동을 인간으로서 인간의 공(혹은 탓)으로 돌린다는 것은 무슨 의미인가? 우리에게 친숙한, 철학은 철학자들이 하는 것이라는 표현처럼 단순히 인간적 행위를 인간들이 행하는 것이라고 말할 수는 없는가? 분명 (철학은 철학자들이 하는 것이라는) 표현은 (귀찮으니) 저리 가버리라는 무시하는 표현이다. 다시 말해 그것은 어떤 정의를 내리려는 의지가 없음을 의미한다. 그리고 그것은 이와 같은 삼단논법에 취약하다. 철학은 철학자들이 하는 것이다; 소크라테스는 철학자이다; 소크라테스는 나의 누이인 케이트처럼 춤출 수 있다; 철학자들은 나의 누이인 케이트처럼 춤출 수 있다. 심지어 나의 누이인 케이트가 철학자라 하더라도 귀찮으니 저리 가버리라는 정의가 여기 다시 등장한다. 모든 철학자가 내 누이인 케이트처럼 춤을 출 수 있는 것은 아니다. 그렇다면 어떻게 우리는 "인간적 행위는 인간들이 행하는 것이다."로부터 "인간으로서 행하는 것"으로 나아갈 수 있을까? 어떤 가능한 차이를 염두에 둘 수 있을까?

  아리스토텔레스의 논증에서 이 분명한 전환이 갖는 또 하나의 놀라운 특징은 그것이 그를 『니코마코스 윤리학』을 여는 문장으로 돌아가게 만든다는 것이다. 그러나 그의 첫 언명으로 돌아가서 아리스토텔레스는 그 문장을 말하자면, 폭넓게(extensively)가 아니라, 농축적으로(intensively) 다룬다. 이 기술적인 부사들은 『니코마코스 윤리학』 제1권의 유명한 제7장을 통해 이해될 수 있다.

제7장은 제1장과 제2장에 대한 간단한 요약으로 시작한다. 선은 행위의 목표로서 행위들과 연관된다. 행위들이 많은 것처럼 많은 선들이 존재한다. 여기서 문제가 되는 행위들은 인간적 행위들이다. 특정한 행위들이, 예를 들면 바이올린 연주나 낚시 같은 것들처럼, 그러한 종류의 것이 되도록 하는 기준이 존재하는 것처럼 행위의 인간적인 것임의 기준이 존재하는가? 우리가 그러한 인간적 행위의 기준을 발견할 수 있다면, 우리는, 예를 들자면, 인간적인 것으로서 인간적인 행위의 목적으로서 인간적 선에 대해 이야기할 수 있을 것이다. 이 문제를 보다 도식적으로 다뤄보자.

x와 y가 인간적 행위라고 하자. 그렇다면,

a. x와 y는 모두 선(善)들 혹은 목적들을 추구한다.
b. x의 목적은 y의 목적과 다르다.
c. x를 잘 행하거나 잘 행하지 못하는 것은 그것이 추구하는 목적에 따라 해석될 수 있다. y의 경우도 마찬가지다.
d. x를 잘 행하는 것은 y를 잘 행하는 것과는 다르다.
e. 만약 x를 잘 행하는 것과 y를 잘 행하는 것이 모두 선한 인간적 행위의 사례들이라면, 우리는 (i) "x를 잘 행하는 것"을 다른 방식으로 이야기하는 것도 아니고, (ii) "x를 잘 행하는 것"과 "y를 잘 행하는 것" 그리고 "n을 잘 행하는 것"의 결합도 아닌 방식으로 "인간적으로 잘 행하는 것"에 대한 설명을 제공할 수 있는가?
f. 그러한 "인간적으로 잘 행하는 것"에 대한 설명은 포괄적인 궁극 목적이라는 말로 설명될 수 있을 것이다.

용어에 대해 이야기할 시점이다. 인간적인 선, 인간의 최고선은 행복, 잘 행하는 것(*eu prattein*), 잘 사는 것(*eu zen*), 그 자체를 목적으로 삼는 것(*hou kharin*), 그리고 궁극 목적(*ariston teleion*)을 통해 다양하게 표현된다. 이 용어들은 다른 것들 가운데 놓인 어떤 개별적인 선을 의미하는 것이 아니다(참조: 『니코마코스 윤리학』, 1097b17-19). 따라서 인간적인 선은 어떤 개별적인 행위, 다른 모든 인간적인 행위들로부터 구별되는 특정한 하나의 행위를 위한 목적이 될 수 없다. 그렇다면 궁극적 선은 인간적인 행위들이 추구하는 무수한 선들을 인간적인 선들로 만드는 것이다. 우리는 피리 연주자로서의 인간, 바이올린 연주자로서의 인간, 낚시꾼으로서의 인간의 목적을 어떻게 묘사할지 알고 있다. 우리는 인간으로서 인간 행위자의 목적 혹은 선을 어떻게 묘사할 수 있을까?

"이것은 만일 우리가 인간의 기능을 먼저 이해할 수 있다면 분명해질 것이다. 피리 연주자나 조각가는 또는 어떤 기예가의 경우와 마찬가지로, 일반적으로 특정한 기능을 지니거나 특정 활동을 하는 모든 것에 있어서의 선과 '잘'(행하는 것 또는 사는 것)은 그렇게 기능함에 있다고 여겨진다. 이 점은 만약 그가 특정 기능을 지니고 있다면, 인간의 경우에도 마찬가지로 보인다." '기능'이라는 단어는 그리스 단어 '에르곤(*ergon*)'의 번역이다. 여기서 이 말을 하는 것은 이유가 있다. 아리스토텔레스가 그 단어를 제1장에서 '행위 너머의 제작물(product-beyond-activity)'에 사용했기 때문이다. 기능이 '~로서(qua)'라는 표현 방식을 나타낸다는 것은 분명하다. 만약 당신이 어떤 활동이 목적으로 삼는 바가 무엇인지 안다면, 그를 통해서 그 활동이 잘 행해졌는지 그렇지 않은지 판단할 수 있다. 이것이 위의 도식 e단계에서 표현된 것이다. 인간의 기능은 우리가 앞선 문단에서 주어진 동의적 표현들의 목록에서 '잘

(*eu*)'(행하는 것)이 무엇인지 이해할 수 있게 해준다. 마침 아리스토텔레스도 두 개의 매우 다른 질문을 통해 그가 기능이라는 단어를 통해 무엇을 의도하는지 보여준다.

1. 목수나 무두장이는 특정한 기능이 있고 특정 활동을 하는데, 인간은 아무것도 없는 것인가? 인간은 아무 기능도 없이 태어나는 것인가?
2. 아니면, 눈과 손과 발 그리고 다른 모든 지체가 분명히 특정한 기능을 지니고 있듯이, 비슷한 방식으로 인간도 이 모든 것들로부터 구분되는 특정한 기능을 지니고 있는 것인가? 이 기능은 무엇일 수 있는가?

1에 대한 답변. 이 구절은 우리가 제안해왔던 방식으로 기능의 개념을 형성한다. 목수로서의 인간, 무두장이로서의 인간, 하프 연주자로서의 인간, 조각가로서의 인간과 같은 식이다. 그러한 '~으로(qua)' 표현 방식은 고유한 목적, 선 또는 목표를 갖는 하나의 개별적인 활동을 하는 인간을 규정한다. 그리고 활동은 그 목적과 관련하여 잘 행해진 것으로 또는 그렇지 않은 것으로 평가된다. 만일 인간 행위자가 인간으로서 규정될 수 있다면, 우리는 '잘 행하는 것(*eu prattein*)'과 '잘 사는 것(*eu zen*)'에서의 '잘'을 이해할 수 있을 것이다.

2에 대한 답변. 이 구절은 그러한 것으로서의 인간적 행위, 그러한 것으로서의 인간적 삶을 구별하는 방식을 제안한다. 여기서 우리는 인간의 부분들[그의 눈, 그의 손, 그의 발]의 활동들을 개별적인 인간적 활동들에 반하는 것으로 여긴다. 첫 번째 구절이 '기능과 행위(*ergon kai praxis*)'에 대해 이야기한다면, 두 번째는 오직

'기능(*ergon*)'에 대해서만 다룬다. 나아가, 두 번째 구절은 (예를 들면, 한 인간이 본다, 한 인간이 만진다, 한 인간이 걷는다와 같은) 인간에 관해 참으로 서술될 수 있는, 그러나 인간에게만 고유한 것은 아닌, 생명과 관련된 과정들, 생명의 현현(顯現)을 언급한다. 첫 번째 구절은 인간적 행위를 폭넓게 다루고, 두 번째는 우리가 어떻게 집중적으로 인간적 행위 또는 인간적 삶의 개념에 다가갈 수 있는지를 보여준다. 다시 말해, 우리가 인간적 행위의 형상적 내용을 발견하는 그러한 방식으로 이야기를 풀어나가는 것이다.

'인간답게 잘 사는 것'에 대한 설명을 찾는 과정에서 아리스토텔레스는 인간에 관해 참으로 서술될 수 있는, 그러나 인간으로서의 인간에 관한 것은 아닌, 생명과 관련된 활동의 유형들이 있다고 제안한다. "소크라테스의 수염이 자라고 있다."와 "소크라테스가 수염을 기르고 있다."의 차이에 대해 생각해보자. 아리스토텔레스는 이러한 방식으로 이를 다룬다.

> 생명은 심지어 식물에게도 공통된 것으로 보인다. 그러나 우리가 찾고 있는 것은 인간에게 고유한 무엇이다. 그러니 영양과 성장과 관련된 생명의 문제는 제외하기로 하자.

여기서 중요한 단어는 "공통된"이다. 어떤 생명의 활동들은 인간만이 아니라 비-인간 존재에서도 볼 수 있다. 따라서 그러한 활동들은 인간에게 고유한 것이 아니고 우리가 찾고 있는 그 활동들의 "잘"이 인간적 선이 될 수 있는 활동이나 기능의 종류가 될 수 없다.

다음에는 감각과 관련된 생명의 문제가 있다. 그러나 이 또한 말이나 소, 그리고 모든 동물에게도 공통된 것으로 보인다.

이는 그가 '에르곤' 또는 기능이라는 말을 통해 의도한 것의 두 번째 묘사를 떠올리게 한다.

그렇다면 남은 것은 이성적 원리와 관련된 요소에 관한 능동적인 생명의 문제이다. 이중 한 부분은 이성에 순종한다는 의미에서 이성적 원리를 지닌다고 할 수 있고, 다른 한 부분은 사고를 소유하고 수행한다는 의미에서 그렇다.

이성적 원리를 보여주는 인간의 생명과 관련된 그러한 활동들은 인간으로서의 인간에게 적용된다. 이제 인간으로서의 인간 활동에 대한 설명이 인간에 관하여 참으로 서술될 수 있는 활동들 가운데에서 구별될 수 있다는 것이 분명하다. 모든 그러한 활동이 인간으로서의 인간에 관해 참인 것은 아니다. 왜냐하면 모든 활동이 인간에게 고유한 것은 아니기 때문이다. 오직 인간에게 고유한 그 활동 또는 활동들만이 보통 말하는 그에 관해 참된 것이고 간단히 말해서 인간적인 활동들이다. '나의 누이 케이트처럼 춤추는 것'이 철학자로서 철학자가 행하는 것이 아닌 것과 마찬가지로, 성장하는 것, 보는 것, 듣는 것, 소화시키는 것과 같은 것들은 인간으로서의 인간에게 적용되지 않는다. 이러한 활동들은 '나의 누이 케이티처럼 춤추는 것'이 철학자들에게 고유한 것이 아닌 것처럼 인간에게 고유한 것이 아니다. 우리는 아리스토텔레스가 기능을 통해 의미한 것에 대한 그의 첫 번째 묘사도 보았다. 아리스토텔레스는 인간적 행위를 바이올린 연주하는 것, 낚시하는 것, 그리고 피리 부는 것으로부터 구별하고 있지 않다. 몇몇 사람은 아리스토텔레스가 (여러 활동들 중에서) 고유한 인간적 활동을 찾는 데 실패했다고 여긴다. 오히려 그는 각자의 방식으로 구체화하는 것, 다시 말해 이성의 의식적인 활동을 따른다. 소네트를 쓰는 것, 은행을 터는 것, 숲에 불을 지르는 것과 같이 인간이 행하는 그러한 활동들의 수가 수없이 많다는 반론이 있었다. 이러한 반론들은 몇 가지 오해를 포함한다. 첫째로, 이 반론을 펼치는 사람은 그의 예시가 정확하게 인간에게 고유한 활동에 속한다는 것을 깨닫지 못하고 있다. 둘째는, 그 반론이 확장된다면, 아리스토텔레스가 '이성적으로 행하는 것'을 소네트를 쓰는 것, 은행을 터는 것, 산에 불을 지르는 것과 같은 행위를 포함하는 목록에 다른 항목 하나를 추가하는 것으로 생각했다는 결론에 이를 수 있다는 것이다. 이에 더해서, 오직 인간만이 행하는 것들의 주어진 예시들이 모두 종종 도덕적으로 비난받을 만한 일들이기 때문에 아리스토텔레스가 '이성적으로 행동하는 것'과 '이성적으로 잘 행동하는 것'의 구분을 인식했다는 의견이 있다. 물론 그는 잘 수행된다면 인간으로서의 인간의 선을 이루는 그런 (여러 활동들 중에서) 고유한 활동을 찾고 있는 것이다. 만일 아리스토텔레스의 관점과 관련하여 어려움이 있다면, 그것은 이러한 반론들에 관한 것이 아니다.

   아리스토텔레스가 (여러 활동들 중에서) 고유한 인간적 행위를 위한 기준을 소개하자마자, 다시 말해 이성적(합리적) 원리를 제시하자마자, '이성적 활동'이라는 표현의 애매함에 근거하여 자신의 주장을 전개한다는 것을 보게 될 것이다. 활동은 이성적 혹은 인간적이라고 불릴 수 있는데, 그것이 이성 자체의 활동이거나 이성의 영향 아래 놓인 이성 외의 다른 어떤 기관(능력)의 활동이기 때문이다. 이는 전략 또는 건축학이 인간적 행위의 하위 그룹들을 군집화하도록 하는 것처럼, 이성이 우리로 하여금 모든 인간적 행위를 군집화할 수 있게끔 하는 것이라면, '이성적'이라는 표현이 하나의 유동적인 기준임을 시사한다. 아리스토텔레스가 그의 기준이 여러 방식으로 이해될 수 있음을 [본질적으로 이성적인 활동, 즉 이성 자체의 활동, 그리고 이성을 동반하거나 특정한 이성적 원리에 따르는 활동을] 시사하는 방식은 지성적인 덕과 도덕적 덕의 구별을 개략적으로 알려준다. 전자(지성적 덕)는 본질적이고 본래적인 의미에서 '잘 (행해진)' 혹은 이성적 활동의 탁월함이고, 후자(도덕적 덕)는 부차적이고 파생적인 의미에서 이성적 활동의 탁월함 혹은 '잘 (행해진)'이다. 특정 행위를 잘 행하는 것은 그 행위를 수행할 수 있게끔 하는 능력의 덕(德, virtus) 혹은 탁월함이다.

그러나 상황은 곧 더 복잡해진다. 이성적 기관 자체가 이성의 사변적 사용과 실천적 사용으로 구별된다. 따라서 인간적 행위와 이성적 활동이 동일하다면, 우리는 최소한 세 개의 큰 그룹을 마주하게 될 것이다. 사변적 이성의 활동, 실천적 이성의 활동, 그리고 이성의 영향 아래 놓인 이성 외의 기관들의 활동들은 이렇게 참여에 의해 이성적이다.

이제 우리는 이 논의와 관련한 세 번째이자 마지막 질문을 던질 수 있다. 어떤 의미에서 궁극 목적은 하나인가? 『니코마코스 윤리학』 제1권 제7장의 서두에서 아리스토텔레스는 이렇게 말한다. "따라서 우리가 행하는 모든 것에 하나의 목적이 있다면 이것은 행위에 의해 성취될 수 있는 선이고, 하나 이상의 목적이 있다면, 그것들은 행위에 의해 성취될 수 있는 선들일 것이다." 같은 장의 말미에 그는 이렇게 쓴다. "인간적 선은 덕을 따르는 영혼의 활동인 것으로 드러난다. 그리고 만약 하나 이상의 덕이 있다면, (인간적 선은) 가장 뛰어나고 최고로 완전한 덕을 따르는 활동이다." 이는 궁극 목적 또는 행복이 여러 선들 가운데 하나의 개별적인 선이 아니기 때문에, 그것들(궁극 목적 또는 행복)이 잘 행해진 일련의 인간적 행위들의 전체로, 이성적 활동의 다양한 의미에서 이성적 활동에 적용되는 일련의 덕들로 구성되어 있음을 시사하는 것이 아닌가? 우리가 지금의 유리한 관점에서 궁극 목적의 개념에 반대하는 이전의 반론들을 살펴볼 때, 우리는 아리스토텔레스가 모든 인간적 활동들의 목적들이 종속되어야 하는 그런 목적을 지니는 단일한 특정 활동이 있음을 견지했다고 추정하는 오류를 범했음을 알 수 있다. 아리스토텔레스는 헨리 제임스에게 글쓰기가 그랬고, 프랭클린 루스벨트(Franklin D. Roosevelt)에게 정치가 그러했던 것처럼, 특정한 개별 종류의 행위가 우리의 지배적인 정념(情念, passio)이 되어야 한다고 말하고 있지 않다. 또한 그는 세 번째 반론에서 말하는 단순한 오류를 범하고 있지도 않다. 그는 모든 개별적 목적들 가운데 동일한 목적, 특정한 하나의 목적이 있다고 말하지도 않는다. 덕망 있는 활동 또는 인간적으로 잘 사는 것은 하나의 사물을 의미하지 않는다. 왜냐하면 다양한 종류의 이성적 활동이 있고 따라서 다양한 종류의 덕이 있으며, 우리의 행복 혹은 완전함 또는 궁극 목적은 특정한 하나의 덕에 의해서가 아니라, 이것이 가능한 한, 그것들 모두에 의해 이뤄지기 때문이다.

그러나 이것이 아리스토텔레스의 사상에 완전히 충실한 설명인가? 만약 행복이 일련의 덕망 있는 활동들이라고 불린다면, 그럼에도 불구하고, 아리스토텔레스에게 이것은 하나의 질서 지워진 집합이 아닌가? '이성적 활동'은 의심의 여지없이 그 종류가 다양하다. 그러나 그 표현은, 이해하기 어려운 것은 아니라 하더라도, (결국) 같은 것을 가리키는 다양한 방식으로 표현된 어떤 것의 예시처럼 보일 것이다. 사변적 추론의 목적 혹은 선은 이성이라는 기관 자체의 완전함, 다시 말해, 진리(眞理, veritas)이다. 그러한 사변적 추론은 우선권을 주장하는 것처럼 보인다. 나아가 아리스토텔레스는 이론(理論, theoria) 또는 관상(觀想, contemplatio)이 인간에게 탁월한 선이라고 이야기한다. 그렇다면 그것은 마치 소설을 쓰는 것이 헨리 제임스에게 그랬던 것처럼, 관상이 모든 인간이 갈망할 만한 하나의 지배적인 정념으로 제시된 것처럼 보인다.

그것은 이것이 어떻게 이해되느냐에 달려 있다. 그것은 관상이 모든 인간의 배타적인 관심사가 될 수 있음을 의미할 수 없다. 아리스토텔레스에게 이 활동은 필연적으로 가끔씩 발생한다. 또한 누군가의 삶은 관상 이상의 것을 포함해야 하기 때문에 다른 종류의 이성적 활동의 목적들은 그 활동의 목적들이 관상의 (도구적인 의미에서) 첫 번째 목적들이 아니라, 그 활동 자체를 위한 목적이라는 의미에서 관상을 '위한' 것이 될 수 없다. 관상의 지배적인 정념을 위해 도덕적 덕을 희생하는 것이 무슨 의미인지 이해하기는 어렵다. 지성적 덕은 도덕적 덕을 전제하기 때문에 아리스토텔레스는 후자를 먼저 논의한다.

인간적 행복을 구성하는 일련의 덕스러운 활동들은 여러 방식으로 질서 지워질 수 있다. 필연성의 관점, 시간적 우위의 관점(무상한 어떤 것이 아니라 영속하는 우위)에서, 도덕적 덕들과 실천 지성(知性, intellectus)의 덕들은 사변적 지성의 덕들에 우선한다. 아리스토텔레스는 형이상학의 과제에 대하여 말하기를 모든 다른 인간적 활동들이 그에(형이상학의 과제에) 우선하고 더 필요하지만, 어떤 것도 그보다 더 좋은 것은 아니라고 했다. 이것이 모든 사람에게 있어서 관상이 하나의 배타적인 또는 지배적인 정념이 될 수 없음을 이야기하는 한 방식이다. 따라서 우리는 인간의 궁극 목적은 다른 개별적인 목적들 가운데 있는 특정한 개별적 선이 아니라, 덕망 있는 활동들의 다수성으로 이루어진다는 견해를 가지고 있다. 그러한 일련의 활동들은 필연성 혹은 고결함이라는 차원에서 질서 지워진 것으로 보인다. 고결함의 관점에서, 이성적 활동의 의미들은 관상 안에서 수행된 사변적 지성의 덕이 가장 높고 가장 뛰어나다는 그러한 의미로 등급이 나뉜다. 그러나 언제나 인간적 행복을 구성하는 '일련의' 유덕한 활동들이 있다.

"이것이 선에 대한 밑그림이 되도록 하자." 인간적 선에 대한 아리스토텔레스의 논의는, 그것이 우리가 언급한 반론들에 취약하지는 않다 하더라도, 그럼에도 불구하고 많이 발전시킬 필요가 있다. 이어지는 장들은 어떤 의미에서 그러한 발전을 제공할 것이다. 이제 토마스 아퀴나스가 아리스토텔레스에게서 발견한 궁극 목적의 개념을 어떻게 확장시켰는지 보도록 하자.

2.2. 토마스 아퀴나스

궁극 목적과 행복이라는 관념들은 『신학대전』(*Summa Theologiae*)에서 도덕 문제를 다루는 부분의 초반부에서 다뤄진다. 이 논의의 상당 부분은 아리스토텔레스로부터 영향을 받았다. 그러나 토마스가 위대한 이교도 철학자로부터 이끌어내는 것을 보면 거기에는 고유한 신선함과 명료함이 있다. 거기에는 물론 인간적 삶에 있어 가장 중요한 것이 무엇인지에 대한 그리스도교적 성찰로부터 우리가 기대하는 추가적인 논의도 있다.

궁극 목적의 개념에 관해 우리를 가장 헷갈리게 만드는 것들 중 하나는 궁극 목적이 모든 인간이 실제로 추구해야 하는 것인 동시에 그것을 추구하기 위해 그것에 대해 분명히 알고 있어야 하는 어떤 것이라는 추정일 것이다. 우리를 혼란스럽게 하는 인간적 행위의 다양성에 직면하여 마찬가지로 우리를 당황스럽게 만드는 그 행위들의 목적들이 갖는 다양성을 염두에 두고, 인간이 그들의 삶을 조직할 수 있는 방법의 무한한 다양성을 유념한다면, 어떤 식으로든 그들 모두가 같은 것에 달려 있다고 말하는 것은 이상하다고 생각할 수 있다. 나아가 궁극 목적과 관련하여 추구된 명료함은 인간의 삶을 획일화하려는 도구처럼 보일지도 모른다. 다양한 행위들과 삶의 양식들 안에 있는 잠재적 동일성에 대한 주장은 엉뚱해 보인다. 그리고 궁극 목적에 대한 명료함을 얻을 수 있다는 것과 같은 종류의 전망은 불쾌하기까지 하다. 인간적 행위가 지니는 하나의 궁극 목적에 대한 개념은 대부분의 인간이 궁극 목적이 무엇인지에 대해 의식하지 않는 것으로 보인다는 사실을 충분히 고려하는 것임과 동시에 우리가 궁극 목적에 대한 명료함을 지니게 될 때 이것이 어떻게 인간들이 살아가는 창조적 다양성을 억누르는 것이 아니라 촉진하는 것이 되는지를 제시할 수 있는 것이어야 한다.

궁극 목적이라는 관념에 대한 성 토마스의 접근은 '선'의 의미, 그가 '선의 근거(ratio boni)'라고 부른 것, 선성의 성격에 따라 이루어진다. 어떤 사람이 그에 근거하여 그가 선택하는 것을 선택하거나 그가 추구하는 것을 추구하는 형상성(形相性, formalitas)이 바로 선성이다. 그러나 선은 완전하게 하는 것, 충만하게 하는 것, 충족시키는 것이다.

> 인간은 무엇을 욕구하든 그것을 다 선의 근거에서(sub ratione boni) 욕구한다. 그것이 비록 궁극 목적으로서의 완전한 선으로 욕구되는 것은 아니지만, 완전한 선을 향해 기우는 것으로서 욕구될 필요가 있다. 어떤 것의 시작은 항상 그것의 완결(consummatio)을 향해 질서 지어져 있기 때문이다.(I-II, 1, 6)

이 구절은 추구되는 개별적인 것 또는 사물의 종류와 그것을 추구하는 이유(근거) 사이의 구별을 시사한다. 만약 내가 기네스 맥주 한 잔을 원한다면, 그것은 광고가 말하는 것처럼, 내가 그것이 나에게 좋은 것이라고 여기기 때문이다. 그것은 내 갈증을 달래준다. 그것은 나를 편안하게 한다. 그것은 아일랜드인의 말재주를 부리게끔 내 혀를 풀어준다. 오직 불쌍한 한 술주정뱅이만이 이 개별 선택의 대상을 선성 그 자체와 동일시할 것이다. 물론 불쌍한 술주정뱅이들은 존재한다. 그들은, 사도 바오로가 말한 것처럼, 그들의 배[腹]를 그들의 하느님으로 삼았다. 맥주 한 잔은 특정한 상황에서는 정말 나를 충만하게 하는 것의 사례로 여겨질 수 있다. 그러나 그것이, 선택이 내려지는 형상성을 모두 소진시키는 것은 아니다. 내가 바를 떠나 집으로 가기로 결정할 때 나는 마찬가지로 선성의 형상성에 따라 그렇게 한다. 만약 선성의 형상성을 모두 소진시키는, 그 자체로 나의 갈망을 완전히 만족시키고 완전하게 하는 그런 행위의 어떤 한 목적이 있다면, 그것을 추구하는 이유는 추구되는 사물과 동일한 것이 되고, 내가 다른 무엇을 갈망할 모든 욕구는 사라질 것이다. 선성의 형상성이 완전히 소진될 수 없는 이유는, 그것의 목적이 선성과 동일한, 홀로 그리고 완전하게 인간 행위자를 완성시키고 충만하게 하는 그런 행위가 존재하지 않기 때문이다. 그래서 언제나 내가 추구하는 것과 내가 무언가를 추구하기 위한 나의 궁극적인 근거(이유) 사이에는 간극이 존재한다. 무엇인가를 추구하기 위한 궁극적 근거(이유), '선의 근거'는, 그것이 모든 인간 행위자에 의해 공유되기 때문에, 사실적인 문제로서, 하나의 궁극 목적이 존재하고 모든 인간은 그것을 추구한다.

우리는 궁극 목적에 대해 두 가지로 말할 수 있다. 그 하나는 궁극 목적의 특질(본성)에 근거하고, 다른 하나는 그 안에서 궁극 목적의 특질이 발견되는 것(대상)에 근거한다. 그러므로 궁극 목적의 특질에 관한 한 모든 사람은 궁극 목적을 원한다는 점에서 일치한다. 그것은 모든 사람이 각기 자기의 완전성이 충족되기를 욕구하는데, 그것은 또한 (모든 사람의) 궁극 목적이기 때문이다. 이것은 이미 말한 바와 같다. 그런데 그런 특질이 발견되는 것(대상)에 관한 한 모든 사람이 궁극 목적에서 일치하는 것은 아니다. 그것은 어떤 사람들은 재물을, 어떤 사람들은 쾌락을, 또 어떤 사람들은 어떤 것이든 또 다른 어떤 것을 완결된 선인 것처럼 욕구하기 때문이다.(I-II, 1, 7 그리고 I-II, 5, 8)

이 구절은 궁극 목적이 그 형상적 의미에서 우리로 하여금 선한 인간 행위자와 악한 인간 행위자를 구별할 수 있게 해주는 어떤 것은 아님을 의미한다. "죄를 짓는 사람들은 궁극 목적의 의미가 참으로 발견되는 것에서 이탈한다. 그러나 궁극 목적에 대한 지향 자체에서 이탈하는 것은 아니고 그들은 그것을 다른 사물들 안에서 잘못 찾고 있다."(I-II, 1, 7, ad.1)

어쩌면 우리는 이 개념이 조지 무어(George E. Moore)나, 선은 선으로 추구되는 다른 어떤 것과도 같지 않다는 무어의 관찰을 따르는 리처드 헤어(Richard M. Hare) 같은 윤리철학자들을 연상시킨다고 생각할지도 모른다. 이것이 무어로 하여금 인간이 추구하는 각각의 사물이 지니는 자연적 속성과 논리적으로 분명히 구별되는 비-자연적 속성으로서의 선에 관하여 이야기하도록 이끌었다. 이를 더 발전시켜서 헤어는 선을 순수하게 형식적인 방식에서 기능하는 것으로 다뤘다. 예를 들면 내가 빚을 갚지 않는 것이 도덕적으로 좋은 것이라고 말할 때 도덕적으로 진지하다면, 나는 도덕적으로 독실하다는 그런 의미로 선을 다룬 것이다. 만약 내가 이것을 일반화해서 (내가 빚을 갚지 않는 것이 도덕적으로 좋은 것이라는 명제에서) 인칭대명사를 빼버릴 준비가 되었다면, 그래서 모든 사람이, 심지어 나의 채무자들도, 그들의 빚을 갚지 않아도 된다는 데에 동의한다면, 나는 도덕적으로 진지한 방식으로 그 표현을 사용하고 있는 것이다. 이러한 일련의 형식적인 움직임들은 선하다고 불리는 그 행위 또는 행위의 종류에 관해서는 아무것도 말해주지 않는다. 사실, 내가 (도덕적 언명에) 요구되는 논리적 절차들을 따를 의향이 있다면, 그것이 무엇이든 간에 (도덕적으로) 좋은(선한) 것이라고 불릴 수 있다. 헤어는 '극단주의자(fanatic)'에 관한 그의 유명한 예시에서 이 점을 지적한다. 그는 유다인을 죽이기를 소망하는 한 남자를 상정한다. 만약 이 예시가 일반화될 수 있다면, 그는, 그 자신이 유다인임이 드러나게 된다면, 그 또한 이 집단학살의 후보자가 될 수 있음에 동의해야 한다. 헤어의 '극단주의자'는 그것을 기꺼이 원한다. 이 순전히 형식적인 접근은 헤어로 하여금 유다인의 집단학살이 그 자체로 틀린 것이라고 말하기 위한 어떤 근거도 제시할 수 없게 한다. 그래서 그가 '극단주의자'를 따옴표 안에 표기한 것이다. 유다인의 집단학살에 대한 결정이 이루어질 수 있는 비-형식적인 방법, 그에 따라 그가 단순히 한 '극단주의자'가 아니라, 열정적인 사람(fanatic)이 될 수 있는 어떤 비-형식적인 방법도 존재하지 않는다.

 이 끔찍한 입장의 기원은 거부할 수 없는 하나의 진리에 있다. 무어가 한 개별적인 행위나 행위의 종류에 따른 목적을 선성 그 자체와 동일시하는 것이 특이한 결과를 낳을 수 있음을 이해한 것은 옳았다. 그 가운데 한 예로, 만약 어떤 경우에 내가 기네스를 선으로 추구하고 다른 경우에는 '펩토비스몰'(소화제의 한 종류)을 찾는다면, 나는 기네스와 펩토비스몰이 같은 것이라고 말해야 하는 것처럼 보인다. 어떤 의미에서 무어가 지적한 것은 보편명사의 특성이다. 나는, 소크라테스는 인간이고 플라톤도 인간이라고 말하지만, 나는 인간이라는 점에서 각 개인이 동일하다고, 그래서 플라톤과 소크라테스가 같은 사람이라고 하지는 않을 것이다. 우리는 이로부터, 나로 하여금 소크라테스를 인간이라고 부를 수 있도록 하는 소크라테스에 관한 어떤 것도 존재하지 않는다고, 그리고 마찬가지로 플라톤을 인간이라고 부르게 하는 어떤 것도 존재하지 않는다는 그런 결론에 도달하지는 않을 것이다. 그러나 여기에는 선이 행위자들, 행위들, 그리고 그들의 목적에 기인하게끔 하는 것과 관련된 다른 무언가가 있다. '인간'이라는 단어와는 달리 '선'이라는 용어는 단일한 의미가 아니라, 흥미로운 유비적 용법으로 쓰인다.

 적절한 상황에서 시원한 음료 한 잔은 인간의 갈증을 정말로 만족시킨다. 적절한 상황에서 약은 참으로 인간의 필요를 채워준다. 양쪽 모두가 선이지만, 같은 방식으로 선은 아니다. 궁극 목적에 관한 아리스토텔레스의 개념을 해석하는 데서 범하는 공통적인 실수는 결국 그가 선성의 형상적 내용과 관상 활동의 목적을 동일시하기를 원했다고 생각하는 것이다. 그러나 이것은 오직 관상이 인간의 갈망을 완전히 만족시킬 때만, 관상이 다른 모든 필요와 갈망을 필요 없는 것으로 만들 때만 가능한 일이다. 분명히 이것은 실제로 그렇지 않다. 관상 활동은 궁극 목적을 구성하는 한 요소일지도 모른다. 그러나 그것을 선성 자체와 동일시하기는 힘들다. 사변적인 학문에 관해서 토마스는 "이런 학문도 사변하는 사람의 어떤 선으로서 욕구된다. 이런 선도 궁극 목적인 완결된 완전한 선에 포함된다."(I-II, 1, 6, ad.2)고 썼다. 궁극 목적에 관한 토마스의 형상적 개념은, 그것이 어떤 종류의 한 행위도 인간 행위자를 전적으로 완전하게 하는 그런 어떤 목적을 지향하지 않음을 수반한다 하더라도, 질료적으로 이해된 궁극 목적을 구성하는 일련의 질서 지워진 선들 안에서 실현된다.

인간적 행위는 행위자를 충만하게 하거나 완성하는 것으로서 추구되는 어떤 목적을 염두에 두고 착수된다. 인간이 행하는 것은 무엇이나 선성의 형상성에 따라 행해진다는 점을 고려할 때, 토마스는 모든 인간이 단순히 행함을 통해서 형상적으로 이해된 같은 궁극 목적을 추구한다고 말할 수 있을 것이다. 개별 행위들의 목적들은 언제나 행위자를 완전하게 하는 것으로서 추구된다고 하더라도, 때로는 참으로 행위자를 완전하게 하는 그런 것이고 또 때로는 행위자를 완전하게 한다고 잘못 간주된 그런 것이다. 궁극 목적을 소개하는 토마스의 방식은 모든 인간이 거기에 동의할 것이라고 말할 하나의 형상적 기반을 그에게 제공한다. 토마스는 '행복'이 '궁극 목적'의 동의어로 여겨질 수 있다는 아리스토텔레스의 의견 또한 받아들인다. 이는 토마스가 궁극 목적의 형상적인 개념이 어떤 개별적인 목적이나 목적의 종류에 의해 소진될 수 없는 것이라 하더라도, 궁극 목적을 '선의 근거'와 동일시하면서 우리를 완성시키는 일련의 대상들 안에 참으로 보존되어 있다고 주장하기 때문이다. 그런 다음에 그는 질료적으로 이해된 행복의 역할을 위한 일련의 후보군을 검토하기에 이른다. 고전적인 도덕 저술가들을 연상시키는 방법으로 그는 인간 행위의 궁극 목적으로서의 부와 명예, 명성, 육체적 선익, 그리고 쾌락을 검토하고 그것들이 인간적 행위의 궁극 목적이 될 수 있는 가능성을 기각한다. 다시 말해, 그것들(부, 명예, 명성, 육체적 선익, 쾌락 같은)은 인간 행위자를 완전하게 만들거나 완성시키는 그런 것의 개념을 완전히 충족시킬 수 있는 것으로서 궁극 목적이 될 수 없다. 토마스가 창조된 그 어떤 선도 인간의 궁극 목적이 될 수 없다고 논증할 때 그의 독특함이 드러난다.

> 사실 행복은 욕구를 완전히 쉬게 만드는 완전한 선이다. 그렇지 않으면 거기에는 아직 욕구되어야 할 어떤 것이 남아 있게 되어 그것이 궁극 목적일 수 없을 것이다. 그런데 인간적 욕구인 의지의 대상은 보편적 선이다. 그것은 마치 지성의 대상이 보편적 진(眞)인 것과 같다. 따라서 보편적 선이 아니라면 그 어떤 것도 인간의 의지를 쉬게 할 수 없다는 것이 명백하다. 이런 선은 창조된 어떤 것 안에서는 발견되지 않고, 오로지 하느님 안에서만 발견된다. 그 이유는 모든 피조물은 참여된 선성을 갖고 있기 때문이다. 따라서 오직 하느님만이 인간의 의지를 충족시킬 수 있다.(I-II, 2, 8)

선성 그 자체인 하느님만이 그에 따라 우리가 욕구하고 행동하는 형상성을 완전히 충족시키는 대상이다. 따라서 인간에게 완전한 행복은 선성 자체이신 하느님과의 사랑의 일치 안에 머무는 데에 있다.

이 논의의 결론 중 하나로, 토마스는 완전한 행복이 이 (지상의) 삶에서는 불가능하다는 이야기를 해야 한다. 그 근거는 인간을 위한 선이 이해되는 방식으로 거슬러 올라간다. 그것은 (인간이 수행하는 여러 가지 중에) 고유한 인간적인 작용 또는 기능에 의해 도달할 수 있는 선이다. 그러나 (인간이 하는 활동들 중에) 고유한 것은 이성적인 활동이다. 하느님은 선에 대한 인간의 갈망을 전적으로 충족시킬 수 있는 유일한 대상일 것이다. 하느님은 말하자면 인간적 행위에 의해 도달되어야 하는 하나의 대상으로 남는다. 현세의 삶에서 하느님께 도달하는 이성적 활동은 관상, 곧 간헐적이며 비연속적이고 에피소드처럼 발생하는 그런 활동이다. 그렇다면 관상은 기껏해야 우리에게 완전한 행복에 대한 단편적인 예감만 보여줄 수 있을 뿐이다(I-II, 3, 2, ad.3). 나아가 관상은 형이상학의 결과물인 만큼, 다소 부적절하고 불분명한 신성 개념을 수반할 수 있다(I-II, 3, 6). 그것은 이 삶에서 우리가 오직 하느님에 대한 불완전한 지식만을 지니고 있기 때문이다. 심지어 우리는 하느님이 참으로 우리의 모든 갈망을 채워주는 분임을 깨달을 때에도, 그분을 다른 여러 선들 중 하나로 취급하고 그분보다 더 낮은 단계의 선을 선호한다.

한 사람의 그리스도인으로서, 토마스는 인간의 궁극적인 운명이 지복직관(至福直觀)에서 하느님과 사랑의 일치를 이루는 데 있다고 본다. 그러나 그것은 현세가 아니라, 내세에서 실현될 운명이다. 이 관점은 토마스로 하여금 새로운 명료함으로 아리스토텔레스가 제시한 도덕적 삶을 이해하게끔 한다. 죽음 이후 인간의 영혼이 계속 존재하는지에 관한 그의 확신이 무엇이든지 간에, 아리스토텔레스는 그의 저술들에서 이 (지상의) 삶에서 달성 가능한 선에 관심을 가졌다. 하지만 토마스는 한 사람의 그리스도인으로서 아리스토텔레스의 선한 삶의 개념을 온전히 공유할 수는 없었다. 그러나 아리스토텔레스주의의 개념은 천국의 저편과 마찬가지로 이 삶에서도 은총으로 인한 삶, 초자연적인 삶으로 불리움을 받은 우리의 삶에 대한 토마스의 설명을 확립하기 위한 자연적 기초를 제공한다. 다음 장에서 우리는 그리스도교 신앙이 도덕성에 미친 영향에 대해 다룰 것이다. 지금으로서는 토마스가, 아리스토텔레스는 선한 인간적 삶의 본성에 관한 자연적으로 알려질 수 있는 기초적인 진리를 포착했다는 어떤 그런 설명을 견지했다고 이야기하는 것으로 충분하다. 은총은 자연(自然, natura)을 전제하고 그것을 파괴하지 않는다.

(다른 활동들로부터 구별되는) 인간에게 고유한 이성적 활동은 어떤 일의적(一義的)인 개념이 아니다. 그렇기 때문에 잘 수행하는 것은 인간의 목적을 구성하는 선들의 다수성을 수반한다. 인간적 활동을 완성시키는 것은 어떤 하나의 선이 아니다. 왜냐하면 이성적 활동은 활동의 어떤 단일한 종류가 아니기 때문이다. 뛰어난 또는 덕망 있는 삶은 덕의 다수성을 반드시 포함한다. 어떤 단어가 유비적으로 사용된다고 할 때, 그것은 그 단어가 쓰이는 각각의 경우에 그 단어가 무엇을 의미하는지에 대해 같은 해석을 내놓지 않는다는 것을 의미한다. 한 동일한 논고에서 반복적으로 사용되는 특정 용어는 일의적으로 사용되었다고 볼 수 있다. 따라서

소크라테스는 인간(man)이다.
크산티페(소크라테스의 아내)는 인간(man)이다.
프랭크 라이트(Frank Lloyd Wright: 미국의 근대 건축가)는 인간(man)이다.

어쩌면 '이성적 동물'이 '인간'에 관한 한 단일한 설명으로 주어질 수 있다. 다른 한편 이어지는 목록에서는

당신의 수표로 지불하라.
안색이 건강하다.
빠른 걸음, 속보는 건강에 좋다.

계산서(bill)를 지불해라.
도날드 덕이 지폐(bill) 한 장을 갖고 있다.
그는 나의 빌(Bill, 사람 이름)이다.

우리는 반복되는 단어의 세 가지 구별되는, 그리고 서로 관계없는 의미들을 볼 수 있다. 끝으로, 토마스가 선호하는 예시를 살펴보자.

어떤 사람은 건강하다(healthy).
안색이 건강하다(healthy).
조깅은 건강하다(healthy).

여기서 반복되는 '건강한'이라는 용어는, 동일하지는 않지만 그렇다고 전적으로 서로 무관하지도 않은 의미를 지닌다. 토마스는 부분적으로는 같고 부분적으로는 다른 의미들의 다수성을 볼 수 있다고 제안한다. 각각의 해석에서 우리는 건강을 언급한다. 하지만 한 설명에서는 건강의 주체에 대해 이야기하고, 다른 곳에서는 건강의 징후에 대해서, 세 번째 문장에서는 건강의 원인에 대해서 이야기한다. 나아가 이 설명들 중 하나는 다른 것들에 대해 우위를 점할지도 모른다. 안색은 건강을 지니고 있는(건강한) 사람에게 건강의 징후이고, 조깅은 건강을 지니고 있는(건강한) 사람의 원인이기 때문이다.

다소 같은 방식으로 토마스는 '이성적 활동'에 대한 설명에서 어떤 다양성을 발견한다.

제1원리들을 이해하는 것이 이성적 활동이다.

과학적 입증은 이성적 활동이다.
신성(神性)을 관상하는 것은 이성적 활동이다.
무엇을 할지 결정하는 것은 이성적 활동이다.
새 집을 만드는 것은 이성적 활동이다.

때때로 이성적 활동은 이성적 기관(機關, facultas) 자체의 완성, 곧 진리 획득을 목적으로 삼는다. 이성적 활동은 사고하는 것 이외의 다른 활동, 곧 사고의 통제 아래에 놓이거나 사고에 참여할 수 있는 그런 다른 어떤 활동의 완성을 목적으로 삼는다. 이 용법들에서 단계적 차이와 파생적 관계를 볼 수 있다. 우리는 또한 왜 아리스토텔레스와 성 토마스가 이성 그 자체의 완성을 탁월한(탁월하지만 배타적이지는 않은) 인간적 선으로 삼았는지를 이해할 수 있다. 그들은 또한 사고함(생각함)의 완성에 대한 관심은, 예컨대 한 사회에서 어떤 사람들이 적어도 기하학을 연구할 기회라도 가질 수 있을 정도의 충분한 안정성을 도입함으로써, 좀 더 낮은 등급의 이성적 활동들의 목적이 달성된 후에야 가능한, 쉽게 누릴 수 없는 것임을 깨닫고 있었다. 그것은, 지성은 인간에게 고유하고, 따라서 진리 안에서 지성의 완성을 추구하는 것은 (다른 인간이 행하는 행위들로부터) 가장 뚜렷이 구별되는 인간적인 선, 다시 말해 우리보다 낮은 단계의 존재자들과 공유하는 특성들에 연관된 이성적 활동들보다 한층 더 인간적인 선이다. 그러므로 궁극 목적을 구성하는 선들은 이 객관적 우선성과 덜 우선하는 성격을 반영하는 방식으로 질서 지워지고 등급이 매겨질 수 있다. 비록 관상이 다른 인간적인 활동들을 배제하는 그런 활동이 될 수는 없지만, 관상은 객관적으로 인간적인 것이 연관될 수 있는 최선의 활동이다. 한 사람이 자신의 삶에서 그가 행하는 모든 것이 궁극적으로 관상을 위한 것이 되게끔 질서 지운다면, 그는 객관적으로 최선의 인생을 영위하고 있다고 말할 수 있다.

더 말할 필요도 없이, 모두가 이렇게 살아가는 인간 사회는 불가능할 것이다. 나아가, 곧 보게 되겠지만, 만약 관상이 하나의 덕이라면, 그것은 오직 2차적인 의미에서만 그렇다. 인간의 조건은 한 사람이 그가 그렇게 해야 할 때에 그렇게 해야 하는 것으로서 그렇게 해야만 하는 곳에서 (관상과 같은) 그러한 활동에 관계하기를 요구한다. 그리고 기예의 덕이 (그 덕을 소유한) 한 사람이 도덕적으로 칭찬받을 만한 방식으로 기예적 활동에 가담할 것을 보장하지 않는 것처럼, 사변적 덕들도 한 사람이 그렇게 행동할 것을 보장하지 않는다. 행위자들을 그러한 (존재로) 보장하는 덕들, 단순히 생각함 또는 그의 활동의 특정 제작물들의 선과 같이 그의 존재의 특정 차원에 관련된 선이 아닌 그런 덕들은 인생에 대한 그들의 방향성에 포괄적이고 전반적으로 배어드는 덕들이다. 진리를 추구하거나 예술적 활동에 관여하는 것은 그것들의 성공 여부가 내적인 기준에 의해서만 평가되지 않고, 인간의 궁극 목적인 포괄적인 선과도 관련되는 한에서 도덕적인 추구이다. 여기에 앞서 언급한 궁극 목적에 대한 반론에 대한 진실이 있다. 우리의 선은 여러 선들 중 하나에 대한 배타적인 추구가 아니라, 많은 선들의 (조화를 이루며 함께 연주됨으로써 하나를 이룬다는 의미에서) 관현악이라는 것이다.

몇 쪽 앞에서 우리는 궁극 목적이 삶을 획일화하려는 것으로 간주되어야 하는지 물었다. 이제 우리는 그러한 두려움이 얼마나 근거 없는 것인지를 알 수 있다. 도덕적 이상을 구성하는 선들의 객관적인 등급이 무엇이든, 그 실현은 무한한 형태로 가능하다. 우리는 도덕적 규범이 '과자 모양을 찍는 틀(cookie cutter)'이라는 두려움을 가질 필요가 없다.

3. 궁극 목적과 도덕적 원리들

도덕철학은 일반적인 차원에서 특정한 규범적 판단을 만들 목적으로 인간의 행위에 함축되어 있는 바를 분명히 드러나게 하려는 노력의 일환으로서 인간적 행위에 관한 성찰이다. 다시 말해 도덕철학은 우리로 하여금 어떤 혹은 다른 의미에서 우리가 이미 하고 있는 것을 잘하게끔 하는 것을 목적으로 삼는, 상대적으로 차분히 수행되는 자기성찰의 한 종류이다. 이 노력에는 출발점과 원리들에 관한 언급이 있을 것이다. 그래서 우리가 이제까지 인간적 행위의 제1원리 또는 출발점인 궁극 목적, 모든 인간 행위자가 수행하는 모든 행위 안에, 최소한 그 형상적 의미에서, 내재된 것에 대한 인식을 다룬 것이다. 이는 도덕철학이 궁극 목적의 개념을 참으로 보존하는 것이 무엇인지 분명히 하고, 그것이 달성될 수 있는 수단들을 기술하는 한 방식임을 시사한다.

그러나 목적/수단 분석 외에 도덕적 결정의 다른 유형이 존재한다. 우리는 그것을 원리/적용 유형이라고 부를 수 있다.『신학대전』의 도덕 관련 부분이 도덕적인 현명의 제1원리로서 궁극 목적에 대한 논의로 시작한다면,『신학대전』에서 가장 유명한 또는 몇몇에게는 악명이 높은 부분 중 하나는 자연법에 관한 부분일 것이다. 그 논고에서 우리는 높은 수준의 일반 규범들을 보게 된다. 그 규범들을 우리 삶에 적용하는 것은 도덕적 과업을 구성한다. 이 장에서 나는 목적/수단 유형과 원리/적용 또는 자연법 유형이 양립할 수 있고 사실 상호 보완적임을 제시하려 한다.

이 장의 서두에 제시된 도덕철학의 개념은 도덕적 원리들이, 심지어 우리가 이야기하고 있는 것에 내재되어 있는 것을 명확히 기술하는 것마저도 철학자의 발견이 아니라는 사실을 시사한다. 이 개념은 도덕철학의 본성에 관한 토마스의 추정에 대해 (우리가) 창안한 대안에 호소함으로써 분명해질 수 있을 것이다. 인간적 행위에 대한 이야기, 인간은 무엇을 해야 하는가, 인간이 무엇을 하는 것이 그들에게 좋은가에 대한 이야기는 양 극단(極端)에서 토론의 결과를 기다리는 활력 없는 사람들의 한 모임을 상상하는 것으로 시작할 수 있다. 극단에서 사물들은 단순하게 그것인 것이다. 그것은 사실들의 세상, 다른 말로는 특색이 없는 세상이다. '여배우와 사귀려고 극장을 드나드는 남자(stagedoor johnnies)'를 다루는 전(前)도덕적(premoral) 과제를 받게 될지도 모르는 팝(Pop)은 다른 사람들과 동떨어져 있다. 윤리학의 문제는 그 사람들을 무대 위에 서게 만드는 것에 견줄 수 있다. 우리는 어떻게 그들을 설득해서 배우가 되게 할 수 있을까? 어떻게 하면 그들이 존재(Is)에서 당위(Ought)로, 희미한 생각에서 행동의 쾌활한 활기로 움직이게 할 수 있을까? 아마 더 나은 질문은 이것일 것이다. 왜 철학자는 스스로 이 불가능한 과제를 떠맡아야 하는가?

아리스토텔레스가 그랬던 것처럼, 성 토마스는 이미 각 단계에서, 행동하는 것, 행하는 것, 결정하는 것, 선하거나 악한 것에서 자신과 다른 사람들을 성찰적으로 마주했다. 때로는 이 성찰(省察, riflexio)이 행위자 편에서의 논의와 관련이 있었다. 하지만 더 자주 성찰은 행위자 편에서의 논의와 관련이 적었다. 물론 행위에 대한 성찰은 『니코마코스 윤리학』에서, 『신학대전』에서, 소설, 칼럼, 권고와 같은 곳에서 말로 표현될 수 있고 표현되었다. 이는 우리가 하는 것이 무엇이든 우리는 어떤 목적을 위해 그것을 한다는 주장을 위한 배경이다. 행위가 목적하는 바는 선이다. 행위, 목표, 갈망, 목적, 선. 대원칙 혹은 출발점은 선, [곧] 우리가 무엇을 갈망하든 그것에 따라 갈망하는 형상성이다. 선은 갈망할 만한(desirable) 것이다.

여기서 조지 무어가 지적한 것처럼, '갈망할 만한'과 같은 용어를 이해하는 두 가지 방식이 있다. 우리는 그 용어를 '알아볼 수 있는(visible)'을 이해하는 방식으로 이해한다. 따라서 알아볼 수 있는 것이 보여질 수 있는 것이듯이, 갈망할 만한 것은 갈망될 수 있는(can be desired) 것이다. 용어를 이해하는 이런 관점에서 선이 갈망할 만한 것이라는 언명은 인간이 실제로 갈망할 수 있는 모든 것은 선이라는 의미가 될 수 있다. 그러나 '갈망할 만한(desirable)'을, '혐오스러운(detestable)'을 이해하는 방식으로 이해할 수도 있다. 혐오스러운 것이 혐오를 받아 마땅한 것인 것처럼, 갈망할 만한 것은 (마땅히) 갈망되어야 하는 것이다. 이 용어의 첫 번째 이해에서 '갈망할 만한'을 서술적인 용어라고 부를 수 있고, 두 번째 이해에서 '갈망할 만한'은 평가적인 용어라고 할 수 있다. 이는 우리를 근대 도덕철학의 가장 무의미한 논쟁, 데이비드 흄(David Hume)이 우리에게 유산으로 남긴 논쟁으로 이끈다. 우리는 어떻게 서술적인 것에서 규범적인 것으로, 사실에서 가치로, 존재에서 당위로 나아갈 수 있는가? 우리는 어떻게 배우들을 무대 위에 세울 수 있는가? 성 토마스에게 이것이 문제 되지 않는다는 것은 그의 도덕 이론의 약점이 아니라, 오히려 강점이다.

갈망할 만한 것은 어떤 사람, 갈망하는 사람에게 특정한 형상성에 따라서, 다시 말해 그것이 갈망하는 사람을 충만하게 하고, 완성시키고 또는 완전하게 하는 그런 형상성에 따라서 갈망할 만한 것이 된다. 인간적 행위들을 살펴보면, 특정 상황에서 가능한 행동 방향이 그것을 실행에 옮기지 않는 것이나 다른 행동 방향을 실행에 옮기는 것보다 더 선호된다는 내재된 판단(判斷, iudicium)을 언제나 수반하는 목적이 분명한 활동들이 있다. 분명 이것이 우리가 언제나 분명한 확신을 갖고 행동한다거나 또는 우리가 실제로 하고 있는 것을 '최후의 수단(pis aller)'으로 여기지 않을 수 있다거나 또는 우리가 곧 혹은 자주 우리의 행동 방향을 바꾸지 않을 것이라는 의미는 아니다. 우리는 우리가 실제로 행하고 있는 것을 갈망한다. 우리가 실제로 무엇을 욕망하는지 살펴보기 위해 갈망할 만한(desirable)에 관해 이야기해보자. 갈망할 만한 것은 갈망된 것이 갈망하는 사람을 완성시키는 것인지에 대한 판단을 수반한다. 보기에는 어떤 사람이 실제로 갈망하는 것을 갈망해야 한다고 말하는 것은 별 의미가 없는 것 같다. 하지만 그것은 갈망된 것, 갈망할 만한(desirable)은 갈망하는 사람을 완성시켜주는 것으로서 갈망된 것이 실제로 그 사람을 완성시켜주는 것이 되지 못하는 경우에는 잘못된 판단과 관련될 수 있다. 그래서 우리가 실제로 갈망하는 것을 갈망하지 말아야 한다고 이야기하는 것이 타당할 수 있다. 역으로, 우리는 우리 갈망의 대상이 그것이 갈망되는 형상성에, 다시 말해 완성하고 충만케 하는 것에 적합해야 한다는 의미로 우리가 갈망하는 것을 갈망해야 한다. 우리는 갈망할 만한을 '선의 근거' 또는 형상성을 참으로 보존하고 있는 대상들을 가리키기 위해 사용한다. 우리가 우리를 참으로 완성시키는 것을 갈망해야 한다고 말하는 것은 어떤 주어진 갈망에 이미 현존하고 있지 않는 것, 어떤 새로운 이유, 우리가 모르는 어딘가에서 온 새로운 요인을 도입하는 것이 아니다. 모든 행위는 갈망할 수 있는 것이 갈망할 만한 것이라고 추정한다. 만일 우리가 갈망할 수 있는 것이 갈망할 만한 것이 아니라는 것을 안다면, 우리는 이미 참으로 갈망되는 것, 갈망할 만한 것을 갈망하기 위한 근거를 갖고 있는 것이다. 물론 이것이 우리가 필연적으로 우리의 수정된 인식에 근거해서 행동할 것이라는 의미는 아니다. 지식은 덕이 아니다. 뿐만 아니라, 어떤 행동 방향도 선성의 형상성을 다 소진시킬 수 없다. 그것이 의미하는 바는 단순히, 흄학파의 문제를 위해 요청되는 그런 사실적 갈망은 존재하지 않는다는 것이다. 존재에서 당위로의 성가실 수 있는 움직임은 선성의 형상성, 완성시키고 충만하게 하는 그것이 모든 욕망 안에 이미 현존하고 있지는 않음을 시사한다.

여기서 토마스의 궁극 목적에 관한 논의를 자연법 계명에 관한 논의에 연관시키려 할 때, 이것이 필요하다는 점을 언급할 필요가 있다. 토마스주의에서 자연법에 관한 교과서적인 설명, 그의 유명한 법에 관한 논고(I-II, 90-108) 중에 제94문 제2절에서 토마스는 "선은 모든 것이 추구하는 것이다(bonum est quod omnia appetunt)."에서 "선은 행해야 하고 추구해야 하는 것이고, 악은 피해야 하는 것이다(bonum est faciendum et prosequendum, et malum vitandum)."로 옮겨간다. 이 움직임은 정확히 우리가 갈망할 만한과 관련하여 논의해온 바이고 거기에는 더 이상 이해하기 힘든 것이 없다. 궁극 목적에 관한 이전 논의들과의 연관은 분명하다. 새로운 것은 "선은 행해야 하고 추구해야 하는 것이고, 악은 피해야 하는 것이다."를 실천 이성의 제1원리라고 부른 것이다. 여기서 계명과 원리의 개념은 이성과 논증에 의해 얻어진 지식을 통해서 원리에 의해 배제되거나 원리의 범위 안에 속하는 그런 종류의 행위로 나아가는 움직임을 의미한다. 간단히 말해서, 삼단논법(三段論法, syllogismus)의 한 종인 어떤 논증이 함축되어 있다. 자연법에 관한 이론은 최소한 부정할 수 없는 원리들이 여럿 존재하고, 행위의 상황에 그 원리들을 적용하는 것이 도덕적 결정에서 일어나는 일이라는 주장이다.

3.1. 실천 이성

이러한 의미에서의 도덕적 원리들에 대해 논의하기에 앞서 그것을 보다 넓은 맥락에서 올바로 자리매김하는 것이 좋을 것이다. 위에서 언급한 법에 관한 논고의 절(I-II, 94, 2)에서 토마스는 실천이성(ratio pratica)의 원리로서 선과 그 위에 세워진 계명에 관해 기술한다. 비교는 정신의 이론적 혹은 사변적 사용에 대하여 이루어진다. 후자(정신의 이론적 혹은 사변적 사용)는 생각함 그 자체, 진리의 습득에 관계하는 반면 전자, 정신의 실천적 사용은 생각함 외에 어떤 활동의 완성, 다시 말해 무엇이 행해져야 혹은 이루어져야 하는지에 관한 진리의 습득에 연관된다. 마지막 구별은 '행위(actio)'와 '제작(factio)'의 구별이다. 토마스는 종종 행위(수행한다는 측면에 더 집중하는 의미에서, actio)보다는 제작(구체적인 실행을 통해 대상을 조작하거나 제작물이라는 결과물을 생산한다는 의미에 더 집중해서, factio)에 호소함으로써 실천적 사고함의 본성을 보여준다. 이것은 그가 실천적 사고에 등급이 있음을 제안하는 유명한 구절에 잘 나타난다(I, 14, 16).

문제의 그 절은 피조물에 대한 하느님의 지식이 이론적(사변적)인지 실천적인지에 대해 묻는다. 그러나 그에 답하기에 앞서, 성 토마스는 그의 독자들에게 구별의 의미를 상기시키고 세 가지 기준이 관련되어 있다고 말한다. 한 주어진 사례를 보면 이 기준들 중 몇 가지나 보존되어 있느냐에 따라서 실천적 사고의 등급이나 단계가 존재한다. 제안된 기준은 (a) 알려진 대상의 본성, (b) 대상들이 알려지는 방식, 그리고 (c) 고찰하는 사람의 목적 혹은 목표, 의도이다.

a. 대상들에 관하여, 토마스는 이론적인 것('사변할 수 있는 것', speculabilia)과 '작용할 수 있는 것(operabilia)'에 대해 이야기한다. 이 두 번째 범주(작용할 수 있는 것)는 우리가 행하거나 만들 수 있는 모든 것으로 이루어진다. 만약 우리가 생각하고 있는 바가 인간이 행하거나 만들 수 있는 범위 안에 들지 않는다면, 그것은 그런 한에 있어서 관조적(이론적) 대상이다. 예를 들면, 자연물이나 하느님과 같은 것이다.
b. 앎의 양식과 관련하여, 집을 예로 들면, 첫 번째 기준에 따라서 작용할 수 있는(operabilia) 대상이다. 그러나 우리는 집에 관하여 여러 방식으로 생각할 수 있다. 우리 대부분은 물리적인 혹은 자연적인 대상들에 대해 알고 있는 것과 매우 유사한 방식으로 집에 관해 알고 있다. 우리는 집을 묘사하고 정의한다. 집들을 이런 종류와 저런 종류로 구분하고 집들과 다른 인공물 사이의 다양한 논리적 연관성을 이해한다. 그러나 집을 이해하는 다른 방식, 자연물에 대해서는 불가능한 그런 방식이 존재한다. 우리는 집을 인간적 노력의 제작물로 보고 집을 건축하기 위해 필요한 단계들을 밟아나갈 수 있다. 규범적인 혹은 특정방안을 제시하는 방식이라고 부르는, 작업생산적인 대상을 아는 이 방식은 그것들을 고찰하는 이론적(사변적 혹은 관조적)인 방법과는 다른 것으로 실천적이다.
c. 고찰하는 사람의 의도. 실천적 앎이란 한마디로 진리의 소유에 관해 이론적(사변적)으로 알고 있는 것을 제작하거나(혹은 조작하거나)(factio, making) 행하는 것(actio, doing)이다. 만약 어

떤 사람이 작업생산적인 대상을 실천적 방식으로 알지만 그 지식을 실천에 옮길 의도가 없다면, 그런 한에 있어서 그 지식은 이론적(사변적)이다. 만약 그 지식이 행하거나 만드는 활동에 구현되었다면, 그것은 완전히 실천적 지식이다.

우리는 이렇게 나타나는 실천적 앎의 등급을 다음과 같이 도식화할 수 있다. O는 첫 번째 기준, M은 두 번째 기준, E는 세 번째 기준을 가리키는 말이고, 아래첨자 p와 t는 각각 실천적인 것과 이론적(사변적)인 것을 가리킨다.

1. $O_p M_t E_t$: 가능태의 차원에서 실천적인 지식
2. $O_p M_p E_t$: 형상적으로 실천적인 지식
3. $O_p M_p E_p$: 완전히 실천적인 지식

도덕철학은 가능태의 차원과 형상적으로 실천적인 지식 양쪽 모두와 연관된 것으로 보인다. 우리가 '선'에 대해 기술할 때, 또 덕, 의도적인 것과 비의도적인 것, 그리고 심사숙고(深思熟考, deliberatio)와 지향을 정의할 때, 우리는 가능태의 차원에서 실천적인 지식에 관련한다. 어떤 일반론의 차원에서든 도덕적 판단은 형상적으로 실천적인 지식으로 보인다. 도덕철학에서 완전히 실천적인 지식은 행위에 구현된 지식으로 상정되며, 행위를 (외적으로 드러나는 행위 자체에 방향성을 부여한다는 의미에서) 멀리서 인도하는 것을 목적으로 삼는 것이다. 이를 바탕으로 자연법에 관해 토마스가 이야기하는 바를 살펴보자.

3.2. 자연법

토마스 아퀴나스가 당연히 자연법의, 다시 말해 인간적 작용의 구조 자체에서 발생하는, 누구나 자신을 위해 쉽게 스스로 형태를 부여할 수 있는 인간적 행위의 참된 규범들이 존재한다는 입장의 주요 지지자 중 하나로 여겨지지만, 이상하게도 방대한 그의 저술 중에서 법과 그 다양한 종류에 대해 광범위하고 공식적인 논의를 펼친 곳은 오직 한 곳뿐이다. 토마스를 공부하는 학생이라면 누구든 이것이 얼마나 드문 일인지 알 것이다. 그의 저술의 성격과 경우들을 살펴보면, 토마스는 같은 주제에 관해 계속 논의할 필요를 느꼈고, 그래서 『신학대전』의 거의 모든 절에 같은 주제에 대한 다른 논의들을 찾아볼 수 있도록 병행 구절의 목록을 추가했다. 하지만 법에 관한 논고에는 병행 구절에 대한 그토록 적은 참조 표시만 존재한다. 그러나 그들 중 대부분은 토마스가 이미 다른 곳에서 다룬 문제를 다시 다루고 있기 때문이라기보다는 편집자의 독창성에서 기인한다. 지금 우리가 관심을 갖고 다루고 있는 제94문 제2절에 병행하는 논의가 없다는 것은 매우 분명하다.

이 절은 이렇게 묻는다. 자연법은 계명을 여러 개 가지는가, 하나만 가지는가? 자연법이라는 용어는 무엇을 의미하는가? 논고의 이 지점에서 우리가 알고 있는 것은 제91문 제2절에서 주어진 정의뿐이다. 자연법은 하느님께서 우주를 주관하시는 영원법에 참여하는 인간 고유의 방식이다. 모든 피조물은 하느님의 다스림 아래 놓인다. 그러나 "이성적 피조물은 스스로 섭리에 참여하는 자가 되어 자신이나 다른 이들에게 주의 깊은 한에 있어서, 다른 것들보다 신의 섭리에 더 뛰어난 방식으로 순종한다." 이성적 피조물은 스스로가 그에게 적합한 목표와 활동을 향해 나아가게끔 한다. (그에게 적합한) 그러한 방향은, 명제(命題, propositio)는 표현하고, 법(法, lex)은 명령하는 계명들로 표현된다. 그렇게 우리는 이 질문에 도달한다. 우리가 어떻게 우리에게 적합한 목적에 도달해야 하는지 표현하기 위해 하나의 계명으로 충분한가?

    토마스는 자연법의 계명들을 — 이미 그가 복수형을 사용한 것이 긴장감을 완화시킨다 — 사변적(이론적) 담론을 인도하는 제1원리들에 비유하는 것으로 시작한다. (사변적 논의의 제1원리와 자연법의 계명들) 양쪽 모두 '그 자체로 자명(自明, per se nota)'하다. 그 자체로 알려진, 자명한 것들이고, 추론된 것이 아닌 것들이다. 한 명제는 주어부와 서술부가 어떻게 결합되는지 설명하기 위해 중간 용어가 필요치 않을 때 그러한(그 자체로 자명한) 것이 된다. 정확히 말하면, 우리는 용어들의 의미로부터 즉각적으로 그 명제가 참인지 거짓인지 이해한다. 우리 정신의 사변적(이론적) 사용에서 우리는 파악(把握, apprehensio)과 판단(判斷, iudicium)을 구별한다. 왜냐하면 우리가 용어들로 의미 있는 명제를 구성하기에 앞서서, 먼저 한 명제를 구성하는 용어들의 의미를 파악해야 하기 때문이다. 논리적 형태만으로 충분하다고 생각할지도 모르겠다. 따라서 명제적 추론의 한 공리인 'p이거나 p가 아니거나(p v ~p)'는 우리가 그 명제를 구성하는 용어들의 의미를 이해하든 그렇지 않든 관계없이 어떤 명제와 그에 모순되는 것에 대해 알 수 있게 해준다. 그렇게 하나가 참이면 다른 것은 거짓이다. 이에 대해서는 나중에 다시 살펴볼 것이다.

    계속해서 토마스는 존재자란 누구도 그것을 아는 데 실패할 수 없는 어떤 것이라고 말한다. "존재자는 파악되는 최초의 것이고, 그것에 대한 이해는 파악되는 모든 것에 포함된다." 우리는 우리가 아는 모든 것을 그것이 무엇이든 어떤 존재자로서 안다. 첫 번째 자명한(증명할 수 없는) 원리는 존재자에 대한 이해에 근거한다. 어떤 것을 동시에 긍정하고 부정하는 것은 불가능하다. 왜 토마스는 이 제1원리를 우리의 관심을 논리적 질서로 이끄는 것처럼 보이는 긍정과 부정이라는 용어로 표현했을까? 마침 우리는 그의 저술들에서 바로 그 제1원리에 대해 최소한 세 가지 표현을 찾아볼 수 있다. (1) 한 사물이 동시에 같은 차원에서 존재하면서 존재하지 않는 것은 불가능하다. (2) 어떤 것을 동시에 긍정하고 부정하는 것은 불가능하다. (3) 한 명제는 동시에 참이면서 거짓일 수 없다. (3)은 분명히 'p이거나 p가 아니거나(p v ~p)'를 떠올리게끔 한다. 토마스에게 (2)와 (3)은 (1)에 의존하고 있다. 이는 우리가 우선 이해하고, 그 후에 2차적으로 또 반성적(성찰적)으로 우리가 이해하는 방식을 이해하게 된다는 그의 관점에서 기인한다. 토마스에게 있어서 (2)와 (3)이 (1)의 특수한 경우임을 의미하는 2차적 논의가 논리적 질서를 구성한다. 말할 필요도 없이 이는 앞서 언급한 'p이거나 p가 아니거나(p v ~p)'가 기능하지 못하도록 가로막지 않는다. 하지만 물론 만일 우리가 특정 명제들의 의미를 이미 이해하고 있지 않고 따라서 세상이 존재하는 방식을 알고 있지 않다면, 그것은 제 기능을 다하지 못할지도 모른다.

존재자(ens)가 정신이 파악하는 첫 번째 사물인 것처럼, 선은 정신이 특정 작용에 방향을 부여하는 정신의 실천적 기능에서 첫 번째로 파악하는 것이다. 행위자는 선성의 표지를 지니고 있고 어떤 목적을 향해 행동한다. 실천 이성의 제1원리는 선성의 개념에 대한 지식에 근거한다. 선성 혹은 선의 개념이란 무엇인가? 선은 모든 사물들이 추구하는 것이다. '존재자가' 존재하는 것을 의미하는 것처럼 이것이 '선'이 의미하는 것이다. 그러나 어떤 것은 그것이 추구하는 자를 완성시키고 완전하게 하는 한에 있어서 추구된다. 따라서 '선'은 단순히 추구할 하나의 대상을 지적하지 않는다. 그것은, 완성시키고 완전하게 하는 것으로서, 그에 따라 그 대상이 구해져야 하고 추구되어야 하는 형상성을 제시한다. 의심의 여지없이 추론(이성적 사고)의 제1원리에 대한 유비로 실천 이성의 추론의 제1원리는 이것이다: 선은 행해야 하고 추구해야 하는 것이고, 악은 피해야 하는 것이다.

> 자연법의 다른 모든 계명들은 그것에 기초를 두고 있다. 즉 행해야 하고 피해야 하는 모든 것은 자연법의 계명에 속하는데, 이것은 실천 이성이 인간의 선이라고 본성적으로 이해한 것들이다.(I-II, 94, 2)

토마스가 제시한 실천 이성의 추론의 제1원리에 대하여 에릭 다아시(Eric D'Arcy)는 이것이 우리에게 사실들에 대해서는 아무것도 말해주지 않는 순전히 형식적인 원리라고 썼다. 그는 그것을 같은 말의 반복이고, 분석적이고 그리고 필연적이라고 불렀다 (Eric D'Arcy, *Conscience and Its Right to Freedom*, New York: Sheed and Ward, 1961, p. 52). 그는 그것이 엄밀한 의미에서 자명하다고 덧붙인다. "만약 누군가가 'X는 좋다(선하다).'라고 이야기할 때 그것이 그렇다고 동의하는 것과 그것이 갈망되어야 하고 추구되어야 하는 어떤 것인지 묻는 것은 무의미한 이야기다."(같은 책, p.53) 끝으로 그는 이것을 "논리적 원리"(같은 책, p.54)라고 부른다. 다아시는 모든 것을 우리가 '갈망할 수 있는'이라고 부른 차원에만 국한해서 보고 있다. 그는 '갈망할 수 있는' 것이, 이미 토마스가 이야기한 관련된 당위가, 그 원리의 동사가 의미하는 행동의 바람직함을 표현하는 또는 명령법적인 힘에 근거를 두고 있다는 사실을 알지 못하는 것으로 보인다. 우리는 이미 갈망과 궁극성이 함축하고 있는 바가 우리로 하여금 '갈망할 수 있는'과 '갈망할 만한'을 구별할 수 있게 해준다는 것과, 만약 갈망된 것이 선성의 형상성을 참으로 보존하고 있지 못하다면, 우리는 그것을 추구하지 말아야 한다고, 그리고 그것을 보존하고 있는 것을 추구해야 한다고, 그것이 바로 갈망이 우리에게 하는 일이라고 말할 수 있게 해준다는 것을 살펴보았다. 제1원리는 충분한 정보를 담고 있지 않은 것인가? 답은 '그렇다'이면서 '아니다'이다. 모든 이성적 추론의 제1원리가 우리에게 모든 것에 대하여 참인 어떤 것을 알려주는 것과 마찬가지로, 실천 이성의 추론의 제1원리는 추구하는 모든 대상을 다룬다. 일반원리는 그 어떤 것도 덜 일반적인 원리들만큼 정보를 알려주지 않지만, 덜 일반적인 원리들도 일반적인 원리들이 다루는 것들을 대상으로 삼고 있다. 분명히 다아시는 이 제1원리들이 우리가 어떻게 사물들을 이해하는지에 대해 말해준다는 의미에서 논리적이라고 하지는 않을 것이다. 우리가 살펴본 것처럼, 토마스에게 논리적 원리들은 사물들이 존재하는 또는 그렇게 존재해야 하는 방식을 표현하는 원리들로부터 구분되어 이해될 수 없는 것이다. "선은 행해야 하고 추구해야 하는 것이고, 악은 피해야 하는 것이다."에 포함된 것보다 더 잘 다듬어진 지침이 필요하다고 제안한 점에서 다아시는 옳았다. 그러나 보다 특수한 조언은 정확히 일반적인 것의 특수화이다. 그것은 완전히 다른 영역에 존재하는 것이 아니다.

제르맹 그리세즈는 자연법 계명들이 단순히 개념적인 분석에서 유래하는, 같은 말의 반복[동어반복]이라는 관점을 거부한다. 그는 제1원리에 관하여 그것이 덕망 있는 사람들과 악습에 물든 사람만이 아니라 덕에서 악습으로 돌아가는 사람들의 판단과도 관

3. 궁극 목적과 도덕적 원리들

련된다고 보았다. "그것은 악한 행위에서 이뤄지는 실천적 판단들이라 할지라도 제1원리의 범위 안에 놓이기 때문이다. …그리고 이 원리에서 '선'이라는 단어는 어떤 식으로든 적절하고 진정한 인간적 선만이 아니라 기만적이고 부적당한 인간적 선에도 해당하는 것이어야 한다."(Germain G. Grisez, "The First Principle of Practical Reason", in *Aquinas: A Collection of Critical Essays*, ed. A. Kenny, Garden City, N.Y.: Anchor Books, 1969, p.368) 우리는 이것을, 행해진 것은 무엇이든 선의 형상성 아래 행해져야 한다는 의미로, 다시 말해, 그것이 행위자를 완전하게 하고 충만하게 하는 것이라는 생각 아래 행해져야 한다는 의미로 받아들인다. 그런 의미에서 잘못된 판단들도 이 원리의 범위 아래 놓일 수 있다. 물론 그 계명이 우리의 잘못된 판단에 제재를 가하지는 않지만, 선의 형상성을 참으로 보존하고 있는 것을 추구하라고 우리에게 촉구한다. 물론, 피해야 하는 그 악은 이 원리의 일부분이다. 그리고 그러한 방식으로 악습에 따르는 행위들도 그 범위 아래 놓인다. 우리에게 필요한 것은 참으로 선성의 형상성을 보존하고 있는, 그리고 보다 많은 정보를 제공하는 계명들의 근거가 되는 선들에 관한 지식이다.

 자연법의 다른 모든 지침들과 계명들은 제1원리의 특수화가 될 것이다. 다시 말해 인간의 완전한 목표나 선의 특정 구성요소들 각각의 표현에 대한 이해에는 어떤 다수성이 있다. 토마스의 글을 살펴보자.

 선은 목적의 본성을 가지고 악은 그 반대의 본성을 가지기 때문에, 인간이 자연적 경향을 가지고 향하는 모든 것은 이성에 의해 본성적으로 선으로, 결과적으로 추구해야 하는 것으로, 그 반대는 악으로, 피해야 하는 것으로 파악된다. 따라서 자연적 경향의 질서에

따라 자연법의 계명의 질서가 있는 것이다. 왜냐하면

- a. 첫째, 인간에게는 모든 실체와 공유하는 본성에 따라 선을 향한 첫 번째 경향이 있다. 모든 실체가 자신의 본성에 따라 자신의 존재를 보존하기를 요구한다는 점에서 그러하다. 그리고 이 경향에 따라 인간의 생명을 보존하고 그 반대되는 것을 막는 것은 자연법에 속하는 것이다.
- b. 둘째, 인간에게는 다른 동물과 공유하는 본성에 따라 더 특별한 어떤 것으로 이끌리는 경향이 내재되어 있다. 그리고 이에 따라 암수의 결합, 자녀 교육 등과 같이 '자연이 모든 동물에게 가르친' 바들이 자연법에 관한 것이라고 말해진다.
- c. 셋째, 인간에게는 자신에게 고유한 이성의 본성에 따라 선으로 향하는 경향이 내재되어 있다. 즉 인간은 하느님에 대한 진리를 인식하려는 자연적 경향과 사회 안에서 살려는 자연적 경향을 가진다. 그리고 이에 따라 이러한 경향에 관한 것들은 자연법에 속하게 된다. 즉 인간이 무지를 피하는 것, 같이 더불어 살아야 하는 사람의 마음을 상하게 하지 않는 것, 그리고 여기에 속하는 이와 같은 다른 경향을 말한다.(I-II, 94, 2)

목적 또는 완성으로서의 선이 경향(傾向, inclinatio) 혹은 욕구(欲求, appetitus)의 대상이다. 인간은 다수의 경향들로 이루어진 복합체 전체이다. 각각의 경향은 그에 걸맞은 선 또는 목표를 지닌다. 이 경향들을 열거하고 그들의 위계에 대해 이야기하면서 토마스는 첫 번째 계명, 가장 포괄적인 계명보다 더 개별적인 계명을 구체적으로 표현하기 위한 근거를 발견한다.

자연적 경향의 질서라는 말은 무엇을 의미하는가? 그것은 다음과 같다. 인간이 모든 피조물들과 공유하는 선들이 존재한다. 인간이 오직 특정 피조물들과만 공유하는 다른 선들이 존재한다. 그리고 어떤 선들은 인간에게만 고유한 것이다. 만약 인간적 선이 인간 행위자에게 고유하고 그에게 어울리는 선이라면, 그것은 인간 행위자의 종에 따라 그를 완성시켜주는 것이어야 한다. 그런데 인간은 이성적인 행위자이다. 따라서 이성적인 활동의 선 혹은 완성(完成, perfectio)이 인간의 목적이다. 그렇다면 토마스는 왜 자신의 존재를 보존하려는 경향, 모든 피조물에게 공통적이고 따라서 인간에게도 그러한 경향, 그리고 자식을 생산하고 기르는 모든 동물들에게 공통적이고 따라서 인간에게도 그러한 경향을 언급했을까? 이런 활동은 단지 인간의 기능을 찾는 과정에서 잠시 한쪽으로 미뤄둔 그러한 선들과 관련된 그런 것이 아니었는가?

이 경향들이 겨냥하는 선들은 인간적 선의 부분을 이루지만, 그것들이 인간화될 경우에만, 다시 말해 그러한 (모든 피조물과 또는 동물과도 공유하는) 경향들이 본능에 의해서가 아니라, 의식적인 행위의 목적 혹은 목표로서 추구되는 한에서만 그러하다. 인간으로서 이 주어진 (모든 피조물 또는 동물과도 공유하는) 선들에 대한 추구는 이성적이고, 심사숙고를 거친 것이어야 하고, 책임감 있는 것이어야 한다. 자연법은 단순히 물질적 필요에 대한 이성적 인식도 아니고, 물리적인 것이 지니는 특정한 목적을 외면한 채 우리가 어떻게 행동해야 하는지에 대해 내리는 판단도 아니다. 자연법은 우리가 어떻게 그러한 목적들을 인간적으로 추구할 수 있는지에 대해 규정하면서, 고유한 목적들을 지니는 이성과는 별개로, 경향들에 연관된다. 토마스에게 자연법은 물리적 법칙이 아니라, 이성의 명령이다. 인간에게 고유한 것이 아닌 선들은 이성의 지도 아래에 놓임으로 인해서 인간적 선의 구성요소가 된다. 성(性, sexualitas)은 그것 그대로가 아니라, 의식적으로 분명한 목적을 갖고 책임감 있게 이루어지는 한에 있어서 인간적 선이다. 성이 인간적 악이 되는 방식도 마찬가지다. 인간이 심사숙고를 거치는 것과 별개로 성적인 활동에 참여할 수 있는 방법은 없다. 우리 본성의 동물적 부분은 결코 독립적인 것이 아니라, 언제나 (우리 본성의) 한 부분이기 때문이다.

이성의 명령으로서 자연법 계명들은 인간의 포괄적인 선을 지향하는 이성적인 지침들이다. 인간적 선, 인간의 궁극 목적은 복합체이다. 하지만 (그 복합체를) 꿰는 실은 인간에게 (다른 활동들 중에서) 구별되는 특징적인 것, 다시 말해 이성이다. 법은 이성의 작업이다. 한 인간은 단순히 무슨 수를 써서라도 추구되어야 하는 자신의 존재를 보존하려는 본능을 지니고 있지 않다. 그는 삶을 선으로 인식하고 환경의 변화 가운데에서 그것을 안전하게 지키기 위한 방법과 수단을 창안한다. 자신의 존재를 보존하는 것이 존재하는 유일한 선이 아니기 때문에, 그것은 인간적인 선의 모든 구성요소들 전체에 자동적으로 우선하는 것이 아니다. 유사하게 인간은 단순히 성적(性的, sexual)인 본능만을 지니고 있는 것이 아니다. 인간은 자녀를 생산하기 위한 그의 충동을 인지하고, 이 활동의 방향을 이성적으로 설정한다. 그렇게 그는 성적 활동의 목적에 대한 추구가 그의 완성을 구성하는 다른 선들을 침해하지 않도록 한다.

『신학대전』에서 도덕을 다루는 부분을 시작하는 논의들, 인간적 선과 궁극 목적에 관한 논의들에 친숙한 사람은 자연법의 몇몇 계명들이 인간적 선 혹은 궁극 목적의 구성요소들을 목적으로 하는 지침들임을 이해할 것이다. 첫 번째 그리고 가장 일반적인 계명은 우리가 실제로 우리를 완성시키는 것을 추구해야 하고, 그 반대되는 것을 피해야 함을 분명히 한다. 다른 계명들은 이 첫 번째 계명을 구체화한 것이고, 그 목적의 구성요소들을 지향하도록 우리의 방향을 설정한다. 우리는 이성적 행위자에게 적합한 방식으로 생명을 보존해야 한다. 우리는 이성적 행위자에게 적합한 방식으로 성적 활동에 임해야 한다. 우리는 이성 자체의 선과 특별히 가장 중요한 사물들에 관한 진리를 이성적으로 추구해야 한다.

자연법의 계명들은 제1 계명과 달리 마치 (다른) 자연법 계명들이 제1 계명을 위한 수단에 지나지 않기라도 하듯이 제1 계명에서 언급된 선이 획득될 수 있는 수단들을 표현하지는 않는다. 오히려 (다른) 자연법 계명들은 궁극 목적의 구성요소라는 의미의 수단들을 표현한다. 성 토마스는 종종 인간적인 선의 구성요소를 가리키기 위하여 전통적인 사추덕(四樞德)을 활용한다. 현명(賢明, prudentia), 정의(正義, iustitia), 절제(節制, temperantia), 용기(勇氣, fortitudo)는 인간의 궁극 목적의 주요한 구성 요소들인 선들을 목적으로 삼는다. 이성 자체의 올바름은 현명에 의해 얻어진다. 인간적인 일들 안에 올바른 이성(recta ratio)을 도입하는 것은 정의의 일이다. 절제와 용기는 인간적인 일에서 이 올바름에 장애가 되는 것들을 제거한다.

자연법의 계명들은 궁극 목적을 향한 지침들, 넓은 의미에서 인간적인 선을 가리키는 가장 일반적인 지침, 다르게 말하면 인간적인 선의 구성요소들을 지향하는 매우 일반적인 지침들이다. 그것은 궁극 목적에 대한 인식이 모든 인간적 행위에 내재해 있기 때문이고, 그래서 토마스는 자연법이 누구에게나, 또 어느 때에나 유효하다고 주장할 수 있었다.

한마디로 자연법은 '윤리적 절대(absolutum morale)'가 존재한다는 주장이다. 우리는 절대적 윤리 원칙이라는 표현을 언제나 우리로 하여금 그렇게 행하게끔 촉구하는 것에 관한 특정 판단이나 계명 또는 예외 없이 우리가 행해서는 안 될 것에 관한 특정 판단을 가리키기 위해 사용한다. 인간의 궁극 목적과 자연법 계명들의 발전에 관한 논의는 우리에게 인간의 도덕적 이상(理想)이 갖는 의미를 알려준다. 계명들이 언제 절대적이고 언제 그렇지 않은지를 결정하기 위한 기준을 제공하는 것이 바로 이 이상(理想)이다.

먼저 (무엇을 행하지 말라는) 부정적 계명(negative precepts)을 살펴보자. 살인하지 말라. 도둑질하지 말라. 이웃의 아내를 탐내지 말라. 왜 그러면 안 되는가? 왜냐하면 그러한 행위들은 언제나 그리고 어디에서나 인간적 이상(理想)을 좌절시키기 때문이다. 비유적인 의미에서가 아니라면, 올바르게(잘) 살인하고, 올바르게(잘) 훔치고, 올바르게(잘) 간음을 범하는 방법은 존재하지 않는다. 모든 도덕적 규범은 그러한 부정적인 절대가 갖는 어떤 공정한 비례를 지닌다. 물론 오직 부정적 형태로만 이루어진 도덕 이론은 매우 빈곤한 이론이 될 것이다. 그렇기 때문에 우리는 특정 종류의 행위를 금지시키는 근거가 그것들이 이상, 인간적 선 혹은 완성에 해로운 것이기 때문임을 늘 잊지 말아야 한다. 부정은 (특정 행위를 행하라고 하는) 긍정을 전제한다. 절제해라. 정의로워라. 너그러워라. 그러한 긍정적인 계명들은 우리를 이상으로 초대한다. 그러나 긍정적인 계명들은 절제하거나 정의롭게 되거나 너그러워지는 개별적인 방식들을 특정하거나 필요로 하지 않는다. 이런 특정성의 부재는 약점으로 비춰질 수도 있다. 그러나 그것은 오히려 도덕적 이상의 해방하는 측면에 해당한다. 너그러워지는 무한에 가까운 방식이 존재한다. 이것은 도덕적(윤리적) 상대주의(moral relativism)라고 부르는 어떤 것에 여지를 주는 것처럼 보일 수 있다. 그러나 그것은 방금 주어진 설명, 사실 이 책 전체에 대한 근본적인 대안을 고려한 후에야 돌아갈 수 있는 주제이다.

3.3. 성 토마스의 확실한 대안

독자들은 앞서 언급한 대안이 무엇일지 궁금해할 수 있다. 그러나 이 설명이 갖는 설득력 있는 명료함이 오늘날의 훌륭한 많은 철학자들에게 우리의 설명이 비난받을 만한 순진함에 더해서 순전히 헛소리에 불과할 수 있다는 사실을 가려서는 안 된다. 먼저, 우리는 인간인 모든 존재자들이 공유하는 본성(natura, 자연), 인간이 인간인 한에 있어서 그들 모두에게 참된 어떤 것들이 존재한다고 전제해 왔다. 그러나 본성(자연)이라는 바로 그 개념은 질문을 하게 만드는 것이고, 우리가 어떻게 여기까지 왔는지에 대한 자연주의적 관점을 거스르는 것이라고 말해야 한다. 만약 인간 존재가 다른 모든 종(種)들과 더불어 단지 자연적 선택의 천천히 움직이는 과정에서 생겨난 결과물일 뿐이라면, 우리가 공유하고 있다고 생각하는 모든 본성(자연)은 그저 우연의 산물일 것이다. 그것은 그 안에 우리가 찾고 있을지도 모르는 어떤 목적도 자체로 지니고 있지 않다. 토마스주의의 방식으로 도덕철학을 하는 것이 단지 인간적 본성(자연)의 경우에 목적론(目的論, teleologia)을 적용하는 것만이 아니라, 하나의 온전한 의지로서 자연(본성) 전체에 목적론을 적용하는 것이라는 사실은 많은 이들로 하여금 그 방식을 역사의 쓰레기통으로 보내게 만든다.

이 장의 전반부에서 우리는 존재(Is)와 당위(Ought)의 문제와 관련하여 예상되는 어려움들을 언급했다. 우리가 지금까지 취해온 접근법에 대한 대안적 관점을 요약하는 지름길은 이것이다. 사물들이 존재하는 방식은 우리에게 우리가 어떻게 행동해야 하는지에 관해 아무런 단서도 제공하지 않는다는 것이다. 이 구호의 어떤 형태는 데이비드 흄 이후로 널리 퍼졌다. 그는 사람들이 어떻게 이것은 '그러하고(is such)' 저것은 '저러하다(is so)'고 우리에게 이야기하는 진술들을 들은 후에 어떤 것이 행해지는 것이 '마땅하다(ought)'고 결론 내리는지에 의문을 가졌다. 어떻게 그 당위를 존재의 한 형태에서 끌어내는가? 형태상 데이비드 흄은 단순히 문제를 제기한 것이지만, 그것이 시사하는 바는 우리가 존재에서 당위로 넘어가서는 안 된다는 것이다. 우리는 그 '당위'가 어디서 온 것인지 모른다.

이어지는 논의들에서 이를 자세히 설명할 것이지만, 지난 세기 동안 이 문제에 관해 가장 영향력 있는 작품은 조지 무어의 『윤리학 원리』(*Principia Ethica*)이다. 1903년에 영어로 출판된 이 책에서 무어는 자연주의적 오류(Naturalistic Fallacy)라고 불리는 것에 대해 이야기한다. 윌리엄 프랑케나(William Frankena)는 그것이 우리가 선이라고 부르는 사물들과 그것들이 지녔다고 우리가 이야기하는 선성 사이의 관계에 관한 것이기에, 그것을 '결정론주의의 오류(Definist Fallacy)'라고 부를 수도 있다고 제안했다. 롤로는 선하다고 하자. 아니면, 덜 복잡한 사례에서부터 출발하기 위해, 나는 "유고(Yugo: 유고슬라비아에서 시작한 자동차 브랜드. 보통 서양에서 안 좋은 차의 대명사로 통한다—역주)는 좋은 차다."라고 말한다. 이 믿기 힘든 발언에 대해 쏟아져나올 논쟁을 쉽게 상상할 수 있다. 당신은 도대체 어떤 의미로 내가 '유고'가 좋은 차라고 하는 것인지 알기를 원한다. 이 문제에 답하기 위해 나는 마일리지, 변속기, 가격, 그 밖의 것들에 대해 언급하기 시작한다. 그때 갑자기 정적이 방을 감싼다. 우리는 뒤를 돌아본다. 출입구에 조지 무어가 서 있다. 우리는 존 케인스(John Maynard Keynes)의 회고록과 같은 종류의 것들에서 무어가 모든 이를 당황스럽게 만들 수 있는 그런 톤으로 말하는 것을 들었다. "X를 말하는 것으로 당신은 무엇을 '의미합니까?'" 그렇지 않다면, 이 위엄 어린 질문과 분명하게 어울리지 않는, 기묘하기까지 한 (엉덩이 부분과 앞부분이 뚫려 있는) 카우보이 가죽바지 차림의 행색은 우리로 하여금 내 바지 지퍼는 잘 잠겨 있는지, 턱에 음식이 묻어 있지는 않은지 확인해보게 만들지도 모른다. 루드비히 비트겐슈타인(Ludwig Wittgenstein)이, 무어는 어떤 지능과 같은 그런 것 없이도 철학에서 한 사람이 얼마나 멀리까지 갈 수 있는지를 보여주는 좋은 예라고 말했다고 전해진다. 그다지 친절하지는 않은 발언이지만, 자연주의적 오류의 경력은 무어의 평판보다 더 오래 지속되었다. 그 오류는 무엇인가?

만일 내가 왜 '유고'가 좋은지를 설명하기 위해 구입과 운용에 있어 저렴하다고 말한다면, 나는 이 경우에 '좋은(good)'의 의미가 무엇인지 설명한다고 여겨질 것이다. 다시 말해, "유고는 좋아."는 "유고는 구입과 운용에 있어 저렴하다."고 말하는 뜻이 된다. 그러나 만약 '좋은'이 '구입과 운용에 있어 저렴한'과 같은 것이라면, 설명은 정의된 단어로 대체될 수 있으며 반대도 마찬가지다. 그러나 그것은 "유고는 좋다. 왜냐하면 구입과 운용에 있어 저렴하기 때문이다."가 "유고는 좋다. 왜냐하면 좋기 때문이다."와 같은 뜻임을 의미한다. 이는 우리의 '가치판단들'이 같은 말의 반복이 되지 않도록 하는 유일한 방법은 좋음이라고 불리는 사물의 속성들이 결코 그 사물을 좋은 것이라고 부르는 것에 대한 설명이 될 수 없다는 것을 깨닫는 것임을 시사한다.

이 다음에는 일이 빠르게 진행된다. 사물의 속성들과, 우리가 그 특성들을 언급하면서 그것을 좋다고 부르는 것 사이에는 전적으로 우연적인(contingent) 어떤 관계가 있다. 그 사물의 속성들은 우리가 그것을 좋다고 부르는 것을 정말로 조금도 설명해주지 않는다. 어떤 사물의 속성들이 우리가 그것을 좋은(선한) 것이라고 부르는 이유에 대한 설명이 아니라면, 무어의 기념비적인 문장에서처럼, "그것이 무엇이든 아무것이나 다 좋다고(선하다고) 여겨질 수 있다(Anything whatsoever can be called good)." 어떤 사물의 구성에는 우리가 그 사물을 좋다고(선하다고) 부르도록 요구하거나 가로막는 어떤 것도 없다. 사실과 가치 사이에는 그것이 가치가 매겨진 것이라는 사실을 언급하는 것만으로는 메워질 수 없는 간극이 있다.

참으로 유감이지만, 우리가 동화의 나라에 있는 것과 같은 이런 기분을 느낄 때, 우리는 우리가 철학을 하고 있음을 알게 된다. 전문 철학자들은 반(反)직관적인(counter-intuitive) 이론에 대한 편애를 갖고 있는 것처럼 보인다. 이것은, 우리가 전에 알고 있는 것이라 여겼던 모든 것을 부인하는 것이 아니라면, 철학이 체계적 의심으로 시작해야 한다는 생각의 잔류효과이다. 서술(묘사)하는(describe) 문장들과 지시(규정)하는(prescribe) 문장들을 구별하기를 원하면서 철학자들은 지시(규정)(prescription)와 서술(묘사)(description) 사이에는 아무런 논리적 연관성이 없다고 말하는 데에 이른다.

1956년까지는 이 도그마에 대한 효과적인 대응이 없었다. 그해에 피터 기치(Peter Geach)는 『분석』(*Analysis*)이라는 학술지에 「선과 악」(Good and Evil)이라는 제목의 짧은 글을 기고한다. 기치는 그의 독자들에게 한정적(attributive) 용법으로 쓰인 형용사와 서술적(predicative) 용법으로 쓰인 형용사 사이의 기초적인 문법적 구별을 상기하게 한다. 예를 들어, "그는 뚱뚱한 철학자이다."와 같이 서술적 용법으로 형용사가 사용된 경우, 우리는 그 모욕을 "그는 뚱뚱하다"와 "그는 철학자이다."로 나눌 수 있다. 그렇게 (그를 모욕할) 위험성이 배가된다. 그러나 내가 "그는 좋은(선한) 철학자이다."라고 말한다면, 나는 이것을 두 주장으로, 다시 말해 그는 선하다(좋다)는 것과 그가 철학자라는 두 주장으로 나누기를 주저할 것이다. '선'은 한정적 용법으로 사용된 형용사이다. 그것은 그것이 수식하는 명사를 따른다. 그렇다면 비만과 지혜의 추구 사이에는 어떤 우연적인(contingent) 관계가 있을 것이다. 어떤 뚱뚱한 사람들은 철학자가 아닐 것이고 어떤 철학자들은 뚱뚱하지 않을 것이다. 반면에, 우리가 어떤 사람을 좋은(선한) 철학자라고 부르는 것이 무엇을 의미하는지 이해하는 유일한 방법은 철학자가 된다는 것이 무엇인지에 대해 이야기하는 것이다. 따라서 기치의 말을 떠올릴 때 우리는 무어의 기초적인 실수는 형용사의 서술적 용법과 한정적 용법을 혼동한 것이다. 물론, 이는 무어와 기치가 속하는 철학적 전통이 스스로의 특징을 "언어학적 전회(linguistic turn)"를 일으킨 것으로 묘사하기 때문에, 초점이 언어학적으로 이루어졌을 때만 옳다. (앞서 언급한 흄학파의 그것과 같은 파급력은 없다는, 혹은 그보다는 덜 하다는 의미에서) 이것은 '옥스퍼드와 케임브리지의 만세(Oxbridge hurrah)' 같은 그런 노골적인 야유는 아니었다.

  무어의 터무니없는 실수와 기치의 문법 교정 사이에는 53년이라는 시간이 있다. 그 시간 동안 영미(英美) 분석 철학자들은 평가하고(evaluative) 규정(지시)하는 문장들을 분석하고 "너를 만나서 좋다."나 "그녀가 좋았을 때, 그녀는 매우 매우 좋았다." 같은 그러한 문장들의 '좋은'에 대한 설명을 제안하느라 바빴다. 설령 그러한 문장들이 한 어린 소녀의, 가끔 발생하는 칭찬받을 만한 행동이나 모임들에 관해서는 아무것도 말해주지 않는다 하더라도, 철학자들은 '좋은(선한, good)'이 무엇을 표현했는지 말하려 했다. '찬성(인정, approval)'은 분명히 그 후보군 중 하나였다. 내가 레몬파이가 좋다(good)고 말할 때, 나는 감귤의 신맛과 머랭의 단맛 그리고 얇은 크러스트에 덧붙여야 할 레몬파이의 다른 특징에 대해 이야기하고 있는 것이 아니다. 나는 단순히 내가 레몬파이를 '좋아한다(like)'고 말하고 있다. '입맛에 대해서는 논쟁할 수 없다(De gustibus non est disputandum).'는 것은 의심의 여지가 없다. 그러나 계속해서 내 입맛의 근거에 관해 (말하도록) 요청을 받는다면, 의심의 여지없이 나는 철학자가 아닌 친구들에게 레몬파이의 그 특징들 중 하나에 관해 이야기할 것이다. 엄밀히 말하면, 물론 레몬파이의 특징들 중 그 어떤 것도, 아니 그 특징들 전부도 내가 그것을 선호하는 논리적 이유가 되지는 못한다. 만약 무어가 맞다면 말이다.

철학자들은 전형적으로 말하는 사람의 찬성(approval) 혹은 반대(disapproval)를 표현하기 위한 것으로서 '선한(good)'과 '악한(bad)' 같은 그런 '도덕적 용어들'에 대해 이야기했다. 그리고 그들은 가끔은 평가된 사물에서 간과된 자연적 속성에 주의를 기울임으로써 충돌하는 가치판단들 사이를 중재하는 것이 가능하다고 할지도 모른다. 내가 차 두 대를 주차할 수 있는 공간에 '유고' 자동차는 네 대가 들어갈 수 있다고 말한다면, 나에게 (왜 유고가 좋은 차인지) 질문했던 사람의 얼굴에서 찡그린 표정은 사라지고, 이제는 그도 "유고는 좋은 차다."라고 말한다. 내가 유고의 추가적인 속성을 언급한 것이 그의 마음에 영향을 미쳤는가? 그것은 오직 그가 보통 차들의 절반의 공간만 차지하는 저렴한 차량에 찬성하는 경향이 있을 때만 그렇다. 그러나 제3자가 존재할 수 있다. 어쩌면 찰스 스티븐슨(Charles Stevenson)이나 유고 자동차에 대해 계속해서 반대하는 조지 무어 자신도 그럴지 모른다. 우리가 하는 어떤 말도 그들을 우리 편으로 끌어들일 수 없고, 그들이 하는 어떤 말도 우리로부터 유고에 대한 반대 입장을 이끌어낼 수 없다. 그리고 그 이유는 다시 한 번, 찬성과 반대는 평가되고 있는 사물의 속성들에 우연적으로만 관련되기 때문이다. 그것이 무엇이든 아무것이나 다 좋다고(선하다고) — 또는 나쁘다고(악하다고) — 여겨질 수 있다.

　스티븐슨은 평가적인 용어들이 감정적인 의미를 지닌다는 관점을 지지했다. 다시 말해, (평가적인) 그런 표현들은 어떤 주어진 대상이나 특정 상황의 일을 마주했을 때 내가 가지게 될 감정들을 표현한다. 당신과 무어는 불이 켜져 있지 않은 출입구에 숨어 있던 한 남자가 갑자기 나타나는 것을 목격한다. 그는 장애가 있는 행인을 마구 두들겨 패더니 그가 애긍이 받던 스티로폼 동전통을 훔쳐 달아났다. 무어는 큰 충격을 받았다. 그는 폭행범이 영국인일 수 없다고, 아니 어떤 경우에도 케임브리지 출신은 아닐 것이라고 확신한다. 당신은 당신의 시계에서 눈을 떼며 말한다. "십 초." "아름답군!" 요컨대 당신과 무어 양쪽 모두가 본 것에 대하여 당신은 찬성하고 무어는 반대한다. 어쩌면 당신은 당신이 실제로 같은 사건에 대해 언급하고 있는지를 확실히 하기 위해 약간의 시간을 더 필요로 할지도 모른다. 그러나 결국엔 그가 반대하고 당신은 찬성한 것이 같은 사실에 대한 것임이 분명해진다. 그의 반대도 당신의 찬성도 당신들 둘이 본 것에 근거를 두지 않는다. 말하자면 당신들이 본 것이 당신들에게 찬성이나 반대를 요구하지 않는다. 무어의 느낌은 그의 것이고 당신의 느낌은 당신의 것이다. 그것들은 실재에 똑같이 닻을 내리고 있는 것이 아니다.

　그러나 어쩌면 그들은 심리학적(psychological) 실재에 닻을 내리고 있을지도 모른다. 그 사건에 대해 그가 보고한 심리적 고통은 실재이다. (군더더기 없이 10초 안에 신속하게 행인으로부터 돈을 빼앗아, 잡히지 않고 달아났다는 의미에서) 잘 수행된 일에서 당신이 느끼는 만족감은 현실이다. 이는 결국 당신과 무어의 의견이 실제로는 다르지 않다는 것을 알려준다. 당신은 일어난 일에 동의한다. 물론 두통을 호소하는 그 사건에 대해 반대하는 무어의 보도와는 달리,

일어난 일에 대해 찬성하는 당신의 보도는 두통을 수반하지 않는다. 다른 느낌들에 대한 보도들은 구별되는 감정을 느끼는 (다른) 주체들이 연관되어 있을 때 충돌하지 않는다.

물론 당신은 도덕적 판단의 이러한 관점을 인지할 것이다. 어떤 것이 선하거나(좋거나) 악하다고(나쁘다고) 말하는 것은 세계에 관한 객관적인 어떤 것을 진술하는 것이 아니라, 단순히 당신이 특정한 사건에 대해 가질 감정들을 보도하는 것이다. 그러나 다른 사람들은 다른 감정들을 가질 것이다. 당신의 감정을 다른 사람들에게 강요하고자 하는 것이 얼마나 미숙한 일인가. 정의주의(情意主義, emotivism)는 여러 가지 철학적 설명 중의 하나로 출발했지만, 알래스데어 매킨타이어(Alasdair MacIntyre)가 지적한 것처럼 이제는 모든 사람들이 정의주의자가 되어가고 있는 것으로 보인다. 신문의 사설이나 칼럼들을 살펴보라. 만일 그 글을 쓴 이가 어떤 다른 사람의 도덕적 판단을 불쾌하게 여기고 있다면, 글쓴이는 (도덕적 판단에 관한) 정의주의적인 설명을 근거로 들며 그 다른 사람이 자신의 주관적인 감정이나 관점을 다른 이들에게 강요하려고 했다고 고발할 것이다. 다른 사람들이 다른 감정들을 가진다는 사실은 모든 감정이 지니는 주관적인 본성을 보여주기에 충분하다.

물론 우리는 이 점에 있어서 놀라울 정도로 일관성이 없다. 흡연이나 사슴 사냥이 문제가 될 때는 극렬한 자연주의로 회귀한다. 어째서인지 그것들은 마리화나를 피우는 행위나 영유아 살해와는 다르게 취급된다. 그리고 단순히 그것들이 그 행위들이기 때문에 옳지 않다고 여겨진다. 그래서 어쩌면 매킨타이어는 우리가 지니고 있는 것이 보편적인 정의주의가 아니라, 보편적인 비일관성(Universal Inconsistency)이라고 했어야 할지도 모른다. 우리는 정의주의자이거나 또는 자연주의자이다. 그때그때 다르다.

도덕적 판단의 비-자연주의, 어째서 존재(Is)가 당위(Ought)에 근거를 제공할 수 없는지에 대한 심도 있는 추론에 형이상학적 또는 신학적 기반을 제공한 사람은 장 폴 사르트르(Jean-Paul Sartre)였다. 사르트르는 자신과 같은 무신론자는 아주 철저하게 살펴보아야 한다고 말했다. 만약 신이 죽었다면, 그래서 무대에서 사라진다면, 신의 존재를 상정하는 모든 것도 그와 함께 (그림 밖으로) 사라져야 한다. 사르트르는 하느님을 도려낼 수 있다고 생각하면서 기본적으로 세상과 사회가 같은 것으로 보일 것이라고 생각하는 사람들은 그야말로 피상적이라고 생각했다.

유신주의자 또는 신앙인이 인간 존재에 관해 무엇을 생각하는지 살펴보자. 인간 존재들은 하느님의 피조물들이다. 창조는 무언가를 만들 때, 특정 목표를 목적으로 그렇게 하는 인간 장인(匠人)의 모형에 견주어 생각될 수 있다. 캔 따개는 캔을 따기 위해 만들어지고, 와인 오프너는 와인병을 열기 위해서 만들어진다. 그에 대한 품질관리는 그것이 폐기될지 여부를 결정한다. 와인 오프너가 코르크를 쉽게 제거하지 못한다면, 그것은 나쁜 와인 오프너이고, 폐기된다. 그것들이 그것들인 이유는 장인이 그것들로 하여금 어떤 것을 하도록 만들었기 때문이다. 그것이 바로 그것들의 본성(자연)이고, 그것들의 본성은 바로 그것들을 평가하는 기초가 된다. 만약 인간을 하느님이 만들어낸 것이라면, 인간은 그의 행위에 기준을 제공하는 어떤 본성을 지니고 있다. 그의 본성을 위협하는 행위는 악한(나쁜, bad) 것이고, 인간의 가능성(可能性, potentia)을 성취하는 행위들은 선한(좋은, good) 것이다. 다시 말해, 이 사람이 무엇이든 그것을 행하기에 앞서서 선하고(좋고) 악한(나쁜) 행위에 대한 기준이 존재한다. 만약 그 사람이 그의 제작자가 그 사람 안에 내재토록 한 목적을 충족시키면 그는 선한(좋은) 사람이고, 그 목적을 충족시키지 못한다면 그는 악한(나쁜) 사람이다.

하느님이 없는 세계에서는 본성들이 존재하지 않는다. 왜냐하면 신적인 제작자가 존재하지 않기 때문이다. 그 결과, 내가 행위에 앞서 반드시 참조해야 하는 어떤 지침도 존재하지 않는다. 나는 내가 원하는 것은 무엇이든지 행할 자유가 있다. 내가 무엇인지 내가 무엇을 위해 설계되었는지에 의해 측정되는 자유가 아니라, 완전한 자유가 나의 것이다. 사르트르는 그것이 그의 고유한 관점이기 때문에 이 대안에 대해 간단히 설명한다. 처음에 우리는 앞서 존재하는 모든 규제를 떨쳐버리고 나면 삶이 즐거워질 것이라는 느낌을 받을지 모른다. 하지만 이 느낌은 절대적인 자유가 무엇과 같은 것인지에 대한 사르트르의 우울한 묘사에 의해 곧 사라진다. 우리는 변명의 여지가 없다. 우리가 행한 것에 대해 우리의 책임을 경감해줄 어떤 것도 존재하지 않는다. 우리는 자유롭도록 단죄받았다.

우리는 이것을 『실존주의는 휴머니즘이다』(*L'existentialisme est un humanisme*)에서 찾아볼 수 있다. 그리고 우리가 정의주의(情意主義, emotivism)와 자연주의(naturalism) 사이에서 왔다갔다할 수 있다고 생각하는 이들은 이 책을 반드시 읽어보아야 한다. 표도르 도스토예프스키(Fyodor M. Dostoevsky)의 『카라마조프가의 형제들』에 등장하는 셋째아들로, 그가 일찍 잃은 셋째아들과 이름이 같은) 알료샤(Alyosha)는 만약 하느님이 존재하지 않는다면 모든 것이 허용될 것이라고 말한다. 그는 이를 신을 부정하는 것에 대한 반박으로 삼는다. 사르트르는 그 반박에는 동의하지 않을지 몰라도 (신이 존재하지 않을 때 발생하는) 결과들에는 동의할 것이다. 인간의 운명에 관한 이 궁극적인 질문은 우리가 도덕철학을 할 때 피할 수 없는 질문이다. 그리고 점점 더 많은 이들이 그 문제를 회피하지 않고 사르트르주의나 니체주의의 노선을 취한다. 그들은 그렇게 하면서 사물들을 다른 방식이 아니라 어떤 한 방식으로 평가하기 위하여 사물들이 존재하는 방식 안에 우리가 어떤 본성이나 목적 또는 어떤 근거를 지닌다는 함축을 제거하려 한다. 어떤 '세련된(chic) 허무주의가 만연해 있다. 그것은 한 가톨릭 판사가 한 가톨릭 주지사에 의해 부과된 낙태 제한 규정을 다루었던 이른바 '케이시 판결(Casey Decision)'이라는 미국연방대법원의 믿기 힘든 판결에 영향을 미쳤다. 저스티스 케네디(Kennedy) 판사는 우리 각자가 자신이 원하는 바대로 우주를 정의하고 우리의 생식 체계의 목적과 관점을 결정하며 낙태에 찬성 혹은 반대할 권리를 지닌다는 의견을 피력했다. 모든 것이 가능하다.

철학은 비현실적인 것이고 따라서 담뱃값에 아무런 영향도 끼치지 못한다는 그런 경향에 대해 한번쯤은 생각해봐야 한다. 철학이 비현실적이라는 그런 생각은 『윤리학 원리』에서 출발하여 '케이시 판결'에 이르는 궤적을 생각하면 사라질 것이다. 미국연방대법원은 보편적인 정의주의를 그 나라의 법으로 만들었다. 어떤 사회도 그런 기초 위에서 오래 지속할 수 없을 것임이 분명한 만큼, 토마스 아퀴나스가 했던 방법으로 도덕철학을 행하는 것이 매우 중요해졌다. 이는 우리 모두가 토마스의 주관적인 의견에 반드시 동의해야 한다는 그런 공감에 관한 이야기가 아니다. 토마스의 방식으로 철학을 한다는 것은 저 결정에 대해 분명한 대안이 되는 그런 견해를 채택하는 것이 될 것이다. 토마스의 관점이 갖는 강점은 그것이 그의 것이 아니라 우리의 것이라는 데 있다. 그것이 우리의 것인 까닭은 그것이 참이기 때문이다.

3.4. 몇 가지 비판적 성찰들

세계와 인간 본성에 관한 지식이 실천적 이성과 상관없는 것이라고 여기는 관점은 우리가 아리스토텔레스와 토마스에서 살펴본 것과는 분명히 다른 관점이다. 성 토마스가 발전시킨 실천 이성에 관한 이론은 흄의 관점보다 훨씬 더 복잡하다. 우리는 토마스가 실천 이성을 위한 하나의 기준이 아니라 세 개의 기준을 규정했음을 살펴보았다. 그는 실천 이성의 추론이 얼마나 더 많고 적게 이 기준들을 충족시키느냐에 따라서 더 혹은 덜 실천적이 된다고 했다. 이 기준들 중 하나는 사물의 본성(자연)이다. 우리가 만들거나 할 수 있는 어떤 것이 존재하는가? 그 관점으로부터 집에 대한 매우 사실적이고 서술적인 진술은 최소한의 의미로 실천적 지식으로 여겨질 것이다. 이는 실천적인 것에 관해 언급하는 데에 있어서 단순히 문법적인 차원에만 머물러서는 안 된다는 것을 의미한다. 어떤 이들은 실천 이성의 담론을 행동의 바람직함을 표현하는 계명들에 국한시키고자 한다. 그러나 (그렇게 행동하는 것이 바람직하니 그렇게 하라는 초대의 의미에서) "굶주린 이에게 먹을 것을 주어라."는 말과 (그것이 반드시 그렇게 되어야 한다는 당위의 의미에서) "굶주린 이는 먹을 것을 가져야 한다."는 말은 특정한 맥락에서는 거의 관련이 없다.

클라이브 루이스(Clive S. Lewis)는 『인간 폐기』(*The Abolition of Man*)에서 사실과 가치의 분리가 학교 교과서를 점령하는 방식에 주의를 기울였다. 그것은 사법적 판단의 근거가 되었다. 자연법 계명의 제정에 있어서 존재(Is)에서 당위(Ought)로, 사실에서 가치로의 이행은 있을 수 없다는 그런 추정이 놀랄 일은 아니다. 앞에서 우리는 이 근거 없이 주장된 오류가 토마스에게 있기를 바라는 것은 시대착오적임을 시사했다. 사실, 한때는 날카롭고 뚜렷이 구별되는 것으로 여겨진 관련된 이분법은 일치를 이룰 수 없는 다수의 차이들을 대신하는 것으로 여겨져 왔다. 자크 마리탱(Jacques Maritain)은 『도덕철학의 기본 관념들에 대한 아홉 강의』(*Neuf Lecons sur les notions premieres de la philosophie morale*, 1951)에서 모든 지성적 활동이, 예를 들면 가치, 진리값과 관련이 있음을 지적했다. 그리고 사실 진리(眞理, veritas)는 단순히 명제(命題) 계산에서뿐만 아니라 기본적인 가치들 중 하나다. 사실로부터 가치를, 존재(Is)로부터 당위(Ought)를 추론하지 않으려는 염려는 잘못된 지나친 결벽 증상 가운데 하나다. 더 나쁜 것은 현대 도덕 사상의 가장 근본적인 오류 가운데 하나를 액면 그대로 받아들이는 것이다.

3.5. 상대적인 도덕 원리들

앞서 우리는 자연법의 계명들이 어떤 예외도 허용하지 않는다는 의미에서 절대적이라고 언급한 바 있다. 부정적 절대(absolutum negativum)들은 특정 종류의 행위들을 인간적 선을 파괴하는 것으로서 완전히 배제한다. 긍정적 절대(absolutum affirmativum)들은 지속적으로 인간적 선을 구성하는 것들을 추구하도록 우리에게 지시한다. 만약 도덕적 이상, 궁극 목적이 특정 종류의 행위가 수행되어서는 안 된다고 명령하고 인간적 선을 목적으로 삼는 행위를 촉구한다면, 그러한 판단들을 표현하는 원리들이 우리가 도덕철학에 기대하는 모든 것을 다 다루기는 힘들 것이다. 사실 다른 사람에게 조언을 할 때 — 사실 도덕철학이 실천적 조언의 한 종류가 아니라면 무엇이겠는가? — 나쁘게 행동하지 않으려면 반드시 따라야 하는 그런 지침을 제공한다고 생각하지는 않을 것이다. 성 토마스는 그것을 이런 방식으로 풀어놓았다.

> 이성에 따라 행동해야 하는 것은 모두에게 올바르고 진리이다. 이 원리로부터, 맡겨진 것은 돌려주어야 한다는 것이 고유한 결론으로 나오게 된다. 그리고 이는 대부분의 경우에 있어 참이다. 그러나 어떤 경우에 있어서는 맡겨진 것을 돌려주는 것이 해롭고 그래서 이성에 부합하지 않는 것이 된다. 예컨대 어떤 자가 조국을 공격하기 위해 (맡겨놓은 것들을) 달라고 하는 경우다. 이 원리는 더 특수한 것으로 내려갈수록 더 많은 예외를 가지게 된다. 예컨대 맡겨진 것들을 이러저러한 담보로 또는 이러저러한 방식으로 돌려주어야 한다고 말하는 경우다. 왜냐하면 특정 조건들이 더 많이 추가될수록, 돌려주거나 돌려주지 않는 데 있어 올바르지 않을 더 많은 방식이 예외로 존재할 수 있기 때문이다.(I-II, 94, 4)

이 구절은 도덕철학의 세 가지 차원을 암시한다. 첫째로, (도덕적) 이상, 궁극 목적의 개요를 제시하는 것이다. 인간 행위자는 그가 인간이기에, 그의 선 또는 완성은 이러이러할 것이다. 그가 복합체이기 때문에, 그의 선은 복합적일 것이다. 그러나 그러한 선들 안에는 하나의 구조가 존재할 것이고, '이성적으로 행동하는 것'은 그것들 모두를 아우른다. 둘째로, 절대인 계명들이 존재하고 거기에는 두 종류가 있다. 부정적 절대와 긍정적 절대가 그것이다. 긍정적 계명들은 그것 없이는 (도덕적) 이상이 달성될 수 없는 방식과 수단들을 표현한다. 부정적 계명들은 언제나 어디서나 그 이상을 위협하는 종류의 행위를 금지한다. 예를 들면, 도둑질을 하지 마라, 거짓 증언을 하지 마라, 간음하지 마라 같은 것들이다. 셋째로, (도덕적) 이상의 달성을 대체로 보장하는 행위들을 하도록 명령하고 그 이상을 대체로 위협하는 행위들을 금지하는 긍정적 계명들과 부정적 계명들이 있다.

토마스가 예로 든 "맡겨진 것을 돌려주라."는 것은 대체로 정의가 실현되는 한 가지 방식을 표현한다. 우리가 공정하지 않은 채로 (도덕적 이상을) 실현한 인간 존재 혹은 선한 인간 존재를 상상할 수 없다는 의미에서 '공정해라.'는 예외를 허용하지 않는다. 하지만 우리가 어떤 사람에게서 빌린 것을 그에게 돌려줌으로써 그의 선을 존중하는 이 개별적인 방식은 어떤 절대적인 것이 아니다. 대체로 그것은 따라야 할 좋은 규칙이다. 그리고 다른 조건이 그대로라면, 우리는 그를 따라야 한다. 그러나 그것을 따르는 것이 불합리하게 되는 그런 상황을 상상하는 것은 쉬운 일이다.

당신이 한 이웃의 엽총을 빌려 사냥을 나갔다. 사냥에서 돌아왔을 때, 당신은 의심의 여지가 없는 이야기를 여러 사람으로부터 들었다. 당신이 청둥오리 할당량을 채우기 위해 사냥하는 동안 엽총을 빌려준 그 이웃이 하늘에 대고 '당신을 만나면 바로 저 세상으로 날려버리겠다'고 맹세했다는 것이다. 어쩌면 그는 자신의 정원 끝자락에 쌓인 낙엽 더미를 발견하고, 당신이 울타리 너머 그의 사유지로 쓰레기를 버렸다고 확신하고 있을지도 모른다. 문제를 단순히 하기 위해 이번에는 당신의 그 이웃이 틀렸다고 하자. 당신은 낙엽에 대해서는 말할 것도 없고 눈처럼 결백하다. 아주 좋다. 당신은 집에 도착해서 장화를 벗고, 위스키에 레몬과 설탕, 따뜻한 물을 섞어 들고는 의자의 안락함에 빠진다. 그때 초인종이 울린다. 당신은 응답한다. 현관에는 이글거리는 눈을 한 당신의 이웃이 서 있다. "내 엽총을 돌려줘." 그가 고함을 친다. 이제 결국 엽총은 그의 것이고 그가 나에게 엽총을 빌려주었으며, 그가 요구한다면 나는 엽총을 그에게 돌려주어야 한다는 생각이 당신의 마음을 흔들 것이다. 그리고 그 생각은 곧장 당신의 생명을 위협하는 한 사람에게 그 위협을 실천에 옮길 수 있는 수단을 안겨 주는 것은 현명하지 않다는 깨달음에 이를 것이다. 그 수단이 그의 소유인지 아닌지는 중요하지 않다. 이것이 단순한 합리화, 자기 이익만 챙기는 생각인가?

좋다. 그에 대해서 생각해보자. 만약 다른 상황에서, 당신이 빌린 총을 돌려주어야 한다면, 그것은 정의의 목표를 실현할 것이다. 이 목표가 당신이 엽총을 돌려주어야 하는 (앞서 언급한) 그런 상황에서도 적합한가? 당연히 아니다. 당신은 어떤 부조리를 행하려는 사람, 다시 말해 무죄한 사람을 저세상으로 날려버리려는 사람을 방조하는 것이 될 수 있다. "맡겨진 것을 돌려주라."와 같은 원리를 정당화하는 것과 동시에 그 원리에 대한 예외를 정당화하는 것이 같은 것이라는 생각은 매우 흥미롭다.

자연법 계명들은 예외를 허용하지 않는 인간 행동을 위한 절대적 지침들이다. 다른 도덕적 원리들은 자연법 계명들이 그린 목적 혹은 선을 달성하는 방식들을 표현한다. 그리고 이 원리들에는 예외가 있을 수 있다.

만약 우리가 도덕규범이나 원리를 보편적인 긍정이나 보편적인 부정적 명제의 형태로 진술된 것으로 여긴다면, 어떤 예외를 허용하는 것은 그 규범이나 원리가 타당하지 않다고 이야기하는 것이 될 수 있다. 따라서 만약 "거짓말을 하는 모든 행위는 잘못된 것이다."는 표현이 "거짓말을 하는 특정 행위는 잘못된 것이 아니다."는 표현과 만난다면, 우리는 모순을 마주하게 되고 이 명제들 중 하나는 틀린 것이 될 것이다. 만약 우리가 "어떤 경우에는 정의가 실현되어서는 안 된다."는 명제와 "정의는 언제나 실현되어야 한다."는 명제를 같이 둘 때도 같은 일이 발생한다. 어떤 보편적인 것이 어떤 개별적이거나 특별한 경우의 명제에 의해 허위로 밝혀진다면, 우리는 그 보편적인 명제를 "거짓말을 하는 대부분의 행위는 잘못된 것이다."로 바꿔 말할 수 있다. 어떤 이들은 원리의 이와 같은 변경된 형태에 끌리는데, 왜냐하면 그들이 사실 거짓말하는 것이 허용되는 경우가 존재한다고 주장하고 싶기 때문이다. 몇몇 칼뱅주의자들은 이 발상과 비슷한 것을 주장한다. 그리고 그들은 우리가 가끔은 잘못된 것을 행해야 하는 이유가 우리가 죄의 상태에 놓인 결과라고 여긴다. 우리는 나중에 토마스가 '혼란스러운(perplexus)' 행위자, 다시 말해 그가 무엇을 행하든 관계없이 잘못된 것을 행하게 되는 상황에서 도덕적 딜레마에 놓인 그런 행위자를 어떻게 바라보았는지 살펴볼 것이다. 토마스는 이런 상황에 놓인 사람은 그렇게 된 데 대하여 책임이 있고 그렇기 때문에 무죄로 여겨질 수 없다고 주장한다. 어떤 경우에도 토마스는 거짓말은 안 된다는 그런 것과 같은 보편적인 금지 규정이 (존재한다고) 주장한다.

우리는 "거짓말을 하는 모든 행위는 잘못된 것이다."라는 원래의 원리를 유지하면서 그것을 "의도적으로 속이는 어떤 행동은 잘못된 것이 아니다."라는 명제와 같이 둔다. 그 결과는 모순이 아닐 수 있다. 두 명제의 주어는 같은 것이 아니다. 물론 그들 사이에는 유사성이 있다. '거짓말하는 것'이라는 서술적(묘사적, descriptive)인 표현의 범위에 놓이는 것처럼 보일 수 있는 어떤 행위는 실제로는 그에 해당하지 않는다. 다른 예를 들어보자. "모든 살인은 잘못된 것이다."라는 명제는 "이러저러한 상황에서 인간의 목숨을 빼앗는 것은 틀린 것이 아니다."라는 명제와 양립 가능하다. 다시 말해 사람을 죽이는 것(killing a man)이 언제나 살인(murder)에 해당하는 것은 아니다. 물론 이것이 살인에 대한 보편적인 금지 규정에 예외가 존재한다는 의미는 아니다. 오히려 살인에 해당하지 않으면서 인간의 목숨을 빼앗는 경우가 존재하고, 그렇기 때문에 금지 규정의 범위에 들지 않는다는 의미이다.

이러한 견해는 인간의 생명을 부당하게 빼앗는 것이 틀렸다고 이야기하는 것과 같은 것이 되고, 따라서 그러한 원리들은 같은 말의 반복으로 쓸모가 없다는 반대가 있어 왔다. 그는 전혀 사실이 아니다. 행위의 문제는 개별적인 가능한 행위들은 어떤 주어진 종류의 행위들로 인지하는 것이다. 만약 그것들이 어떤 종류의 행위들의 사례에 해당한다면, 그것은 결코 허용될 수 없다. 이는 행위자에게 정보를 제공하는 측면이 매우 강조된 것이다.

그러나 우리는 나중의 논의를 위한 주제들을 형성하는 문제들을 이미 접촉했다. 하지만 당장은 인간적 행위의 구조에 대한 토마스의 분석을 다룰 것이다.

4. 인간적 행위의 구조

인간 인격(human person)에게 고유한 활동은 이성적(rational) 활동이다. 이 핵심적인 선언은 인간 인격의 자발적(spontaneous)인 활동의 현실을 배제하지 않는다. 또한 더 중요하게, 인간 인격들의 습관적 활동도 배제하지 않는다. 콘라드의 영주인 짐이 배에서 내리면서 두 발로 뛰어내렸다는 이야기 같은 설명을 인간적 행위에 대한 설명으로 받아들이지는 않을 것이다. 간지럼을 태우는 것이 손가락과 관련이 있듯이, 점프하는 것은 두 발과 관련이 있다. 하지만 이런 단어들은 경련이나 씰룩거림 같은 근육의 움직임을 가리키는 단어들과는 분명히 다른 범주에 속한다. 후자의 경우[경련이나 씰룩거림] 우리가 고려할 만한 행위들이 아닌데, 왜냐하면 우리는 그러한 행위들을 이성과 의지에서 발하는 것으로 여기지 않기 때문이다. 인간적 행위들은 의도적인 행위들이다.

이 장에서 우리는 (1) 의도적인(voluntary) 행위, 비의도적인(involuntary) 행위, 그리고 의지와 무관한(non-voluntary) 행위의 개념과, (2) 온전한(complete) 인간적 행위를 구성하는 것으로 토마스가 생각한 이성과 의지의 다양한 구성 단계들을 살펴볼 것이다.

4.1. 의도적인, 비의도적인, 의지와 무관한

인간적 행위들은 의식적이고 의도하는 행위이다. 이러한 행위들은 지성과 의지 모두를 포함하기 때문에 둘 중 한 요소에 결함이 있다면, 덜 인간적이거나 덜 의도적인 행위가 될 것이다. 폭력(暴力)은 의지라는 요소를 감소시키거나 없이할 수 있고, 무지(無知)는 지성이라는 요소를 감소시키거나 없이할 수 있다.

그런데 표면적으로는, 의지에 의한 행위가 강제되거나 강요될 수 있다고 이야기하는 것이 불가능해 보인다. 이는 이미 의지의 행동(will-act)이 아니라, 우리가 의도하는(willing) 혹은 의도적으로 행동하는(acting willingly)이라는 단어를 통해 가리키는 것과 반대되기 때문이다. 사실 성 토마스는 의지가 외적 힘에 의해 강제될 수 있음을 부정했다. 그렇다면 폭력이 인간 행위자에게 가해질 수 있다는 개념에 대해서, 그리고 그 행위자가 '행하다'(act)는 용어의 어떤 의미에서는 행동하도록 강요될 수 있다는 주장에 대해서 우리는 어떤 이야기를 할 수 있을까?

대학교 교정을 가로지르고 있을 때 누군가가 나를 밀쳐서 내가 동쪽 방향으로 내닫는다. 무슨 일이 있었는지 알고 있다면, 당신은 나에게 왜 방향을 바꾸었느냐고 묻지 않을 것이다. 나는 방향을 바꾸지 않았다. 마찬가지로 중서부의 갑작스런 돌풍이 나를 들어올려 50야드 남쪽에 내려놓았다면, 사람들은 나 스스로 남쪽으로 50야드를 향해 움직였을 때와 같은 의미로 내가 50야드를 움직였다고 하지 않을 것이다. 나 스스로 움직인 것은 의도적인 행위이지만 돌풍이 움직인 것은 그렇지 않다. 돌풍의 경우 나는 강제로 움직여졌다. 힘에 의해 움직여졌다. 나의 의지가 강요되었는가? 어떤 사람이 의지의 행위를 강제할 수 있는가?

성 토마스는 의지의 단일한 행위가 갖는 두 가지 의미를 구분했는데, 그것은 여기에서 중요하다. 첫 번째 의미는, 그가 의지로부터 유발된 행위(actus elicitus)라고 부르는 것으로, 무언가를 원하거나 소망하는 것이다. 그러한 행위 중에 나는 나의 의지를 그러한 것으로 사용하거나 행사한다. 다른 의미에서 의지에 의해 명령된 행위(actus imperatus), 의도하는 것을 넘어서 몇몇 다른 능력들의 행사를 포함하는 행위들이 있다. 걷기, 말하기, 손을 들어올리기 같은 행위들이다. 오직 두 번째 의미의 의지의 행위들만이 폭력의 여지가 있다. 만일 내가 때로 의도적으로 걷는다면, 나는 가끔은 걷도록 강요될 수도 있다. 다시 말해, 보통 행하고자 하는 나의 원함을 따르는 활동은 때때로 외부의 작용(agency), 다른 사람, 바람, 내가 걷고 있던 갑판이 갑자기 내려앉는 것에 의해 강요될 수 있다. 토마스에게 의지로부터 유래한 행위가 강요될 수 없다는 것은 자명한, 거의 정의의 문제이다. 그 누구도 내가 무엇을 원하도록 만들 수 없고, 내가 의도하도록 강요할 수 없다. 그것이 가능하기 위해서는 그 행위가 나로부터 나오는 것인 동시에 나로부터 나오는 것이 아니어야 하기 때문이다.

다음의 예에서는 그 구별이 덜 분명해질 수 있다. 내가 해변가에 놓인 판자 길을 따라서 태피(taffy: 후식의 일종) 판매대를 향해 서둘러 가고 있는데, 누군가 갑자기 나의 팔을 잡아 술집 회전문을 통과해 들어가게 된다. 나의 의지를 거슬러서 그렇게 된 것이다. 나는 태피를 향해 가던 중이었다. 그러나 모래가 흩어진 계단을 가로질러 들어가게 된 후에, 맥주 향기가 나에게 강렬히 다가왔고, 나는 저항을 멈추고 바를 향한 나의 움직임에 협력한다. 이것은 강요된 것인가? 아니면 의도하는 행위인가? 토마스는 이것을 두 행위라고 말할 것이다. 처음 행위는 강요된 것이다. 나의 갑작스러운 방향 전환은 나의 정신이나 의지로부터 온 것이 아니다. 그러나 나의 방향이 한번 바뀐 후에, 잔잔한 피아노 소리, 신발 밑에서 매혹적으로 미끄러지는 모래, 맥주의 향기는 나의 방향과 함께 나의 갈망도 바꾸어놓았다. 처음에는 강요되었던 것을 내가 받아들임과 동시에 새로운 의도적인 행동이 시작된다.

하지만 어쩌면 또 다른 더 미묘한 형태의 폭력이 이제 문제가 된다. 나는 재즈 피아노(honkytonk piano)와 맥주의 조합 앞에 무력하다. 나의 팔을 붙잡은 것은 나에게 더 이상 폭력이 아니고, 그 상황에서 맥주의 특성들이 나를 압도한다. 벌이 꿀을 빠는 곳에서 나도 빨려 들어간다[셰익스피어의 마지막 작품에 나오는 시의 첫 구절]. 이 맥주는 나를 위한 것이다.

아리스토텔레스와 마찬가지로, 토마스는 반론을 일축한다. 폭력은 내가 의도하는 혹은 의도할 만한 것과 반대되는 행위를 암시한다. 의도적으로 술집을 향해 미끄러지듯 나아가는 무력한 술주정뱅이는 그의 갈망과 상충하는 어떤 것도 하지 않는다.

그러므로 '의지의 행위(act of will)'와 마찬가지로 '의도적인(voluntary)'도 두 가지 의미를 갖는다. 그리고 '의도적인'이 한 가지 의미에서, 의지에 의해 명령된다면, 우리는 의도적인 행위들을 수행하도록 강요될 수 있다. 나는 나의 팔을 움직일 수 있고 다른 능력들을 의도적으로 사용할 수 있다. 하지만 외부적 힘이 그들을 강제할 때 그 활동들은 비의도적인(involuntary) 것이 된다. 그리고 그러한 활동들은 도덕적 질서로부터 벗어난다. 우리는 우리가 왜 그렇게 행동했는지에 대해 설명할 수 없다. 왜냐하면 그 활동들이 일어난 것에 이유를 댈 수 있는 것은 우리가 아니기 때문이다. 이는 어떤 종류의 의도적인 행위도 의도적인 것으로서 강제될 수는 없다는 말이 된다. 그러나 의지에 의해 [다른 기관이나 능력에] 명령되었을 때 의도적인 행위들이 외부적 요인에 의해 설명될 때 비의도적인 것이 되는 데에 반하여, 의지[자체]로부터 유래한 행위는 결코 강제될 수 없다는 그러한 차이는 여전히 남아 있다.

하지만 어려운 사례들이 있다. 내가 사막을 가로질러 운전을 하고 있는데, 주유계의 바늘이 남아 있는 기름이 4분의 1을 가리킨다. 이 말은 내게 4갤런의 기름이 남아 있다는 의미이고 내 차는 갤런 당 20마일을 주행한다. 도로 표지판은 다음 주유소가 95마일 뒤에 있음을 말해준다. 태양은 머리 위에서 타오른다. 땀이 이마를 타고 흘러내린다. 나는 뒷좌석에 쌓인, 트렁크를 가득 채운 무거운 철학책들을 떠올린다. 주행거리에 대한 나의 계산은 차의 현재 무게에 기반한 것이다. 만일 내가 책들을 버린다면, 주행거리는 늘어날 것이고 나는 아마도 다음 주유소까지 안전하게 도착할 수 있으리라는 생각이 떠오른다. 만약 다음 주유소를 15마일 앞두고 기름이 떨어진다면, 나는 걸어가야 하고 사막에서 죽을 위험에 처할지도 모른다. 상황을 확인하기 위해 차가 많이 다니지 않는 도로 갓길에 차를 세우고 이러한 것들을 숙고하면서 나는 비현실적인 소망에 사로잡힌다. 주유계는 바늘이 비어 있음을 가리킬 때 1갤런이 더 남아 있도록 만들어졌다. 만약 기름이 떨어진다면, 한 착한 사마리아인이 나타나서 필요한 휘발유 통 하나를 나에게 건네줄 것이다. 이러한 행복한 경우의 수 중 하나를 믿는 것은 현명한 일일까? 만일 내가 틀렸다면? 나는 일어나서 철학책들을 차 밖으로 던지기 시작한다. 거기에서 사막의 공기 중에 철학책들의 달콤함은 사라져 갈 것이다.

이 예시의 주된 추정은 철학책을 이처럼 내버리는 것이 나를 화나게 한다는 것이다. 추상적으로 생각하면, 철학책을 내버리는 것은 내가 하고자 하는 바와는 분명히 다른 것이다. 그렇지만 이제

나는 철학책들을 내버리고 두 눈에 눈물을 흘리며 차를 몰아 떠난다. 내가 이렇게 내 책들을 포기했을 때 나는 의도적으로 행동한 것인가? 그것은 내가 원한 것이 아니다. 내가 책들을 내버렸다면, 그것은 내가 사막에서의 죽음을 두려워했기 때문이다. 강제와 마찬가지로 이러한 공포가 나의 행위를 비의도적인 것으로 만드는 것은 아닌가?

토마스는 그러한 행위들을 의도적인 행동과 비의도적인 행동들이 섞여 있는 것으로 부르는 용법을 받아들인다. 그러한 경우에 나는 내가 행하기를 원치 않는 것을 행한다. 그러나 나의 책을 내버리기를 원하지 않는다고 말할 때 그것은 무슨 의미인가? 그것은 전칭명제(general proposition)로 내가 갖고 있는 성향을 거스르는 것이다. 하지만 내가 처한 구체적인 상황에서 나는 책들을 내버리기를 원한다. 왜냐하면 나는 다른 무엇, 다시 말해 생존을 더 원하기 때문이다. 이러한 상황에서 취해진 이 특정한 행위로, 토마스는 내가 사랑하는 책들을 버린 것이 의도적인 것이라고 주장한다. 두려움에 사로잡혀 지금 여기에서 행해진 것은, 비록 개별적 상황들을 고려하지 않을 때 내가 행하기를 원하지 않은 것이라 하더라도, 의도적이다. 그 때문에 어떤 의미에서는 내 책들을 버린 개별적 행위가, 비록 엄격히 말해 의도적인 것일지라도, 비의도적인 것이라고 말할 수 있는 것이다. 이는 그러한 상황에서 내 책들을 내버린 것에 대해 내가 책임을 진다는 이야기가 된다. 그렇게 하지 않으면 나는 바보일 것이다. (하지만) 그것이 내가 책을 버리는 일을 즐긴다는 뜻은 아니다. 내 눈가의 눈물은 피눈물이다.

많은 이들이 그렇지 않으면 욕정적(concupiscent)이고 관능적(sensual)인 갈망이 의도적인 행위들을 비의도적인 것으로 만들어 버릴 수 있다고 말한다. 토마스는 그러지 않을 것이다. 의지가 그것을 찾을 때 어떤 것은 의도적인 것이다. 관능은 의지로 하여금 갈망된 것을 원하는 쪽으로 기울도록 만든다. 그렇게 관능은 행위를 비의도적인 것이 아니라 도리어 의도적인 것으로 만든다. 이는 물론 그것이 그 행위를 선하게 만든다는 의미는 아니다. 이는 단지 우리가 관능적 갈망으로 기우는 경향성 하에 행한 것에 대하여 어떻게 대답해야 하는지를 나타낸다. 어느 날 공원을 걷던 중에 악동 같은 두 눈이 무언가를 발견한다. 그 후에 우리가 눈을 잘 단속하여 가던 길을 계속 가든지, 아니면 눈썹을 씰룩거리며 시간 낭비에 불과한 삶을 즐기는 길로 돌아가든지 그것은 의도적인 것이다. 이제 두려움에 사로잡힌 경우처럼, 그렇게 이루어진 행동이 자신이 악이라고 여기는 그런 종류일 수도 있다는 것은 사실이다. 어떤 사람은 절제된 행동이 선한 것이라고 생각한다는 의미에서 절제된 행동을 하기를 원할 수 있다. 그러나 그 사람은, 지금 여기의 개별적인 경우에 감각적 쾌락의 약속에 이끌려, 쾌락이 약속하는 것을 원하고 이전에 그가 가졌던 일반적인 바람은 더 이상 유효하지 않다.

   이는 두려움에 사로잡혀 행한 의도적인 행위들에 대해 우리가 이야기한 것을 수정하도록 제안한다. 위의 예에서, 책을 내버리는 개별적인 의도적인 행위는 선한 것이다. 그러나 이것이 두려움으로 우리가 겁에 질렸을 때 의도적으로 행한 것을 언제나 정당화한다는 의미는 아니다. 심지어 우리가 그 일을 행하지 않은 결과를 두려워하는 경우에도 절대로 수행되어서는 안 되는 특정한 행동이 있다. 현명하게도 아리스토텔레스는 두려움에 사로잡혀 스스로의 품위를 손상시키는 행위를 한 이들에게 연민을 느끼고 용서해야 한다고 말했다. 그들이 맑고 정상적인 상황에서 그렇게 행한 것 같지는 않다. 그렇더라도, 그 행위들을 수행하느니 차라리 죽어야 한다고 생각하는 그런 극악무도한 행위들이 있다. 만일 그 누군가 그러한 행동을 한다면, 우리는 여전히 연민을 느낄지도 모른다. 하지만 용서는 하느님으로부터만 가능할 것이다.

어떤 압력이나 강제에 의해 설명되는 경우 의지에 의해 명령된 의도적인 행위들은 비의도적인 것이 된다. 여기서 행위가 의도하는 구성요소의 편에 결함이 있다. 그러나 의도하는 것은 자각함 또는 앎을 의미하고 지식의 부족 혹은 무지는 어떤 행위를 비의도적인 것으로 만들 수도 있다. 인간적 행위에서 무지(ignorantia)의 역할에 대한 토마스의 논의는 미묘한 차이를 보인다.

그는 의도적인 것에 전제되어야 하는 앎이 결여되어 있기 때문에 무지는 비의도적인 행위를 일으킬 수 있다고 말하면서 매우 직설적으로 시작한다. 그러나 모든 무지가 이러한 역할을 할 수 있는 것은 아니다. 그는 무지가 의지의 행위와 관련되는 데에는 세 가지 방식이 있다고 제안한다. 무지는 의지에 동반하는(concomitant), 의지에 후행하는(consequent), 그리고 의지에 선행하는(antecedent) 방식으로 의지와 관련될 수 있다.

자신이 하고 있는 일이 무엇인지 자각하지 못한 채 행동하고 있는 사람이 있다고 가정해보자. 오이디푸스(Oedipus)는 그녀가 자신의 어머니라는 사실을 알지 못한 채로 한 과부와 혼인했다. 그는 자신이 실제로 하고 있는 것이 무엇인지 알지 못한다. 만일 그가 알았더라면, 그 행동에 경악하며 놀랐을 것이다. 다른 경우를 생각해보자. 나는 내 이웃을 살해하기를 원한다. 나는 사냥을 하러 나갔다. 사슴 한 마리를 겨냥했는데, 그 사슴은 이내 거기서 사라져 버렸다. 나는 그 사슴을 열심히 뒤쫓는다. 그러다가 눈앞의 움직임을 보고 사슴이 거기 있다고 생각한 나는 총을 쏜다. 내가 그 지점에 이르렀을 때, 나는 사슴이 아니라, 내가 증오하던 이웃을 죽였다는 사실을 발견한다. 그러나 그것은 내가 하기를 원했던 일이다. 이 두 번째 예시는 '선행하는 무지'의 예시 중 하나이고, 첫 번째 예시는 의지에 '동반하는 무지(ignorantia concomitans)' 중 하나이다. 부사나 형용사는 중요하지 않다. 두 경우 모두에서 중요한 것은 행위자가 그가 실제로 하고 있는 것이 무엇인지에 대해 무지한 채로 행동했다는 것이다. 중요한 차이는 이렇다. 한 경우에 내가 실제로 행한 무언가는 내가 무엇을 하고 있는지 알았다 하더라도 기꺼이 했을 일이다. 토마스는 이를 '의지와 무관한(non-voluntary)' 행위라고 부른다. 만약 내가 실제로 행한 무언가가 내가 무엇을 하고 있는지 알았더라면 행하지 않았을 행위라면, 그 행위는 '비의도적'인 것이다.

비의도적인 [행위와] 의지와 무관한 [행위] 사이의 이러한 대조는 앞의 논의와도 관련된다. 비의도적인 행위는 우리의 의지와 어긋나는 우리가 의도적으로 행하고 있는 일의 우연한 결과라고 할 수 있는 불운과 연관될 수 있다. 의지와 무관한 행위는 우리가 [실제로 하고 있는 일이 무엇인지] 알았다 하더라도 그것을 행했을 법한, 우리의 의도적인 행위의 우연한 결과라고 할 수 있는 행운과 연관될 수 있다. 이렇게 이런 종류의 비의도적인 행위와 의지와 무관한 행위는 의도적인 행위에 편승한다. 이런 종류의 비의도적이거나 의지와 무관한 행위에 열려 있기 위해서 나는 무언가를 하고 있거나 무언가를 행하기를 의도하고 있어야만 한다.

어떤 경우에는 무지 자체를 원할 수 있고 그렇게 의도적일 수 있다. 어떤 사람은 죄를 짓고 싶어서 자신의 행위들을 둘러싼 상황에 대해 자세히 알아보지 않기로 결정할 수 있다. 이를 '가장된 무지(affected ignorance)'라고 부르기로 하자. 나는 총이 장전되어 있는지 알고 싶지 않다. 나는 탁자 위에 무방비로 놓인 돈이 누구의 것인지 묻지 않기로 결심한다. 어떤 이는 자신의 행위를 규제해야 하는 법에 대한 지식을 고의로 피하기 때문에, 때때로 무지하려는 의지는 행위의 개별적인 사안들만이 아니라 일반적인 계명들과도 관련된다. 물론 그의 무지는 의도적인 것이기 때문에 그는 이 일에 대하여 책임이 있다.

인간적 행위가 자유롭게 행해지기 위한 핵심은 이것이다. 행하거나 행하지 않은 나의 행위들이 나의 능력 또는 권한 아래에 있다. 그에 반대되는 것으로 행해진 행위가 나의 영향 안에 있다. 제1장에서 우리는 인간적 행위와 넓은 의미로 받아들여지는 인간의 삶을 구별하는 것이 유용할 것이라고 지적했다. 인간의 삶은 의도적인 행위를 넘어서서 발생하는 모든 종류의 것들을 포함한다. 그렇긴 하지만 인간적 행위와 그와 관련한 우리의 자유에 대한 토마스의 관점은 비현실적이고 추상적으로 보일 수 있다. 만일 그가 우리가 무엇이든 할 자유가 있다거나 인간 행위자에게 모든 것이 가능하다는 의미로 이해된다면, 그는 분명히 그러한 비판을 받을 여지가 있을 것이다. 우리 각자는 겉보기엔 무제한적인 방식으로 제한되어 있다. 우리는 재능과 능력이 있는데, 이 재능과 능력은 사람에 따라 매우 차이가 있다. 나아가, 우리가 토마스의 의미로 의도적인 행동을 할 수 있다고 여겨지기 이전의 시기 동안 우리는 특정한 한 방식 혹은 다른 방식으로 훈련된다. 그리고 이 나뭇가지가 많은 불행한 방식으로 꺾일 수 있다는 것은 분명하다. 우리는 우리가 살도록 주어진 사회에서 산다. 어떤 사회는 모든 종류의 악을 제도화할지도 모른다. 이것은 단순히 인간은 자유롭게 태어났는데 모든 곳에서 속박되어 있다는 것이 아니다. 인간은 그가 처한 환경 중 많은 것을 선택하지 않았다. 그는 태어나기로 결정하지 않앉고, 탄생과 양육에서 발생하는 모든 경우들을 선택하지 않았다.

우리는 우리가 토마스보다 우리의 자유에 가해지는 그러한 제약들을 오늘날 더 잘 자각하고 있다고 착각할지도 모른다. 그리고 이러한 제약들은 토마스가 의도적 행위에 관하여 흔들림 없이 이야기하는 것처럼 보이는 것이 인간이 처한 상황과 별 관계가 없는 것으로 우리에게 다가올 때에 그토록 중요해 보인다. 물론 토마스가 인간이 살아가는 정치 형태의 구조나 양육의 중요성을 자각하지 못했다고 말하는 것은 너무 나간 것이다. 아리스토텔레스와 마찬가지로, 토마스에게도 윤리학은 정치철학의 궁극적인 부분이다. 그리고 정치철학은 도덕적 교육에 관해 논한다. 그러나 의도적 행위들을 수행하는 우리의 능력에 가해진 제약들이 짧게 다뤄지든 길게 다뤄지든 그러한 제약들을 인식하는 것은 더 큰 질문으로 연결된다. 인간 아이가 극단적인 경우에 선을 원하지 않거나 심지어 인식할 수 없도록 그렇게 자란다는 것이 가능할까? 인간적 삶, 도덕적 삶이 불가능하게 만드는 그런 환경이 존재하는가? 존 밀턴(John Milton)의 사탄의 반항적인 선택이 아니더라도 악이 우리의 선이 될 수 있는가?

이 질문에 대한 답의 일부는 자신이 받은 도덕 교육을 살펴보고 평가할 수 있는 인간의 능력에 놓여 있다. 그 살펴보고 평가하는 것은 오직 모든 사람에게 참된 기준이 이용 가능할 때만 도움이 될 수 있다. 도덕적 삶에 관한 토마스의 관점에서 자연법의 역할 중 하나가 모든 인간 인격이 그의 도덕적 교육과 별개로 최소한 자연법의 가장 일반적인 원칙들은 알 것임을 보장하는 것이다. 사실 그의 도덕적 교육에 포함된 개별적 규칙들은 아무리 그럴 듯하다고 하더라도 이 일반적 원칙들의 구현이 될 것이다. 따라서 어느 누구의 도덕 교육에도 수반되는 원칙들에 따라서 도덕 교육은 평가될 수 있을 것이다. 하지만 그러한 평가가 이뤄질 것인가? 만일 평가가 이뤄진다면 그러한 원칙에 따라 수행될 것인가?

그 질문에 대한 토마스의 답변은 마지막 장에서 논의될 것이다. 지금은 토마스가 은총의 도움 없이 죄많은 인간이 어떤 것에서든 그의 본성적[혹은 자연적] 선에 도달하는 것은 불완전한 방법으로만 가능할 것이라는 입장을 견지했음을 이야기하는 것으로 충분하다. 실제 인간의 상황이 문제가 될 때 토마스의 종교적 믿음은 제3자에게 미리 맡겨진 무언가를 특정 조건을 충족한 후에 보상처럼 받는 그런 것이 아니다. 한 사람의 그리스도인으로서 그는 인간이 원죄와 본죄의 상태에 놓여 있다는 것을 알고 있었다. 이는 단순히 그리스도의 구원 업적이 없이는 인간이 구원될 수 없다는 의미가 아니다. 자신의 본성적 목적을 달성하기 위한 인간의 능력 또한 본성적 목적에 대한 지식, 더 나아가 그를 욕구하는 방향성과 관련하여 영향을 받는다. 토마스는 도덕철학(moral philosophy)과 윤리신학(moral theology)을 구별했다. 하지만 그가 모든 것은 자연(본성)적으로 선하고 인간의 초자연적 성소는 잘 질서 지워진 개인적이고 사회적인 도덕적 삶에 덧붙여진 것이라고 주장했다는 식으로 그의 입장을 묘사하는 것은 토마스를 왜곡하는 것이 될 것이다. 은총은 자연[혹은 본성] 위에 이루어진다. 하지만 은총 없이는 그 목적을 성취하기 위한 본성의 능력이 심각한 장애를 겪는다.

그 모든 경우에서 올바로 이해된 인간적 자유는 토마스 도덕철학의 전제가 된다. 자유(自由)의 부정은 도덕성을 의미 없는 것으로 만든다. 토마스는 자유가 무엇인지 명확히 하려고 할 것이다. 하지만 그는 결코 인간이 자유롭다는 사실을 증명하려 하지 않는다. 가장 나쁘게 말하면, 우리의 자유는 어떤 [개별] 선들도 우리가 찾는 무한한 선성에 대한 갈망(渴望)을 진정시킬 수 없다는 사실에 있다. 어떤 종류의 행동이나 목적도 부정적인 측면을 갖고 있기 때문에 의지를 강요할 수 없다. 우리가 필연적으로 추구하는 것은 오직 우리의 행복, 선성 그 자체이다. 그러나 이 삶에서 선성은 우리가 그 선성에 따라 무엇이 되었든 우리가 추구하는 것을 추구하는 그런 것이지, 결코 개별적인 대상이나 행위가 아니다. 이 삶에서는 심지어 하느님조차 다른 것들 중에 한 가지 선이다. 그래서 우리는 비참하고 죄가 되게도 창조된 다른 선들을 그분보다 더 선호할 수 있다.

여기서 적어도 짚고 넘어가기라도 해야 하는 다른 큰 문제가 있다. 이는 한편으로는 그가 자유롭게 행동한다는 사실에 대해 아무런 의심이 없어서, 다른 한편으로는 그가 인간의 행위를 포함하여 하느님이 아닌 모든 존재나 사건들은 신적인 인과율(因果律)의 결과라고 주장한다는 사실에서 기인한 것으로 보이는 신앙인의 딜레마다. 하지만 이것은 우리가 자유로운 행동이라고 부르는 것이 하느님으로부터 야기되었기 때문에 참으로 자유로운 것이 될 수 없고, 자유는 환상(幻想)이라는 이야기가 아닌가?

이 문제에 대한 토마스의 해결책은 단순한 형태이다. 하느님은 사실 모든 존재와 사건의 제1원인이면서 동시에 궁극 원인이시지만, 그분께서는 그러한 존재와 사건들이 그들의 본성에 적합한 방법으로 일어나게 하신다. 그들의 본성에 적합한 방법 또한 그분께서 창조하셨다. 따라서 하느님께서는 그분께서 이루실 결과들이 필연적으로 또는 대부분의 경우에 있어 창조된 인접 원인들(proximated causes)로부터 유래하도록 하신 것과 마찬가지로, 인간을 자유롭게 창조하셨기 때문에, 인간이 자유롭게 행동하게 하신다. 그렇다면 만일 인간 행위자가 자유롭게 악하게 행동하기로 정한다면 어떻게 되는가? 하느님께서 악(惡)의 원인이 되시는가? 토마스는 이러한 결과를 부정할 것이다. 인간이 행하는 도덕적 악은 오로지 인간만의 탓이다. 그렇다면 하느님과 별개로 그분께서 일으키지 않으신 것이 있는 것인가? 아니다. 도덕적 악은 질서의 결핍(缺乏, privatio) 또는 결여(缺如)이다. 이는 우리가 나쁘게 행동할 때 우리가 아무것도 선택하지 않는다는 의미가 아니다. 오히려 정반대이다. 우리는 특정 선이나 우리가 선이라고 여기는 것을 선택한다. 죄는 특정 선을 다른 선들에게 적합한 방식으로 질서 지워지지 않은 형태로 특정한 선을 선택하는 데에 있다. 이 질서의 결여가 도덕적 악이다. 물론 이것들은 주장에 지나지 않는다. 사실 이에 대한 제대로 된 논의는 우리가 지금 다루는 주제에서 많이 벗어난다. 그럼에도 최소한 토마스가 그의 신앙이 제기할 수 있는 인간적 자유에 대한 위협을 간과한 것처럼 보이지는 않는다는 정도는 이야기하는 것이 좋겠다.

4.2. 의도하는 것의 양상들

의지의 행위, 의도적인 행위는 의지 자체로부터 유래하는 행위이거나 의지의 명령에 따라 다른 기관(機關, facultas) 또는 기관(器官, organum)이 수행하는 행위이다. 의도하는 것(willing) 자체의 다양한 양상들, 첫 번째 의미의 의도적인 것에 대한 그의 논의에서 토마스는 예상치 못하게 복잡해진다. 의지는 선을 그 대상으로 삼는 기관이다. 아리스토텔레스의 정교한 문장에서, 선은 모든 것이 추구하는 것이고, 선을 추구하는 인간적으로 특징적인 방법은 알려진 선, 인지적으로 이미 존재하는 선을 갈망하는 것이다. 우리는 알지 못하는 것을 원할 수 없다. 그러므로 의지는 이성적 욕구(appetitus rationalis)를, 인지적으로 선으로 이해하는 어떤 것을 따르는 갈망이다. 어떤 것은 그것이 우리를 완전하게 하고 충만하게 하는 어떤 것으로 우리와 관계될 때에 선한 것으로 여겨진다. 갈망의 목적, 대상이 용어의 본래적인 의미에서의 선이다. 목적을 위한 수단도 또한 선이지만, 파생된 의미에서 그러하다.

  토마스가 인간적 행위, 완전히 인간적인 행위의 구조를 제시할 때에, 그는 그에 따르는 몇몇 다른 인지적 행동들과 다른 욕구적 행동들을 구별했다. 그는 목적과 관련된 의지의 세 행동과 목적을 위한 수단과 관련된 다른 세 가지에 대해 이야기한다. 우리가 수단을 원하는 이유인 목적을 원하지 않으면서 목적을 위한 것(수단)을 원할 수는 없지만, 분명히 목적을 획득하기 위해 필요한 수단들에 대해 고려하기에 앞서 어떤 목적을 원하는 것은 가능하기 때문에 기본적인 구별을 한다.

  완전한 인간적 행위의 구조에 대한 토마스의 분석에서 또한 중요한 것은 지향(志向, intentio)과 실행(實行, executio) 사이의 구별이다. 외적으로 드러나는 모든 행위에 앞서, 외적인 행위의 전제가 되는 인지적이고 욕구적인 행동들이 연속해서 존재한다. 의지가 무언가를 유발하는 행위는 의지의 명령하는 행위를 전제한다. 최근의 논의 중에 한 가지 좋은 예는 손을 들어 올리는 것이다. 우리가 행하는 동작은 다른 누군가가 우리의 손을 들어 올리는 것이나 신경의 경련 때문에 우리 손이 위로 올라가는 것과 혼동되지 않는다. 자신의 손을 들어 올리는 것은 질문이 가능한 대상이다. 당신은 왜 손을 들었는가? 다시 말해, 이는 내가 이 행위를 알면서 의도적으로 한다는 것을 전제한다.

  당신은 경매장에 있다. 당신의 마음을 끌지 못하는 명나라 도자기에 대한 입찰이 진행 중이다. 당신은 다음 품목인 야구 카드를 기다리고 있다. 당신의 코가 가렵다. 하지만 당신은 도자기를 위해 입찰자들이 경쟁하고 있는 상황에서 코를 긁지 않을 만큼 현명하다. 마침내, 도자기 경매가 끝나고 다음 품목이 소개된다. 시작 가격이 당신의 마음을 주저앉게 만든다. 이미 당신이 쓰려고 생각했던 액수보다 크다. 하지만 당신은 손을 든다. 한 사람의 손을 들어 올리는 행위가 간단한 인간적 행위의 예로 기능하기 위해서는 그러한 맥락이 필요하다. 맥락이 주어지면, 대중 앞에서 당신의 손을 들어 올리는 행위에 내적 전주곡이 있다는 사실이 분명해진다. 그것은 당신이 처음에 생각했고 상상했던 행위를 실제로 해 보이는 것(上演)이다. 이렇게 실제로 해 보이는 것은 앞서 우리가 구별한 두 의미 중 두 번째 의미로 의도적인 것이다. 그것은 단순히 의도하는 것을 넘어서 능력들의 행위와, 이 경우에는 팔을 들어 올리는 운동 능력과 관련이 있다. 이 의지의 명령하는 행위에 앞서 일어나는 것은 토마스가 지향의 질서(ordo intentionis)라고 부른 것이다. 우리가 실제로 해 보이는 것이라고 부른 것은 토마스가 실행의 질서(ordo executionis)라고 부른 것이다.

 지향의 질서에서 지식은 의지로부터 나오는 행위를 종별화(구체화)한다. 대상이 우리에게 알려주는 대로 저것이 아니라 이것을 의도하는 것이다. 바닐라 아이스크림을 원하는 것은 로저 마리스 야구 카드를 원하는 것과 다르다. 우리가 염두에 둔 것, 의지가 갈망할 만한 것으로 제시되는 대상 때문이다. 우리는 이러한 목적의 우위를 강조하는 것에 익숙하다. 실행 또는 달성의 질서에서는 가장 마지막에 놓여 있는 목적이 실제적인 논의의 출발점, 다시 말해 지향의 순서에서는 가장 처음에 온다. 이성적 욕구로서, 의지는 지성을 따라간다. 선으로 이해된 어떤 것에 대한 의지의 첫 번째 반응은 그것을 원하고 갈망하는 것이다. 라틴어와 마찬가지로 영어에서도 우리는 그것의 가장 근본적인 행위, 곧 '원함(velle, will)'

을 그 능력의 이름으로 사용한다. 나아가 의지의 행동들은 의지가 이성을 따르기 때문에 이성의 행동들과 유비적(類比的, analogus)이다. 정신이 긍정과 부정 안에 자신을 드러낸다면, 의지는 선으로 확인된 것을 추구하고, 악으로 여겨지는 것으로부터 달아난다.

그러나 토마스는 또한 정신과 욕구 사이의 상호적 인과율에 대해서도 이야기한다. 선에 대한 지식은 의지의 행위를 종적으로 규정한다. 그리고 토마스는 종적 규정의 질서 안에서 정신은 의지에게 그 대상을 보여줌으로써 의지를 움직인다고 말한다. 이는 작용인(作用因)이 아니라 형상인(形相因)이다. 실행의 질서에서 의지는 말하자면, 자발적으로 행동한다. 의지의 본성은 바로 선을 향한 경향이다. 그래서 무엇인가가 의지에게 선한 것으로 보여지고, 모든 조건들이 같다면, 의지는 그것을 갈망함으로써 그 무엇인가에 응답한다. 의지는 정신 자체를 포함하여 우리의 다른 역량들을 움직일 수 있다. 나는 생각하기로 결정할 수 있다. 나는 의도적으로 어떤 것을 염두에 둘 수 있다. 이러한 상호성은 때로는 선이 지성의 대상 안에 포함되어 있다고 이야기하는 것으로 귀결된다. 그것은 이런저런 것이 이런저런 것에 좋다는 그런 종류의 진리이다. 무언가가 어떤 사람에게 좋고 그를 완성시킨다는 것은 참이거나 거짓이다. 다른 한편, 사고함의 대상인 진리는 욕구의 대상의 범위 안에 들어간다. 진리는 일종의 선이다. 진리를 아는 것은 정신과 이성적 창조물을 완성시킨다.

지성과 의지의 구별은 모호하지 않다. 왜냐하면 각각이 다른 하나에 작용하는 방법이 다르기 때문이다. 정신은 의도하는 것을 종적으로 규정하는 원인 또는 형상인이다. 의지는 사고하는 것의 작용인이다. 사물들을 선하다고 생각하는 것과, 그래서 의지의 행위를 종적으로 규정하는 것은 이성의 실천적 사용이다(I-II, 9, 1, ad.2). 그러나 작용인으로서 의지는 정신을 실천적으로는 물론이고 이론적으로도 움직이게 한다.

닭이 먼저냐 계란이 먼저냐 같은 선후 문제가 여기에 등장하는 것 같다. 그리고 토마스는 옳은 의지는 선에 대한 욕구라고 말함으로써 이 문제를 처리한다. 그것이 의지의 본성이다. 의지는 그것을 위해 만들어졌다. 사실 의지는 선을 원하지 않을 수 없다.

> 의지는 두 가지 방식으로 움직여진다. 첫째, 행위의 실행이라는 관점에서, 둘째, 대상에 근거한 행위의 종적 규정이라는 관점에서다. 첫 번째 방식으로 의지는 어떤 대상에 의해서도 필연적으로 움직여지지 않는다. 왜냐하면 어떤 사람이 어떠한 대상이든 그 대상에 대해서 생각하지 않을 수 있고, 따라서 현실적으로 그것을 원하지 않을 수 있기 때문이다. 그러나 두 번째 방식의 운동과 관련해서 의지는 어떤 대상에 의해서 필연적으로 움직여질 수 있고, 어떤 대상에 의해서는 필연적으로 움직여지지 않을 수 있다.(I-II, 10, 2)

선성 그 자체, 완전한 행복은 의지의 필수적인 대상이다. 정신은 의지가 의도하도록 설득하거나 촉구할 임무를 갖고 있지 않다. 오히려 무언가를 선으로 보는 것 안에서 정신은 그 무언가를 의지의 본성적 대상의 범위 안으로 가져온다. 그렇다면 의지는 반드시 그 무언가를 갈망하고, 그 사람은 그를 추구하는 방향으로 나아가는가? 분명히 아니다. 완전한 선성이나 행복과 마찬가지로 의지도 필연적으로 움직이지 않는다. 토마스는 의지의 일련의 행위들과 무언가를 선한 것으로 이해하는 것, 그리고 그것을 능동적으로 추구하는 것 사이를 매개하는 정신의 일련의 행위들을 구별할 필요에 대해 알고 있었기 때문에, 의지가 필연적으로 움직이는 것이 아니라는 데에는 의심의 여지가 없다. 토마스가 사용한 유비(類比, analogia)는 지성적 탐구이다. 그는 지성적 탐구가 원리에서부터 결론으로 나아가는 것이라고 생각했다. 실천적인 질서에서 목적은 그것을 위해 다른 모든 것이 원해지는 원리나 출발점이다.

그런데 의지는 목적과 세 가지 방식으로 관련된다. 첫째, 절대적으로 관련된다. 그래서 우리가 절대적으로 건강이나 또는 그러한 종류의 것을* 원하는 한에서 그렇게 '의지(voluntas)'라 불린다. 둘째, 의지가 목적에서 휴지하는 한에서 목적이 고찰된다. 그리고 이런 식으로 '향유(frui)'가 목적과 관련된다. 셋째, 목적이 그것을 향해 질서 지어져 있는 것의 종결점인 한에서 고찰된다. 그리고 이렇게 '지향'이 목적과 관련된다. 곧 우리는 건강을 원하기 때문에 건강을 지향한다고 말하는 것이 아니라, 어떤 다른 것을 통해서 건강에 도달하기를 원하기 때문에 건강을 지향한다고 말한다.(I-II, 12, 1, ad4)

어떤 대상이 선성의 형태로 이해된다면, 그것은 의지에게 말을 건넨다. 의지가 그것의 성취를 예상할 때 의지는 그 안에서 기뻐한다. 그리고 우리는 합당한 수단들을 통해서 그에 도달하고자 한다.
지향은 한 사람에게 목적을 성취하기 위한 방법과 수단에 대해 숙고하도록 움직인다. 이러한 탐구 과정의 시간은 선택(選擇, electio)을 가능하게 만든다. 행위에 선행하는 추론의 과정은 이 과

---

* 토마스가 건강이나 그와 비슷한 다른 것들에 대해 언급하는 방식에 대한 이해는 다음의 언급과 함께 이루어져야 한다: "궁극 목적은 의지를 필연적으로 움직인다. 왜냐하면 완전한 선이기 때문이다. 그리고 존재, 생명 및 그와 유사한 것들처럼 궁극 목적을 향해 질서지어져 있으며, 또 그것이 없으면 목적을 소유할 수 없게 되는 것들도 마찬가지다."(I-II, 10, 2, ad3)

정을 실제로 해 보이는 것(上演)과 반대이다. 다시 말해 목적과 그에 관련하는 의지를 상정하면서 정신은 실천적으로 목적을 성취하기 위한 수단들을 찾는 과정에 들어간다. 이 과정이 지금 여기에 이루어질 수 있는 어떤 것에 도달하면 그 수단에 대한 선택은 아마도 중개하는 수단과 마침내 추구하던 목적의 소유를 가능하게 해줄 것이다. 이렇게 지향 안에서 첫 번째이던 것이 실행 혹은 성취의 체계 안에서는 마지막에 있다. 수단들에 대한 의지의 관계와 관련하여 토마스는 선택과 더불어 동의(同意, consensus)에 대해 이야기한다. 동의는 선택에 앞서는데, 우리는 수단들을 숙고하면서 한 가지 목적을 달성하기 위한 여러 방법을 발견할 수 있고, 그들 모두가 매력적일 수 있기 때문이다. 사용은 수단으로서 외적인 대상을 취하는 것만이 아니라, 갈망된 목적을 위한 수단을 탐색하는 움직임을 시작하는 다른 능력들에 대해 의지가 갖는 관계와도 관련이 있다.

어떤 사물의 사용은 그 사물을 어떤 작용으로 적용하는 것을 함축한다. 그러므로 우리가 어떤 사물을 어떤 작용으로 적용할 때, 사물이 적용되는 그 작용을 그 사물의 사용(使用, usus)이라 부른다. 예를 들어 기마술은 말을 사용하는 것이고, 두드림은 막대기의 사용이다. 그런데 우리는 행위의 내적인 원리들도, 곧 영혼의 능력 자체 또는 신체 기관들도 작용으로 적용한다. 그래서 우리는 지성을 인식하는 데 적용하고, 눈을 보는 데 적용한다. 또한 두드리는 데 막대기를 적용하는 것처럼 심지어 외적인 사물들도 [작용에] 적용한다.(I-II, 16, 1)

토마스가 의지의 사용이라고 부른 의지의 행동은 내적인 기관

(facultas)이나 신체적 움직임과 외적인 대상과 관련이 있는지에 따른 선택을 앞서거나 뒤따른다(I-II, 16, 4).

인간적 행위에 대한 이 매우 복잡한 분석은 무엇보다 우리가 내리는 특정한 선택들이 미리 전제된 구조와 함께 움직인다는 것을 가리킨다. 이성적 행위로서 그것들은 단편적으로 벌어지는 그저 맹목적인 움직임들이 아니다. 이성적 행위들 안에 내포된 것은 목적과 같은 특정한 선에 대한 욕구와 그를 성취하기 위한 수단의 신중한 선택에 대한 자각이다. 토마스의 분석은 이러한 내재적 구성요소들로 이루어진 하나의 완결된 행위를, 말하자면 [구성요소별로] 따로따로 논의하는 것을 가능하도록 만든다. 우리가 어떤 선을 성취하기 위한 수단을 탐색하기에 앞서서 즐기고 지향하는 대상에 대한 갈망들이 있다. 이 단계에서 더 나아가지 않는다 하더라도 도덕적 평가는 가능하다. 우리가 선하다고 판단하는 어떤 것이 형식적으로는 선성의 범위에 속한다 할지라도 실제로는 그렇지 않기 때문이다. 우리가 그 행위를 수행한다면 이는 마치 실천이성과 의지를 따르는 행위를 수행하는 것처럼, 우리가 선하다고 판단한 것들에 연관된 의지 행위를 훼손한다. 나아가 심지어 목적이 참으로 선하다고 하더라도 수단의 탐색과 관련하여 몇 가지 방식으로 잘못된 방향으로 나아갈 수 있다. 어떤 목적을 달성하는 모든 효율적인 방법이 적합한 것은 아니다. 앞으로도 보겠지만, 어떤 행위가 선한 것이 되기 위해서는 그 모든 구성요소가 반드시 선해야 하지만, 어느 한 가지 결함만으로도 그 행위는 도덕적으로 악하게 된다는 것이 반복되는 토마스의 공리이다(예컨대 I-II, 18, 4, ad3; 20,2; *In De div. nom.*, c.5, lect.22, n.572).

토마스의 지향의 질서와 실행의 질서 사이의 구별은, 그가 구별한 아는 것과 의도하는 행위의 연속이 다른 의미에서 우리가 무언가를 행하는 것, 정확히는 우리가 행하려고 전부터 생각해 오던 것을 행하는 것에 대한 일종의 전주곡임을 시사한다. 내가 뇌 외과 의사로서의 삶이 나에게 좋은 직업이라는 것을 인지한다고 가정해보자. 나는 그에 대해 곰곰이 생각하고 에르퀼 푸아로(Hercule Poirot)가 작은 회백질(灰白質)이라고 부른 것 사이를 면밀히 살피고 있는 나 자신에 대해 생각하면서 기뻐한다. 내 안에 이러한 목적을 달성해야겠다는 지향이 형성된다. 어떻게 해야 할까? 내가 고등학교 졸업반일 때에 이런 생각이 떠올랐다고 하자. 나는 이에 대해 곰곰이 생각하고 아마 다른 사람들로부터 조언을 구할 것이다. 그리고 내 정신의 눈앞에는 다양한 단계들이 펼쳐질 것이다. 나는 목표를 향한 수용 가능한 몇몇 길을 발견하고 그에 동의한다. 그리고 그것들 중에서 선택한다. 물론 당연히 이 지점에서 나는 그 목적에 결코 도달하지 못한다. 내 환자들과 미래의 수익을 기다리지 못하는 의과 대학의 요구사항들과 베아트리체의 듣기 좋은 이야기는 나를 내 지향에서 빗나가게 할지도 모른다. 나의 계획을 실행하기 위한 첫 번째 단계인 숙고의 최종 단계와 관련하여 명령을 내리는 정신인 지향이 빗나가는 것이다. 그 결과 편지를 쓰게 될 수 있다. 명령된 행위는 나의 신체적 기관과 외부적인 대상을 사용하는 것을 포함한다. 컴퓨터 앞에 앉아서 키보드를 두드린 다음 작업한 결과를 출력한다던가 하는 것처럼 말이다. 뒷마당을 파거나, 다른 생각할 수 있는 일련의 과정은 내가 전화를 사용하거나 침대를 사용하는 것과 같은 것과 같은 명령된 행위를 하게 만들 수 있다. 토마스가 묘사한 복잡한 내적 과정을 거쳐서 이러한 외적 행위에 도달한다. 그는 명령된 행위가 명령과 똑같은 행위라는 것을 증명할 것이다. 다시 말해, 그는 궁극적으로 외적 행위가 그가 이야기한 내적 행위들과 일치하게 되기를 원한다.

이와 마찬가지로 인간적 행위의 영역에서도 하위 능력이 그것을 움직이는 상위 능력의 힘 안에서 작용하는 한에서 하위 능력의 작용은 상위 능력의 작용에 대해 질료적으로 관계된다. 왜냐하면 이렇게 제1 동자(動者)의 작용도 도구의 작용에 대해 형상적으로 관계되기 때문이다. 이로부터 명령과 명령받은 작용은 하나의 인간적 작용임이 분명하다. 이는 마치 어떤 전체의 것이 하나이지만 부분에 따라서는 다수인 것과 같다.(I-II, 17, 4)

앞서 말한 것은 토마스가 명령된 행위에 대해 이야기할 때 오직 신체적인 움직임만을 의미한 것이라고 생각하는 것이 틀렸음을 분명히 드러낸다. 의지 자체의 행위는 의지가 [일반적으로] 선을 원하도록 명령되어야 한다는 의미에서가 아니라, [구체적인] '이' 선을 원한다는 의미에서 명령될 수 있다. 이와 마찬가지로 이성의 행위는 어떤 경우에 특정한 의미로 명령될 수 있다. 우리가 생각하는 것이 매우 확정적인 경우에, 아리스토텔레스가 말한 대로 마치 사물들의 본성에 의해 강제된 것처럼, 우리는 그것들을 그것들인 대로 생각해야 한다. 그러나 물론 우리가 그것들에 대해 생각해야 할 필요는 조금도 없다. 그러니 생각하는 행위의 종적 규정이 문제가 되는 것이 아니라, 그 실행이 문제가 되는 것이다. 물론 우리가 불확정적인 문제들에 대하여 생각할 때에 우리는 확정적 진리를 가질 수 없기 때문에 진리와 관련 없는 이유로 다른 방법이 아니라 어떤 특정한 한 방법에 대해 생각하도록 우리 자신에게 명령할지도 모른다. 여기에서 생각하는 것의 실행과 마찬가지로 찬성과 반대는 우리 권한 아래 있고 따라서 명령의 대상이 된다(I-II, 17, 6). 명령의 중요한 대상 가운데 우리의 감정, 두려움, 갈망은 이성의 영향을 받을 수 있다. 사실 앞으로 보겠지만, 감정을 이성의 영향 아래로 가져오는 것은 정확히 절제와 용기의 목적이다.

행위를 분석하는 토마스의 절차는 어려움을 낳을 수 있다. [그 분석을] 정신과 의지의 내적 행위들로부터 시작함에 의해서, 그가 의도적인 행위에 관련된 신체적 움직임들보다 더 잘 알려진 것으로부터 시작하고 있는 것처럼 보일 수 있기 때문이다. 다시 말해 우리는 토마스가 정신과 의지의 행위들이 내성(內省, introspectio)의 대상, 숙고의 직접적이고 즉각적인 대상이라고 주장하는 것인가에 대해 의문을 가질 수 있다. 그것이 그의 입장이 되기는 힘들다는 것을 이해하는 것이 중요하다.

인간적 지식의 궤적에 관한 토마스의 관점은 우리는 물질적인 대상들에 관한 지식으로부터만 우리가 성취한 비물질적인 대상에 관한 지식에 다다를 수 있다는 것이다. 그러나 그에게 자유재량과 지적 활동의 행위들은 비물질적인 행동들이다. 따라서 그들은 오직 추론될 수밖에 없다. 더 분명히 말하면, 그는 우리의 능력과 역량들이 오직 그들의 행위들을 통해서만 알려질 수 있다는 아리스토텔레스의 공리(公理)를 수용한다. 나는 의도적 행위들에 관한 분석을 통해서 의지를 이해한다. 나아가, 나는 말하자면 외적인 것을 통해서만 내적인 것을 이해한다. 정신적 행동에 관해 이야기하는 토마스의 어휘는 중요한 정보를 제공한다. 그것은 처음에 물질적 대상과 사건에 관하여 이야기하기 위해 사용된 용어들을 정신적 질서에 확장하는 것을 포함한다. 우리는 사물들을 이해하기 위하여 사물들에 이름을 붙인다. 지적 활동에 관한 토마스의 설명에 대한 짧은 성찰은 그가, 정신이 형상을 수용하는 것을 통해, 물질적인 생성에 대한 유비로 알려지는 것에 대해 이야기하고 있음을 보여준다. 이러한 숙고들은 토마스가 인간적 행위에 관한 분석에서 내적인 행위들로부터 외적인 행위들로 움직일 때에 그가 자기가 발견한 순서를 따르고 있는 것인가 하는 걱정을 잠재우기에 충분할 것이다. 그의 생각이 의지와 그 활동들이 외적으로 드러나기에 앞서서 의지와 그 활동들에 대한 즉각적이고 직접적인 검토를 포함하고 있다고 묘사하는 것은 매우 잘못된 이해일 수 있다. 왜냐하면 그것은 우리가 비물질적인 사물들에 대해 갖는 모든 지식은 물질적인 것에 관한 우리의 지식으로부터 유래하고 그것에 기반을 둔다는 토마스의 결정적이고 반복되는 관점을 부정하는 것이 되기 때문이다.

5. 인간적 행위의 선악

처음부터 우리는 인간적 활동에 관한 토마스의 관점이 그것에 관한 도덕적 평가를 쓸모없는 것으로 만드는 듯이 보인다는 점을 지적하였다. 만일 모든 인간적 활동이 선을 목표로 삼고 있다면, 그것은 모든 인간적 활동이 선한 것으로 보이기 때문이다. 선을 목표로 삼는다는 것은 어떤 활동이 선하기 위한 필수조건이지만, 충분조건은 아니다. 그러나 여기서조차도 실재적 선을 외양적 선으로부터 구별할 필요가 있다. 의지가 바로 선을 담당하는 기관이고, 색깔이 시각의 대상인 것처럼, 선은 의지의 형상적 대상(objectum formale)이다. 그러나 우리가 색깔 일반을 보는 것이 아니라 어떤 특수한 색깔을 보는 것과 마찬가지로, 우리는 오로지 어떤 특수한 목적(finis)으로 구현된 것으로서의 선성을 원할 뿐이다. 그리고 그 목적인 그 특수한 사물은 그것이 의지의 대상이 되기 이전에 먼저 선으로 보이거나 인식된다. 그것을 선으로 보거나 인식하는 것은 그것이 우리 자신과 같은 종류의 행위자의 동작완료(perfective) 또는 달성(fulfill)이라고 판단하는 것이다. 그러나 우리는 어떤 목적 또는 활동의 과정이 참으로 동작완료 또는 달성이라고 생각하는 데 있어서 실수할 수 있다. 수정 가능한 실수이다.

토마스가 '종별화의 질서(ordo specificationis)'라고 부르는 것(우리가 선하다고 판단하는 것들의 종류들) 안에서 이성은 분명 중심적 역할을 담당하고 있고, 인간적인 것으로서의 인간적인 활동의 척도이다. 우리의 지향이 선하기 위해서는 그것이 단순히 외양적으로만 선한 것이 아니라 실재적으로 선한 어떤 목적을 담지하고 있어야 한다. 지향은, 우리가 살펴본 것처럼, 숙고(熟考, consilium)를 발생시키고 결국은 선택(選擇, electio)을 야기하는데, 우리가 숙고로 추구하고 선택으로 고르는 것은 우리로 하여금 지향된 목적을 달성할 수 있게 해줄 어떤 특수한 종류의 행위이다. 목적은 수단을 정당화하는가? 반드시 그런 것은 아니다. 토마스는, 그 자체로 악하고 그것들이 어떤 선한 목적을 겨냥하고 있다고 해서 정당화될 수 없는 활동들이 있다고 주장한다. 그래서 그는 또한 그 유에 있어서 선한 어떤 활동이 어떤 악한 목적을 내다보며 행해질 때 그 가치를 상실하게 된다고 주장한다.

우리가 이제 마주하려고 하는 것이 바로 이런 문제들에 관한 논의이다. 이 논의는 왜 토마스가 인간적 활동에 대해 그토록 길게 분석하고 있는지 그 이유를 보다 명료하게 보여주는 데 도움이 될 것이다. 하나의 활동은 여러 방식으로 잘못될 수 있다: 그것은 지향된 목적 때문일 수도 있고, 그 목적을 달성하기 위해 행해진 것의 종류 때문일 수도 있으며, 그 행위가 수행되는 상황 때문일 수도 있다. 다른 한편, 어떤 활동이 선하기 위해서는 모든 측면에서 다 선해야 한다(I-II, 18, 4, ad3). 그렇다면 활동의 선성과 악성에 대한 여러 척도들을 통해 내적 행위들의 선성과 악성을 명령된 공개적인 활동의 선성과 악성으로부터 구별할 필요가 있다.

우리가 앞에서 했던 몇 가지 구별 외에 아직도 남아 있는 첫 번째 일반적 구별은 사람들이 연루되고 그 자체로 자연적 과정이라고 묘사되는 자연적 과정과 인간 존재자들에 의해서 이성적으로 가담된 것으로 묘사되는 동일한 과정 사이의 구별이다. 세이머

(Seymour)의 수염이 자라고 있고, 세이머는 수염을 기르고 있다. 전자는 단지 자연적으로 일어나는 어떤 것이고, 그러한 것으로 묘사될 수 있다. 후자는 지향의 문제, 우리가 세이머에게 왜 수염을 기르고 있는지를 물을 수 있는 근거이다. 반면에 우리가 왜 그의 수염이 자라는지를 묻는다면, 혹시라도 인칭대명사가 그의 대답에서 보이게 되는 경우에 우리는 놀랄 것이다. 수염을 기르는 인간적 행위는 어쩌면 무해한 행위처럼 보일지 모르지만, 혹시라도 누군가 면도기 회사의 제품들에 대해 불매운동을 하거나, 혹은 연극에서 어떤 역할을 하기 위한 준비로 변장하는 데 연루되었다면 도덕적 무게를 짊어지게 된다. (어쩌면 당신은 팻 하비(Pat Hobby)와 오손 웰즈(Orson Welles)에 관한 스콧 피츠제럴드(F. Scott Fitzgerald)의 이야기를 알고 있을 것이다.) 일반적으로, 그것은 도덕적으로 중립적인 활동으로 나타날 것이다. 그럼에도 불구하고 토마스는 구체적으로 어떠한 개별적 행위도 도덕적으로 참으로 중립적이지는 않다는 생각을 가지고 있다. 그 이유는 그것이 행해지는 지향이나 그것을 둘러싸고 있는 상황(狀況, situatio)이 그것을 선하거나 악하게 만들 것이기 때문이다. 그럼에도 불구하고 우리는 그런 활동들이 도덕적 기준에 잘 들어맞기보다는 좀 더 빈번하게 일어난다고 생각해야 할 것이다.

세이머의 수염이 자란다는 것과 세이머가 수염을 기르고 있다는 것이 둘 다 인간적 행위인 것은 아니다. 첫 번째 것은 원하거나 원하지 않거나 상관없이 발생하고, 세이머는 그것에 대해 책임이 없다. 설령 그것이 그에게 돌려져야 한다고 하더라도, 그것은 소화를 시킨다거나 나이를 먹는다거나 숨을 쉬는 등의 [활동]과 같을 것이다. 이 모든 활동은 참으로 세이머의 것이라고 말할 수 있지만, 그것들을 세이머가 행하는 것들 가운데 포함시키려 들지는 않을 것이다. 그러나 인간적 행위임에 틀림없는 예로서, 세이머가 수염을 기른다는 사실이 분명히 보여주는 것처럼, 인간적 행위들은, 단순하게 발생하여 그것들이 잘 발생하거나 나쁘게 발생하는 것은 도덕적 평가가 되지 않는 사건들을 포함할 수 있고 그것들에 도덕적 비중을 둘 수도 있다. 나는 소화가 잘 안 될 수 있지만, 모든 사정이 동일할 때 나는 내가 나의 빛나는 푸른 눈 때문에 도덕적 신뢰를 얻는 것 이상으로 그 일 때문에 비난을 받지는 않는다. 토마스는 이 구별을 저 '인간의 행위(actus hominis)'와 '인간적 행위(actus humanus)' 사이의 구별이라고 부르고 있다. 우리는 몇몇 사람이 분명히 그렇게 하듯이, 어떤 사람의 행위들이 어떤 도덕적 평가를 받기 이전에 인간적 행위들이라고, 이를테면 도덕 이전의 조건에 놓여 있는 인간적 행위들이라고 생각해서는 안 된다.

만일 우리 자신을 재생산(reproduce)할 수 있는 우리의 능력을 취한다면, 훨씬 더 내밀한 중요성을 지니고 있는 과정과 만나게 된다. 여기서, 수염이 자라나는 경우처럼, 우리는 그 과정을 그것이 행해지고 있는 지향과 아무 연관이 없이 설명할 수 있다. 그러나 여기에는 핵심적 차이가 있다. 우리의 수염은 우리가 그것을 느끼든 말든 상관없이, 단지 자라날 뿐이다. 하지만 성행위에 가담할 것이라고, 이 활동이 벌어질 것이고, 오직 그때에야 비로소 그것의 도덕적 평가 문제가 부상될 것이라고 생각하는 것은 어딘가 좀 이상할 것이다. [하지만] 아직도 성행위를, 우리가 그것에 대한 어떤 도덕적 평가를 하기 위한 충분한 근거들을 가지고 있지 못하다는 식으로 묘사하는 것은 가능하다. 도덕적으로 말해, 당신은 저것[성행위]에 대해 어떤 생각을 가지고 있는가? 대답은 우리가 지금 듣고 있는 것보다 훨씬 더 많은 것들을 알아야 한다는 것이다. 호색한(好色漢)처럼 취급되는 것을 무릅쓰고 우리는 그 남자와 여자가 결혼한 사이인지를 알고 싶을 것이다. 만일 그 대답이 '그렇다'이면, 우리는 그들이 하고 있는 행위를 승인하지 않을 이유가 없다고 말하고 싶을 것이다. 이것은 묘사된 것과 같은 행위가 도덕적 승인을 필요로 한다고 말하려는 것이 아니다. 어떤 남편과 아내가 서로서로 도덕적으로 결함이 있는 방식으로(deffective) 성관계를 가지는 것이 가능하다. 그러나 이 척도는 만일 그 연인들이 결혼한 사이가 아니라면, 우리가 그 행위를 단죄하기에 충분하다.

성행위에 대한 어떤 추상적이거나 부적절한 설명이 어떤 도덕적 판단을 가능하게 만드는 것은 아니지만, 이것은 한 남자가 수염을 기르는 것과는 전혀 다른 얘기이다. 이것은 우리가 그 활동이 잘 발생하거나 잘못 발생하기 위한 척도에 호소하지 않을 것이라고 말하려는 것이 아니다. 만일 어떤 배아(胚芽)가 잘못 형성되고 기한에 이르기 전에 낙태된다면, 우리는 임신 과정이 마땅한 만큼 이루어지지 않았다고 말할 것이다. 그것은 자연이 의도하고 있는 것이 아니다. 과정의 요점을 전제할 때, 우리는 그것의 선성이나 악성에 대해 말할 수 있지만, 이것은 도덕적 평가가 아니다. 그런데 이렇게 묘사된 과정에 대해 도덕적 조건들은 부수적인 관계를 맺고 있다(I-II, 18, 7, ad1). 도덕적 관점에서 볼 때, 그 동일한 자연적 과정이 예컨대 부부 행위와 간통(adulterium) 행위라는 두 가지 상이한 도덕적 유형 아래 들 수 있다(I-II, 18, 5, ad3).

분명히 이것은 마치 그 과정이 우리가 우리의 마음을 거기에 연루시키지 않은 채 발생할 수 있기라도 하듯이, 사람들이 때로는 비도덕적으로 출산을 하고 또 때로는 도덕적으로 출산을 한다는 것을 의미하는 것이 아니다. 요컨대, 자연적 과정은 어떤 추상적 존재성이다. 인간의 출산은 언제나 하나의 인간적 행위, 곧 선하거나 악한 도덕적 활동이다. 우리의 출산 능력은 우리의 능력 안에 있고, 우리는 그것을 사용할 수도 있고, 사용하지 않을 수도 있다. 요컨대 출산은 토마스가 '명령된 행위'라고 부르는 것의 한 예이다. 하나의 인간적 행위로서 출산은 의식적인 [행위]이고, 그 활동이 도덕적으로 선하기 위해서는 우리가 이성적 행위자라는 사실과 잘 어울려야 한다. 우리의 출산 능력을 단지 어떤 쾌락의 수단으로 삼거나 그것들의 본성을 부정하는 방식으로 사용하는 것은 이성에 위배되는 행위이다. 이것은 맛봉오리[혀의 미각기관]와 소화 능력을 그 본성이 부정되는 방식으로 사용하는 것이 비위에 거슬리는 것이나 마찬가지이다. 예컨대 어떤 사람이 음식을 먹고, 토하고, 다시 조금 더 먹고, 다시 토하고 하는 식의, 네로(Nero)의 방종(放縱)과 같은 방식으로 계속하는 것이다. 이런 사용은 남용이고, 이 점을 인정하지 않는 것은 사악한(wicked) 일이 될 것이다. 마찬가지로, 출산 행위는 그 짝이 되는 사람이 다른 사람의 아내이거나 자기 자신의 배우자가 아닌 경우에 이성에 위배되는 일이며, 이 경우에는 설령 상대방이 동의했다고 하더라도 행해지고 있는 불의를 경감시키지 못한다.

　토마스가 행위나 활동의 유형 또는 종류를, 그것이 그 안에서 행해지는 상황(狀況, circumstantia)과 그것을 행하는 지향에 대립되는 것으로서 논할 때, 그는 이를테면 인간적으로 혹은 이성적으로 연루된 그것의 존재(存在, esse)로부터 추상적으로 그 출산 과정에 관해 생각하고 있는 것이 아니다. 그가 활동의 대상이라고 부르는 것, 우리가 행하기로 선택하는 것, 그것을 그 활동의 종류로 만드는 것은 추상적으로가 아니라 이성에 합치되거나 배척되는 것과 연관된 것으로 간주되는 자연적 과정이다. 그는 당신 자신의 재산을 사용하는 것과 그 재산을 남들을 위해 사용하는 것을 예로 들고 있다. 그런데도 어떤 활동의 선성이나 악성에 대해 말할 때, 그는 먼저 그것의 선성이나 악성을, 그것에 부수하는 도덕적 속성들로부터 추상적으로 하나의 과정으로서 언급한다.

> 인간적 활동에서 네 가지 유형의 선성이 고찰될 수 있다. 첫째, 유적 선성, 곧 활동(actio) 그 자체의 선성이다. 왜냐하면 활동은 이미 말한 것처럼 현실성과 존재성을 지니고 있는 그만큼 선성도 지니고 있는 것이기 때문이다. 둘째는 종적 선성으로, 적절한 대상(objectum)에 따라 이해된다. 셋째는 선성이 마치 우유인 것처럼, 상황에 따라 이해된다. 그리고 넷째, 그 선성의 원인인 목적(finis)과 맺고 있는 관계에 따라 이해된다.(I-II, 18, 4)

성 토마스가 '활동의 대상'이라는 구절을 사용하는 것은 모호한 용법이고, 그가 의지의 대상과 활동의 대상 사이에 긋고자 하는 구별이 무엇인지를 아는 것이 언제나 쉬운 것은 아니다. 만일 그 활동이 활동의 종류 또는 유형이라면, 그것은 그 대상 때문인데, 이것은 그것을 수행하는 지향으로부터 도출된 활동의 특성화와는 구별되고, 우리는 아주 명료한 구별을 가지고 있는 것으로 보인다. 이리하여 만일 누군가가 은행을 털기 위해서 다른 누군가의 자동차와 같은 재산을 취해야 한다면 그의 행위는 그것에 대한 두 가지 계산법을 가지고 있는 것으로 보일 것이다. 만일 그가 가난한 이에게 주기 위하여 훔쳤다면, 그의 활동은 그것에 대한 단 한 가지 계산서만 가지고 있는 것으로 보일 수 있지만, 그것은 이미 우리가 지적한 것처럼, 그것을 오염시키기에 충분할 것이다. 저 순서는, 누군가가 칭찬을 듣기 위해서 가난한 이들에게 줄 때처럼, 순서가 뒤집힐 수 있다. 그러나 이 모든 경우에 '당신은 무엇을 하고 있는가?'라는 질문은 그 수단과 연관시켜 대답될 수도 있고, 그 목적과 연관시켜 대답될 수도 있다. '나는 자선을 베푼다.' '나는 가난한 이들의 식량을 조달하고 있다.' '나는 나의 이미지 관리를 하고 있다.' 만일 그 행위의 대상이 바로 내가 행하고 있는 것이라면, 나는 그 행위의 종류와 그것이 행해지고 있는 목적 사이를 가르는 토마스의 구별을 평가하는 것이 어려울 수도 있다. 그가 어떤 활동의 종별화가 그것이 행해지는 목적으로부터 이루어진다고 말할 때, 어려움은 가중된다.

다음 구절은 좀 길기는 하지만, 여기서 인용할 만한 가치가 있다.

> 의도적인 행위에는 두 가지, 곧 의지의 내적 행위와 외적 행위가 구별될 수 있는데, 이것들은 각각 대상을 가지고 있다. 그런데 목적이 엄밀히 말해 내적인 의지적 대상인 데 반해, 외적 활동이 관심을 기울이는 것은 그 대상이다. 그러므로 외적 행위가 그 위에 작용하는 대상으로부터 그 종을 받는 것처럼, 의지의 내적 행위는 자기 고유의 대상인 목적으로부터 종을 받는다. 그런데 의지가 수행하는 것은 외적 행위가 수행하는 것에 대해 형상적인 관계에 있다. 왜냐하면 의지는 지체들을 행동하기 위한 도구로 사용하는 데 반해, 외적 행위들은 의도적인 것들만 도덕성의 근거로 지니고 있기 때문이다. 따라서 인간적 행위의 종은 형상적으로는 그 목적에 따라 규정되고, 질료적으로는 외적 행위의 대상에 따라 규정된다.(I-II, 18, 6)

이 구절은 우리로 하여금 외적 행위가 지향을 구현한다(embody)는 것을 볼 수 있게 해준다. 그것이 바로 우리가 어떤 목적을 달성하기 위해서 행하고 있는 그것이다. 그렇지만 성 토마스가 외적 행위는 오로지 그것이 의도적인 한에서만 도덕성의 성격을 취한다고 말할 때, 그는 그것의 도덕성이 오로지 목적과 연관지어서만 평가할 수 있다는 것을 말하는 것이 아니다. 우리가 앞 장에서 고찰한 숙고(consilium) 과정은 가능한 한 목적을 바라보는 눈길과 더불어 수행되어야 하는, 활동에 대한 이성적 평가가 있어야 한다는 것을 가리킨다. 그러나 가능한 행위는 그 목적을 달성하는 데 있어서의 그 결과와는 전혀 무관하게 이성에 배치(背馳)되거나 아니면 그것에 합치될 것이다. 선택의 대상인 저 활동은 현재 우리의 흥미를 끄는 것과는 다른 다양한 목적들과 연관될 수 있을 것이고, 가능한 행위들의 다양성은 우리의 흥미를 끄는 목적을 달성하는 데 효과적일 수 있을 것이다.

만일 토마스 안에서 '행위의 대상'에 '내면적 행위의 대상'과 '외부적 행위의 대상'이라는 두 가지 의미가 있다면, '행위의 목적'에도 역시 두 가지 의미가 있다. 정신이 의지에 선으로 제시하는 것, 행해져야 할 것, '당신 지금 뭐하고 있어요?'라는 질문에 대한 대답이 추구되는 목적 또는 선이다. 토마스는 그것을 먼 목적, 곧 그가 바로 그것 때문에 행동을 하고 있는 저 목적과 구별하기 위해서 '인접 목적(finis proximus)'이라고 부른다. 이 목적은 '활동의 목적'과 동의어이고, 그것의 선성은, 우리가 살펴본 대로, 먼 목적을 획득하는 데 있어서의 그 효력으로 환원된다.

지향의 대상은 이성이 완벽하다고 또는 우리와 같은 행위자의 종류를 채워준다고 판단하는 목적과 같은 선이다. 지향의 도덕성은 그 행위의 이성적 종별화의 올바름에 달려 있다. 선택(electio)의 대상은 숙고 과정의 한 결과로서 이성적으로 종별화된 명령된 행위이다. 선택은 그것이 선한 수단 위에 기대고(bears on) 있다면, 도덕적으로 선할 것이다. 수단을 선한 것으로 만드는 것은 무엇인가? 그것은 단지 그것이 우리로 하여금 우리의 목적을 달성할 수 있게 해줄 활동이라는 것일까? 목적은 우리가 행하는 업적의 도덕적 성격의 유일한 원천일까?

12세기에 페트루스 아벨라르두스(Petrus Abelardus)는 자신의 『윤리학, 또는 너 자신을 알라』(Ethica seu liber Scito te ipsum)에서 거의 비뚤어진 기쁨을 가지고 도덕성이 오직 지향에만 있다고, [따라서] 우리가 행하는 것들, 우리가 수행하는 활동들은, 그것들을 수행하는 데 있어서 우리의 지향과는 동떨어져 [있기에], 도덕적으로 중립적이라고 주장하였다. 배고픈 이들에게 음식을 제공하는 것은 선인가, 아니면 악인가? 그것은 우리가 왜 그 일을 하고 있는지에 달려 있다. 만일 우리가 그것을 하느님의 영광을 위하여 하는 것이라면 그것은 선한 활동이지만, 자신의 허영(虛榮) 때문에 하는 것이라면 그것은 악하다. 동일한 활동이 다양한 지향들의 관점에서 선하거나 악할 수 있다. 그러나 아벨라르두스는 여기서 멈추지 않았다. 우리가 행하는 일들의 도덕적 중립성을 전제로 할 때, 그것들을 행함은 우리 지향의 도덕적 선이나 악에 아무것도 덧붙일 수 없다. 다시 말해, 만일 당신이 그 지향을 가지고 있다면, 당신이 그것을 어떤 외부적 행위로 수행을 하느냐, 하지 않느냐 하는 것은 아무 상관이 없다.

아벨라르두스의 소책자는 혼란과 궤변의 온상(溫床)이고, 나는 여기서 그것을 정밀 분석할 생각이 없다. 나는 그저, 비록 토마스가 이 문제들을 논의하면서 아벨라르두스를 결코 명시적으로 인용하지는 않지만, 때때로 자신의 입장을 발전시키는 데 있어서 자신의 이 선배를 염두에 두었음이 명백한 것처럼 보이기 때문에 언급하는 것뿐이다. 토마스는 어떤 행위들이 도덕적으로 중립적이라는 것을 인정하면서, 지푸라기를 집어올리는 행동을 예로 들고 있다. 행위의 한 유형이나 종류로서 그런 행위를 도덕적으로 선하다거나 악하다고 부를 수 있는 길은 없는 것으로 보인다. 그러나 그 유형의 한 특색, 그것의 한 개별 경우는, 그 상황 때문이거나(가령 내가 그것을 들 때, 하필 주교가 그 막대기의 끝에 서 있어서 그를 의자 쪽으로 넘어지게 만들었다거나), 아니면 그것이 행해지는 목적 때문에(예컨대 막대기를 들어 한 습격자로부터 베아트리체를 방호하거나, 아니면 그것으로 베아트리체를 공격한다), 언제나 선하거나 혹은 악하다. 아벨라르두스라면 우리로 하여금 여기서 어떤 또는 모든 활동의 모델을 보게 했을 것이다. 물론 이 모델만으로도 아벨라르두스의 입장의 비일관성을 보여주기에 충분하다. 내가 행하는 행동이 도덕적 선성을 지니기 위해서는 그것이 선한 지향으로 수행되어야 한다. 예컨대 베아트리체를 방호하려는 나의 지향은 내가 어떤 선한 것을 의도하였기 때문에 선하다. 이것은 오로지, 그것을 행하려는 나의 지향이 그로써 선해지기 위해서는 무죄한 이를 방호하는 것이 이미 선한 것이어야 한다는 것을 의미할 뿐이다. 다른 한편, 무죄한 이를 공격하는 것, 곧 베아트리체의 머리와 어깨를 심하게 때리는 것은 행하기에 악한 일이고, 그것을 행하려는 나의 지향을 악하게 만들 수밖에 없다. 어떤 것은 내가 그것을 지향하기 때문에 선한 것이 아니다. 오히려 내가 지향하는 것이 선하기 때문에 나의 지향은 선하다. 아벨라르두스 자신은, 아주 이상하게도, 행해져서는 안 되는 일들에 대해 말한다. 그러나 그는 이것이 그가 내적 상태들과 외적 활동들 사이에 유지하고자 하는 그 이상한 이원주의(dualism)를 파괴한다는 것을 깨닫고 있는 것으로 보이지 않는다. 거듭 말하지만, 무죄한 이를 옹호하는 일을 선하게 만드는 것이 나의 의도는 아니다. 오히려 사실은, 그것에 대한 나의 의도를 선하게 만드는 것이 말하자면 이미 행해야 하는 선한 종류의 일이라는 것이다. 우리는 그것이 우리가 행해야 하는 그런 종류의 일이라는 것을 알고 있다.

  토마스는 우리의 지향이 선하기 위해서는 우리가 어떤 목적이 선하다고 판단해야 한다는 진리에서 멈추지 않는다. 우리가 그 목적에 이르기 위해서 수행하는 모든 활동이 다 도덕적으로 중립적인 그런 종류의 활동은 아니다. 어떤 활동들은 그 자체로 선하거나 악한 종류의 활동들이다. 이성이 가령 도덕적으로 선하거나 도덕적으로 악한 것과 같이, 옳다고 판단하는 활동의 유형들이 있다. 우리는, 어떤 인간적 행위가 사려깊고 의도적이라는 것과 연결됨이 없이 그 행위에 대해 묘사하는 것은 하나의 추상이라는 것을 살펴보았다. 상대방이 이성(異性)이라는 사실을 언급하지 않으면서도 성적 쾌감을 묘사할 수 있는 것과 마찬가지로, 출산은 그 부부가 남편과 아내인지를 언급하지 않고도 전적으로 의료적인 용어들로만 묘사될 수 있다. 이것은 외적 행위가 도덕적으로 중립적이라는 것을 포함하는가? 이것은 오로지 그런 과정이 무의식적으로 그리고 사려 없이, 최면 상태이든가 혹은 잠결에 발생할 때만 가능할 것이다. 왜냐하면 그때 우리는 등장인물들이 그 활동을 창안해 내고 있다고 말하지는 않을 것이기 때문이다.

  출산은 사람들이 행하는 어떤 것이기 때문에, 그들은 그것을 의식적으로, 의도를 가지고 선택해야 하는데, 이것은 그들이 그 행위를 선한 것으로 생각한다는 것을 포함한다. 출산이라는 행위의 종류가 선하기 위해서는 그것이 우리 삶의 이성적 지도(指導)라는 좀 더 넓은 맥락 속에서 보여야 한다. 그리고 상대방이 우리의 배우자인지 아닌지, 이성 사이에 이루어진 일인지 아닌지는 그 행위의 종류에 본질적인 함의를 지니고 있다. 그것들을 행하는 우리의 지향과는 전혀 무관하게 그런 활동들은 종에 있어서 선하거나 악하다. 만일 그것들이 악하다면, 그 어떤 선한 목적의 지향도 그것들을 선하게 만들 수 없다. [반면에] 설령 그 활동이 그 자체로 선한 종류의 행위라고 하더라도, 만일 그것이 어떤 악한 의도를 가지고 수행된다면, 도덕적으로 악할 수 있다. 토마스의 입장은 이처럼 아벨라르두스가 염두에 두었던 것과는 정반대로 지향을 강조하고 있는 것으로 보일 수 있다. 어떤 악한 지향만으로도 종에 있어서 그 자체로 선한 것으로 간주되는 어떤 활동을 도덕적으로 악한 것으로 만들기에 충분하다. 그렇다면 상황도 똑같은 효과를 가질 수 있다. 누군가 대낮에 중심가 한가운데서 성행위를 한다면, 그것은 이성에 위배되고, 도덕적으로 악하다. 그렇지만 어떤 선한 지향이 할 수 있는 것 이상으로, 어떤 종적으로 악한 활동을 선한 것으로 만들 수 있는 상황이란 없다.

가끔 외적 행위에 대해서 마치 그것이 혈액의 순환, 수염이 자라나는 것, 귀가 듣는 것, 또는 사지(四肢)의 경련 등과 동등한 것처럼 말하는 윤리신학자들 사이에는 아벨라르두스적 경향이 오늘날 아주 널리 퍼져 있는 것으로 보인다. 활동을 더 이상 인간적 활동이 아닌 것과 같은 방식으로 보는 묘사('단적인[sans phrase]' 출산)가 있고, 동시에 우리가 하는 일들을 (그 도덕적인 성격이 전적으로, 실제로 행해지고 있는 것을 넘는 어떤 것을 지향하는 내적 상태로부터 오는) 중립적인 사건들로 만드는 내적이고 외적인 [요인들]의 이원주의가 있다. 사실상 인간적 활동으로서의 외적 활동은 선택과 명령을 구현하고, 추상적으로가 아니라면, 그것들로부터 독립적으로 이해될 수 없다. 의도적(voluntarium)인 것으로서의 외적 활동은 본질적으로 도덕적이거나 비도덕적이다. 만일 의도적인 것의 관념이 용어 그대로 취해진다면, 의도된 선은 선택들과 활동들의 수행에서 구현되어야 한다. 활동들을 내적 상태의 중립적인 부가물이라고 말하는 것은 근본적으로 지향이 무엇이고 선택이 무엇인지를 오해하는 처사다. 지향은 선한 것으로 판단되는 목적에 관계되고, 선택은 이성이 선하다고 판단하는 가능한 활동에 관계된다.

지향은 어떤 선의 관념에 관계되는 것이 아니라, 우리가 그 관념을 가지고 있는 어떤 선에 관계된다. 선택은 어떤 판단과 관계되는 것이 아니라 선하다고 판단되는 어떤 활동과 관계된다. 선한 것으로 판단되는 활동은 단순히 자연적인 과정 또는 그 내밀한 목적론을 갖추고 있는 사건일 뿐만 아니라 또한 그 과정 속에 인간의 연루됨이기도 하다. 이성적 평가는 내가 행해야 할 어떤 일에 대한 것이다. 자연적 과정에 부수적인 것이 도덕적 활동에는 본질적이다. 곧, 어떤 방식으로 수행될 때는 이성에 합치되지만, 다른 방식들로 수행될 때는 이성에 어긋난다. 도덕적 성질들을 사람들이 수행하는 활동들에 우유적인 것들로 간주하는 것은 그것들을 이성보다 못한 능력들, 예컨대 우리의 출산 능력들로부터 흘러오는 단순한 사건들의 지위로 환원하는 것이다. 그러나 인간적 활동에서 출산 능력들은 합리적인 방식으로 사용되고, 인간에게 출산이란 언제나 선하거나 악한 활동이다. "그리고 이처럼 외적 행위의 선성은 의지의 선성으로부터 유래되고, 그 역도 마찬가지다. 다시 말해, 하나가 다른 것에 질서 지워져 있는 데 따라서 그러하다."(I-II, 20, 3, ad3) 어떤 선한 행위를 수행하려는 지향이 그 지향을 선하게 만들고, 그 선한 지향은 선택을 통해서 선한 활동으로 결과된다. 선한 것으로 보이는 것을 원할 때, 가능한 행위는 저 활동을 현실적으로 초래하는 데에로 이끌린다. 만일 그 의지가 어떤 선한 가능한 행위로 종별화되지 않는다면, 그것은 그것을 현실 속에 발생시킬 수 없다. 동일한 행위가 가능태에서부터 현실적인 것이 된다. 예컨대 가난한 이에게 자선을 베푸는 것이다. 그 활동이 행위의 종류로부터 가지고 있는 선성과 그것이 수행되는 상황이

그 원의(願意)의 목적이자 종점이다

활동은 우리가 수행하기로 선택하는 것이기 때문에, 그것을 수행하거나 수행하지 않음이 거의 무관한 것으로 간주되기 어렵다.

> 따라서 의지는 기회가 주어질 때 작용하는 한에서가 아니라면, 완전지 못하다. 반면에, 만일 가능성이 없고 그 의지가 작용에 들어갈 수 있을 만큼 완전하다면, 외적 행위 측으로부터 완전성의 결핍은 단적으로 비의도적인 것이다. 그리고 비의도적인 것은 선이나 악을 행하는 데 있어서 상급이나 처벌을 받지 않는 것과 마찬가지로, 어떤 사람이 선이나 악을 수행하는 데 있어서 어떤 비의도적인 원인들 때문에 단적으로 성공하지 못했다면 그 상급이나 벌을 완화시키지 않는다.(I-II, 20, 4)

만일 내가 저 몽둥이로 베아트리체를 때리고자 하는데, 당신이 나의 팔을 저지한다면, 내가 그녀를 내려치지 않은 것은 완전히 비의도적이며, 나는 그렇게 하는 데 실패한 일에 대해 아무런 신임도 얻지 못한다. 만일 내가 자전거를 가지고 있지 않은 한 어린이에게 자전거를 주려는 지향을 가지고 창고에 갔을 때, 그것이 도둑맞은 것을 알게 되었다면, 내 의도를 관철하려던 계획의 실패는 비의도적이고, 나는 그 일에 있어서 여전히 관대하다. 의도적인 활동의 표준적 경우들과는 동떨어진, 이것들은 명시적으로 기각된 사례들이고, 이로부터 분명해지는 것은 그것들이 오로지 표준적인 사례들과의 연계 속에서만 논의될 수 있다는 것이다. 의도적 활동이 때때로 그 완성 또는 종점에 이르지 못하도록 방해받을 수 있다는 것은 우리 측에서의 수많은 자기기만(自己欺瞞)으로의 초대이며, '지옥에 이르는 길은 선한 지향들로 포장되어 있다'

는 구절에서 깨달을 수 있는 한 가지 교훈이다. 활동에 이르지 못한 지향이란 중단된 지향이다. 왜냐하면 활동이 바로 우리가 지향하는 그것이기 때문이다.

우리가 수행하는 활동들의 귀결이 그것들의 선성이나 악성에 영향을 미치는가? 그것은 도덕적으로 무관한 활동의 귀결들을 고찰하는 이상한 활동 개념인 것처럼 보인다. 이것이 그러한 까닭은, 귀결이 가끔은 활동하려는 우리의 지향 일부를 형성하기도 하기 때문이다. 여기서 토마스를 인도하고 있는 규칙은 바로 우리가 기대하고 있는 바이다. "이어지는 어떤 사건이 선한 행위를 악하게 만들거나, 어떤 악한 행위를 선하게 만들 수는 없다."(I-II, 20, 5, sed contra) 만일 당신이 어떤 가난한 사람에게 자선을 베풀었는데, 그가 그 다음에 당신이 그에게 준 돈을 남용하였다면, 그것이 당신을 덜 관대하게 만들거나 당신의 관대함을 비난 받을 만한 것으로 만들지 않는다. 내가 막대기로 베아트리체를 공격하였을 때, 설령 그녀가 인내롭게 그리고 고결하게 그 아래에서 견디어 냈다고 하더라도, 그것이 나의 활동을 무죄로 만드는 것은 아니다.

어떤 활동의 귀결을 내다볼 수 있었는지 여부는 [도덕성에] 명백한 차이를 낸다. 만일 내가 올바른 일을 행하는 것이 온갖 종류의 악한 귀결들을 낳게 될 것이라는 것을 내다본다면, 이것은 획득하는 상황들 아래에서 그것을 행하는 것이 선한지 여부에 관한 나의 판단에 틀림없이 영향을 미친다. 그 반대가 뒤따르는가? 종적으로 악한 어떤 활동을 수행하는 것이 멋진 귀결들을 가져올 것이라는 확신은 그런 활동을 수행하는 것을 정당화하는가? [곧] 바로 그 사실이 그것의 도덕적 성격을 변경시키는가? 대답은 부정적 계명들과 긍정적 계명들의 상이한 가치들 안에서 추구될 수 있다.

부정적 계명들은 악한 활동들을 금지하고, 긍정적 계명들은 선한 활동들을 격려한다. 그러나 그릇된 활동들은 그 자체로 악하고, 언제나, 어느 곳에서나, 그리고 그 어떤 상황에서도 선한 것이 될 수 없다. 이리하여 부정적 계명들은 언제나 어디에서나 의무를 부과한다고 말하게 된다. 그러나 종(種)에 있어서 선한 활동들은 어떤 식으로든 또는 어디에서나 수행되어야 하는 것이 아니라, 적절한 상황 속에서 수행되어야 한다. 왜냐하면 이 상황들은 활동의 선성에 영향을 미치기 때문이다. 선한 행위는 마땅한 때에 마땅한 장소에서 마땅한 방식으로 수행되어야 한다(II-II, 23, 2).

이리하여 그로부터 흘러나올 그 어떤 추정적인 선한 귀결들에 대한 숙고도 종적으로 악한 어떤 활동의 이행을 정당화할 수 없다. 그러나 종적으로 선한 어떤 활동의 수행으로부터 흘러나올 수 있는 악한 귀결들에 대한 숙고는 그것을 지금 행하지 말도록 자극할 것이다. 왜냐하면 그는 그런 활동에 가담하라는 긍정적 계명에 의해서는 그런 식으로 강요되지 않기 때문이다. 말할 필요도 없지만, 미리 내다보지도 않았고 또 내다볼 수도 없었던 귀결들은, 그것들이 드물고 통상적이지 않기 때문에, 심지어 최악의 귀결들을 냈을 때조차도, 그 활동의 도덕적 평가에 영향을 미치지 않는다. 앞에서도 언급한 것처럼, 우리 활동들의 우연하거나 우발적 결과들은 넓은 의미에서의 우리 인생 여정에서 어떤 큰 역할을 할 수 있지만, 그것들이 우리가 계속해서 도덕적으로 행동하는 상황을 제공하는 한에서가 아니라면, 우리의 도덕 생활에 대한 해명에는 들어가지 않는다.

토마스는 종적으로 악한 활동들로 절도(竊盜, furtum), 자살(自殺, suicidium), 간통(姦通, adulterium), 거짓말(mendacium), 그리고 무고한 이의 살해(homicidium)를 예로 들고 있다. 일반적으로 말해, 그런 활동들의 절대적 금지를 확립하는 척도는 그런 활동들에 의해서 좌절되는 인간적 선의 구성요소들이다. 이제 우리는 선한 활동과 악한 활동에 대한 토마스의 관점의 한 특성에 집중해 보자. 그것은 도덕 생활에 대한 그의 관점에 궁극적으로 본질적이다. 도덕적 활동들은 실재론적으로 따로따로 발생하는 것으로 논의되지 않는다. 성 토마스는 인간 행위자들을, 도덕적 성격, [곧] 어떤 도덕적 종류의 활동을 수행할 안정된 성향을 획득하거나 상실하는 것으로, [다시 말해] 덕들이나 악습들을 소유하고 있는 것으로 보고 있다.

6. 성격과 결단

앞선 장에서 살펴본 것들은 우리가 왜 인간 행위자가 객관적으로 그 자체로 선한 행위를 행하지만 그 행위의 동기에 관해 의심하고 있는 상황과 선한 행위가 [행위에 대한 의심 없이] 올바른 이성을 따라 행해지고 우리가 [기존의 성격과 너무나 달리 행동하여 이 예상치 못한 것에] 놀라는 경우, 그리고 끝으로 올바른 행동이 올바른 이성을 따라 행해지고 조금도 놀라지 않는 경우를 구분하고자 하는지 이해할 수 있게 해준다. 그러한 문제들은 자전적으로(autobiographically) 가장 잘 나타난다. 나는 내가 도움이 필요한 이에게 자선을 베푸는 것, 행해야 할 객관적인 선을 [행하는 것을] 상상한다. 그렇지만 나는 나의 동기나 의도가 전적으로 갈망의 대상에 달려 있음을 인지한다. 나는 나의 부서가 유나이티드 펀드(United Fund)의 목표에 도달하기를, 그래서 우리 부서원 모두가 옷깃에 작은 배지를 달고 저녁 파티에서 특별히 언급되기를 원할지도 모른다. 만약 내가 올바른 이성을 따라 올바른 행동을 행했다면, 나의 행위는 옳고 칭찬받을 만하고 가치가 있는 것일 수 있다. 그러나 마음속 깊은 곳에서 나는 나를 움직인 것은 대중의 인정이고 이러한 동기가 내 행위의 도덕적 선성을 약화시켰다는 것을 안다. 내가 허영심(vanagloria) 때문에 행동했다는 사실은 내가 행한 것으로부터 선한 도덕적 특성을 박탈한다.

다른 한편, 나는 올바른 이성(recta ratio)을 따라 올바른 행동을 하는, 그렇게 나 자신을 놀라게 하는 나 자신을 상상할 수 있다. 나는 성격에 맞지 않게 행동한 것이다. 아, 나는 나 자신이 그러한 행동을 할 것이라고 예상하지 못했다. 이상화(idealizatio)와 추론(extrapolation)의 한 종류에 따라 나는 나 자신이 올바른 이성에 따라 올바른 행동을 하는 안정적인 성향을 지니고 있다고, 그래서 내가 그렇게 행동하지 않았을 때 그 일이 의외라고 여길 수도 있다. 토마스는 아리스토텔레스를 따라 이러한 습성적 성향, 곧 덕과 악습을 우리가 행하는 행위들의 원천으로 여겼다. 인간의 삶은 하나의 역사이다. 우리는 우리가 행한 행위들로 인해 우리 자신이 미래에 비슷한 행동들을 할 경향을 갖게 한다. 선하게 혹은 악하게 행동할 그런 안정적인 성향(태세, dispositio)을 토마스는 각각 덕과 악습이라고 했다.

더 좋은 편으로든 더 나쁜 편으로든 우리 삶에는 예측 가능성, 선택의 어떤 안정성, 다른 방식이 아니라 어떤 한 방식으로 행동하려는 몸에 밴 성향이 있다. 우리가 이미 수행한 행동들 때문에 우리는 미래에도 유사한 행위를 행할 경향을 갖게 된다. 이것이 바로 습성(習性, habitus)이 의미하는 것이다. 특정한 종류의 행위들을 수행할 성향이 습성이다. "덕이란, 그 덕분에 우리가 옳게 행동하는, 결코 악하게 사용될 수 없는 정신의 성질이다." 부분적으로는 덕에 대한 아우구스티누스의 정의와 함께 토마스는 『신학대전』에서 이 주제에 관한 논의를 시작한다. 아리스토텔레스의 정의는 다르다. 덕은 어떤 사람을 선하게 그리고 그의 행위를 선하게 만드는 것이다. 인간 행위자는 선한 것이든 악한 것이든 과거에 그들이 행한 행위와 유사한 행위를 미래에도 행할 내적 성향을 소유하면서 안정적인 성격이 되려는 경향이 있다. 겁쟁이는 위협적인 상황에서 특정한 방식으로 행동하는 경향을 갖고 있다. 용감한 사람은 같은 상황에서 반대로 행동하는 경향을 띤다. 어떤 사람은 그가 처음 치명적인 위험에 노출되었을 때 행동한 방식 때문에 겁쟁이나 용감한 사람으로 간주되지는 않는다. 성격은 유사한 상황에서 일어날 것으로 예상되는 행동 방식으로부터 형성된다. 특정 종류의 반복된 행위는 우리가 같은 방식으로 행동할 경향성을 띠게 하지만, 우리를 조건 지우거나 불가피하게 그렇게 행동하도록 만들지는 않는다.

이것은 논란의 여지가 있는 주장인가? 토마스는 어디에서도 그가 그렇게 생각한다고 하지 않는다. 오히려 그는 그 사실에서 시작하여 그를 설명하고 명확하게 하려는 것처럼 보인다. 그것은 마치 입증책임을 부정하려는 사람에게 그 책임이 부과된 것 같다. 우리 삶에 행동 방식이 있는가 없는가? 이러한 방식(패턴)들은 개별적인 행위들에 의해 강화되거나 약화되는가? 우리는 우리가 도덕적 개선을 꿈꿀 때에 우리의 개인적인 역사가 지닌 무게가 미래를 과거와 다른 것으로 만드는 것에 장애가 되는 것이라고 여겨야 하는가? 우리는 단지 이러저러한 것을 할 수밖에 없는 것이고, 그것을 반복해서 행한다면, 그것은 결국 그러한 종류의 행위를 행하는 것이 더 쉽다는 것인가? 물론 우리는 그러기가 더 쉽다. 그것이 인간적 행위의 한 사실로 토마스가 상정한 것이다.

이 사실에 대한 인식은 특정한 행위를 수행한다는 것이 무엇을 의미하는지에 대한 우리의 이해에 지대한 영향을 미친다. 만약 우리가 역사적 진공상태에서 행동한다고 생각하려는 유혹에 놓인다면, 우리의 결정과 선택이 우리가 과거에 수행한 행위들의 결과로서 우리가 무엇인지에 의해 영향을 받지 않는다고, 행위를 단순히 이성적 평가와 욕구 추구의 문제로 생각한다면, 우리는 곧 우리의 낙관주의(Optimism)에서 깨어나게 될 것이다. 도덕적 삶의 문제는 그렇게 행해져야 하는 것으로서 고립된 하나의 행위를 수행하는 것이라기보다는 도덕적 변화나 회개에 훨씬 가깝다. 이러한 깨달음의 우울한 면은 우리 과거의 도덕적 역사와 충돌하는 행위를 하는 것이 매우 복잡해진다는 것이다. 긍정적인 면은 만약 우리의 도덕적 역사가 올바른 이성을 따라왔다면, 우리가 어떤 멍청한 일이나 그릇된 일을 행하는 것도 그만큼 어렵다는 것이다. 만약 다른 방식이 아니라 어떤 한 방식으로 행동할 안정된 성향인 습성이 도덕적 삶의 한 사실이라면, 적절한 종류의 습성, 좋은 습성, 덕을 획득하는 것은 분명 최선의 결과일 것이다.

버트런드 러셀(Bertrand Russell)은 그의 자서전에서 한 일화를 들려준다. 어느 날 그가 자전거를 타고 있을 때 그는 갑자기 당시 그의 아내였던 알리스를 더 이상 사랑하지 않는다는 사실을 깨달았다. 이제 "갑자기"가 관심사이다. 그러한 깨달음이 갑작스러운 것일 수 있다는 것은 충분히 분명해 보인다. 그러나 동시에 깨달음이 갑자기 올 수는 없다고 말하는 것 또한 타당해 보인다. 우리가 가끔 침대에서 떨어지는 것처럼 운석(隕石)이 지구에 충돌해 떨어지는 것과 같이 사랑에 빠진다는 낭만적인 신화(神話)를 이야기하고자 하는 것이 아니라면 말이다. 낭만주의(Romanticism)의 진실이 존재한다 하더라도, 우리가 누구인지, 우리가 무엇인지, 우리들의 것인 자아의 그러한 번개 같은 변화가 우리의 삶에 중요한 결정을 내리는 것이 어떠해야 하는지에 대한 전형으로 보이지는 않는다.

어떤 중요한 종류의 결정, 우리가 윤리를 행함에 집중하는 경향이 있는 그런 종류의 결정이 단순히 원칙들에 비추어 어떤 상황을 평가하고 결정하는 문제가 아니라, 우리가 결정을 내리기에 앞서 어떤 신비적인 방식으로 이루어진다는 생각은 우리를 불안하게 만든다. 한 남자가 그의 아내를 떠날 때, 혹은 반대의 경우에, 그 결정은 일련의 작은 결정들이 축적된 결과라고 추정하는 것이 합리적이지 않을까? 그 작은 결정들은 개별적으로 행해졌을 때에는 윤리학자가 그저 그런 행위라고 부를 만한 것이지만, 이것들이 모여서 예상치 못한 또한 의도치 않은 조합으로 중요한 결정을 내릴 때는 우리가 어떤 사람인지를 구성하게 되는 것이 아닐까? 우리의 꿈들, 우리의 환상들, 우리 자신과 다른 사람들을 바라보는 암묵적인 방식, 상상 속의 가구를 옮기는 것, 이 모든 무죄한 몽상들은 ─ 토마스가 향유(享有, frui)와 동의(同意, consensus)에 대해 이야기한 것을 생각해보라 ─ 도덕적 삶의 관점에서 중요하다. 왜냐하면 그것들이 우리 자신과 다른 사람들에 대한 우리 관점의 원리이기 때문이다. 다시 말해, 도덕적 삶은 불연속적인 점이나 순간들로 구성된 것처럼 단편적인 사건들로 이뤄진 것이 아니라, 하나의 연속이다.

    윤리학 강의를 들을 때 우리는 너무나 자주 너무나 극적인 종류의 도덕적 문제를 분석한다. 당신은 4명의 다른 사람과 함께 구명보트 위에 버려졌다. 식량과 식수는 매우 제한적이다. 바다 위에서 여러 날이 흘렀다. 음식은 떨어져 가고 물은 부족하다. 1등 항해사를 잡아먹는 것은 언제부터 허용될까? 아니면, 도시가 야만족에게 둘러싸여 포위당했다. 그들은 예상대로 요구를 해왔다: 왕의 딸을 야만족 우두머리의 짐승 같은 쾌락을 위해 내놓아라, 그렇지 않으면 도시는 완전히 파괴될 것이다. 어떻게 해야 하는가? 이러한 문제들의 문제는 우리 중 다수가 결코 마주한 적이 없고 미래에도 마주할 가능성이 없는 도덕적 문제라는 것이다. 만약 도덕적 삶이 이러한 종류의 문제들로 이루어진다면, 최선의 ─ 혹은 최악의 ─ 도덕적 삶은 아주 드문 간격으로 삐걱거리는 선처럼 보일 것이다. 그러나 그 사이에, 극적인 종류의 도덕적 문제들 사이에는 무슨 일이 일어나는가?

그 답은 도덕적 삶일 수밖에 없다. 도덕적 행위자가 된다는 것은 의식적인 순간들을 통해서 그 사람의 여러 가지 다양한 종류의 결정들 안에 도덕적 선을 육화(肉化)시키는(incarnate) 끝없는 과제를 지속적으로 행하는 것이다. 이 과제가 소설가의 관심을 끌 정도에 이르기는 쉽지 않을 것이다. 우리가 행하는 것이라는 자명한 이야기는 우리의 모든 행위를, 특별히 전혀 행위같이 보이지 않는 것들에도 해당하는 것이어야 한다. 그렇게 형성된 자아는 중요한 결정들이 이루어지는 상황에 들어선다. 그 자아는 자신이 행한 특별한 의미가 있는 그리고 사소한 모든 행위들에 의해 그것[자아]이 형성된 바를 통해서 상황을 이해하고 해석하고 중요한 결정들을 내린다. '그가 누구냐에 따라 목적은 달라진다(Qualis unusquisque est, talis finis ei videtur).'

한 남자가 불현듯 자신이 더 이상 아내를 사랑하지 않는다는 사실을 깨달았다. 그러나 충실하고 사랑하는 배우자에서 잠재적인 이혼으로 옮아가는 일은 대부분 갑자기 일어나지 않는다. 결혼 생활의 평온한 첫 나날들, 신혼여행과 그 이후, 남자는 그의 삶을 자신의 사랑하는 사람과 관련하여 이해하려고 노력하고 성공한다. 그는 그들의 유대에 적대적인 방법으로 행동하려는 충동을 억누른다. 애정과 전망의 일치를 파괴하는 행동들에서 눈을 돌리고 용서한다. 두 사람은 한 몸이 된다. 그러나 더 중요한 것은, 두 자율적인 인간 인격이 공통의 전망과 열망을 택하는 것이다. 그들이 추구하는 목표는, 호라티우스(Horatius)의 표현으로, 상대방을 '내 영혼의 반쪽(dimidium animae meae)'으로 바라보는 것, 곧 상대방을 타자이자 내 영혼의 상호 보완적인 반쪽으로 이해하는 것이다. 물론 이러한 성취는 혼인 예식이나 성사(聖事, sacrameutum)로부터 주어지는 어떤 것이 아니다. 그 성취는 극적인 종류의 행위의 문제가 아니다. 개별적으로 취해진 혹은 외부에서 보면 의미 없는 행위의 전체 덩어리가 어떤 공유된 전망을 형성하기 위해 함께 작용한다. 배우자 간의 결합은 같은 책을 읽는 것, 같은 미사에 참례하는 것, 다투고 화해하는 것, 자녀를 갖고 양육하는 것과 같은 요소들로 이루어지는데, 이러한 행위들의 전체 연속이 결합을 발전시키거나 위협한다. 어떤 사람은 [결합을] 계속할 수 있다. 그렇다면 한 남자가 갑자기 더 이상 아내를 사랑하지 않는다는 것을 깨달았다고 말하는 것은 무슨 의미인가? 이것은 바이러스로 쓰러지는 것, 햇볕에 타는 것, 자전거 타는 중에 마주하는 어떤 위험 같은 것인가? 어떤 이는 운전석에 누가 타고 있을지를 궁금해 한다[제1장의 예 참조]. 그러한 일들은 갑자기 발생하지 않는다. 작은 불충실들의 연속이, 아마도 단순한 갈망의 상태에도 접근하지 못할 상상들, 다른 곳에 대한 꿈 아니면 다소 실체적인 종류의 의견 불일치에 의해 야기된 작은 불충실, 환상의 격려와 같은 이러한 것들이 그 과정의 기저를 이룬다. 과정은 점진적이다. 자각(自覺)은 참으로 갑자기 일어날 수도 있다. 그러나 그것은 어떤 사람이 의도적으로 그리고 책임감 있게 초래한 것들에 대한 자각이다. 한 사람의 성격이나 기본적인 지향을 바꾸는 것은 결코 쉬운 일이 아니다. 그렇다고 [큰 방향성을] 구성하는 [개별] 행위들에 대해 숙고하는 것이 더 쉬운 것도 아니다. 아리스토텔레스는, 하프를 연주하는 법을 효과적으로 배우는 방법은 하프를 연주하는 것이라고 했다. 다양한 종류의 인간적 선택들은 한 사람의 배우자에 대해 충실할 것을 서약한, 사랑의 맹세를 강화시키는 것이거나 점진적이고 미묘하게 그 맹세를 약화시키는 것이다.

만약 이것이 사실이라면, 도덕적 삶에 대한 [앞의] 구명보트 이야기와 같은 접근법은 근본적으로 오해의 소지가 있다. 선한 도덕적 성격을 잃어버리는 것은 그것을 획득하는 것만큼이나 어렵다. 도덕적 삶은 보통의 경우 도덕적 목표와 무관한 매일의 행동들 사이의 갈림길이다. 이 [무관해 보이는 행동들]을 행하는 것의 실패, [작은 행위들이 아니라] 참으로 극적인 시험을 기다리는 것처럼 보일 수 있는 일은 놀랍게도 파괴적인 대안에 앞서 자리를 내어주는 것이 될 수 있다. 자신이 더 이상 아내를 사랑하지 않는다는 것에 대한 갑작스러운 자각은 일치보다는 불화를 조장하고 그가 대안의 부추김에 따르는 경향을 갖도록 만드는 행동 방식을 자각하는 것이다.

여기에 도덕적 삶을 이전의 개인적 역사에 관심을 두지 않거나 약간만 고려하면서 순수 이성의 빛에 따라 이뤄진 단편적인 결정들로 볼 것이 아니라, 습성적 경향, 덕과 악습의 문제로 보아야 하는 근본적이고 변치 않는 중요성이 있다. 그렇다고 하더라도, 예상치 못한 일들이 있다. 종교적 관점에서 보면 사도 바오로가 다마스커스로 가는 길에서 겪은 것처럼 극적인 회심이 있다. 그러나 그러한 경우에도 [극적인 회심의 경우] 그것 [도덕적 삶을 습성적 경향의 문제로 보아야 하는 것]은 필요한 것일지 모른다. 뉴먼(John Henry Newman) 추기경은 그것을 발견하고 『자신의 삶에 대한 변명』(*Apologia pro Vita Sua*)에서 도덕적이고 종교적인 극적인 변화를, 예상치 못한 지점에서 수렴되는 앞선 일련의 행위들 전체의 누적된 결과로 이해했다.

6.1. 인간적 행위의 도덕성

인간적 행위는, 그 정의에 의해, 이성과 의지로부터 시작되고 선하거나 악하기 때문에, 선한 행위가 되기 위해 인간적 행위는 반드시 올바른 이성과 선으로 정향된 의지로부터 나와야 한다. 인간적 행위에 선하고 지속적인 욕구적 방향성에 대한 올바른 지식을 보장하는 습관이 바로 '덕'이다. 그래서 일반적으로 말하면, 덕이 자리 잡고 있는 두 자리 혹은 장소가 있는데, 바로 이성과 욕구이다. 간단히 말하면, 지성적인 덕들이 있고, 또 도덕적인 덕들이 있다.

우리가 우리의 정신을 다양한 방식으로, 곧 어떤 때에는 문제의 진실을 알아내기 위해서 또 어떤 때에는 우리의 행동을 인도하기 위해서 사용하기 때문에, 다시 말해 어떤 때에는 사변적으로 또 어떤 때에는 실천적으로 사용하기 때문에, 지성적인 덕들은 어떤 때에는 사변 지성의 완성이지만, 다른 때에는 실천 지성의 완성이다. 토마스는 통찰[이해](洞察, intellectus, understanding), 지식(知識, scientia), 지혜(智慧, sapientia)라는 세 가지 사변적 지성의 덕과 기예와 현명이라는 두 가지 실천 지성의 덕을 인정하는 데에서 아리스토텔레스를 따른다.

통찰[이해]은 모든 추론의 제1원리들과 관련이 있고, 어떤 사물이 존재하면서 동시에 존재하지 않는 것은 불가능하다는 그러한 것, 마찬가지로 전체는 그 부분보다 크다는 것과 같은 즉각적인 판단인 공리(公理)와 관계가 있다. 그러한 진리들은 주어와 술어 사이의 관계를 이해하기 위해 필요한 중간 항이 없기 때문에 즉각적이라고 한다. 누군가 관련된 용어의 의미를 안다면, 그는 즉각적으로 판단이 참인지를 이해한다. 나아가 그 누구도 그 의미를 깨닫지 못할 수 없는 그러한 용어들이 있기 때문에 보편적으로 알려진

몇 가지 즉각적인 진리들이 있다. 토마스는 그러한 원칙들의 습성 혹은 덕에 관하여 이야기할 것인데, 이것이 바로 그가 사변적 질서에서 통찰이라고 부른 것이다. 실천적 질서에서 '제1원리들에 대한 습성'은 양지(良知, synderesis)라고 불리고, 자연법의 가장 공통적인 계명들과 관련된다.

모든 진리가 이처럼 즉각적으로 이해되는 것은 아니다. 대부분은 추론되어야 하고, 그래서 매개된 진리이다. 여기서 토마스는 참된 전제들이 결합한 결과로 참인 결론을 아는 삼단논법의 배경을 거슬러 이야기한다. 예를 들면, 나는 "모든 이성적 동물은 웃을 수 있다."와 "인간은 이성적 동물이다."의 결합으로부터 소크라테스가 웃을 수 있다는 것을 알고 있다. 인간과 웃을 수 있음을 연결해 주는 것은 이성적 동물이고, 따라서 소크라테스가 인간이기에 나는 소크라테스가 웃을 수 있음을 안다. 이러한 파생된 진리에 도달하기 위해 요구되는 기술이 바로 지식이라는 지성적 덕이다. 사변적 지성의 세 번째 덕은 하느님에 대한 다른 모든 진리와 관련되는 지혜이다. 지혜는 '철학(philosophy)'의 어원에 대해 생각하면서 우리가 상기하는 모든 지적 노력의 고전적인 목적(telos)이다. 통찰은 분명 획득해야 하는 덕이 아니지만, 사변적 지성의 다른 덕들은 명백히 [노력으로] 성취한 것들이다.

지성을 사변적으로 사용하는 목적은 사고의 완성, 곧 진리이다. 우리가 우리의 정신을 실천적으로 사용할 때, 우리는 사고하는 것보다는 행위를 인도할 진리를 추구한다. 예를 들면, 의지가 추구해야 할 참된 선, 감정에 수반되는 행위들의 선, 다른 사람들과 관계된 행위에서의 선과 같은 것들이다. 일반적으로 말하면, 토마스는 기예와 현명이라는 실천적 지성의 두 가지 덕을 인정한다. 기예는 사물이 어떻게 만들어져야 하는지에 관한 올바른 추론이고, 만들어지는 물건의 선을 목적으로 삼고 있다. 현명은 일들이 어떻게 이루어져야 하는지에 관한 올바른 추론이고, 말하자면 개인으로서(윤리적 현명), 가정 공동체의 구성원으로서(경제적 현명), 또는 국가의 구성원으로서(정치적 현명) 행위자의 선을 목적으로 삼고 있다.

욕구에 자리를 잡은 덕들은 지적인 덕들보다 더 강한 의미에서 덕이다. 만약 덕이 그것을 가진 사람을 선하게 만들고 그의 작용을 선하게 만드는 것이라면, 욕구의 대상인 '선한(good)'이라는 용어의 반복은 왜 그것의 주체나 자리를 욕구에 두고 있는 덕들이 그렇게[선하다고] 불리는 것이 더 적절한지를 보여준다. 토마스는 종종 지성적 덕들은 잘 행동하기 위한 역량을 선사하는 데 반해, 도덕적 덕은 선한 사용도 보장한다고 말함으로써 이 점을 지적하였다. 이 때문에 욕구 안에 자리를 잡은 덕들은, 우리가 할 수 있는 본성적인 것 혹은 거의 본성적인 것인 관습[습관]을 시사하는 용어 '모스(mos: 관습, 도덕)'에서 유래한 단어로 이어져 '도덕적(moralis)'이라고 불린다. 간단히 말해서, 그것들은 우리에게 단순히 특정한 방식으로 행동할 능력을 주는 것이 아니라, 그렇게 행동할 준비가 되어 있도록 만든다.

욕구에 자리를 잡은 두 주요한 덕은 절제와 용기이다. 우리의 욕정적(concupiscibilis, 欲情的) 욕구는 쾌락과 고통에 관련된다. 우리는 쾌락을 향하고 고통에서 멀어지려는 경향이 있다. 토마스는 정념(passio, 情念)에 관한 그의 논의에서(I-II, 22-48) 이러한 목적에서 주목할 만한 풍요로운 감정의 현상학을 제공한다. 그가 분노적(憤怒的, irascibilis) 욕구라고 부르는 것은 성취하기 어려운 선들과 피하기 어려운 고통들과 관련이 있다. 감정은 어떤 의미로는 자신들만의 세계, 감각되고 인식된 세상에 대한 욕구적 반응이다. 감각적 욕구는 우리의 정서적 삶이 이성의 지배하에 놓일 수 있는 한에 있어서 덕의 자리가 된다. 우리가 대략 자발적으로 그리고 도덕 이전의(pre-morally) 것으로 느끼는 감정이 주어지면, 그들의 대상에 대한 적절한 그리고 부적절한 응답들이 있다. 적절한 그리고 부적절한, 도덕적으로 선한 그리고 악한 것에 관한 평가는 이성에 의해 이루어진다. 감정과 관련하여 이성적 판단을 내릴 준비가 되어 있는 상태가 안정적으로 자리를 잡은 것을 도덕적 덕이라고 부른다. 절제된 사람은 약속된 쾌락의 끌어당김을 느낄 때 이성적으로 행동할 [노력에 의해] 성취한 몸에 밴 경향성을 지닌다.

다른 사람들과의 관계에 들어가는 행위들과 관련된 덕은 의지 안에 그 자리를 갖고 정의라고 불린다. 의지는 선을 향해 방향 지워지기 위해서 다른 어떤 덕도 필요로 하지 않는다. 왜냐하면 의지는 그야말로 선의 '기관(機關, facultas)'이기 때문이다. 이성이 인간적 선의 필수 요소들을 분명히 표현할 때, 이성은 그 요소들을 말하자면 의지가 이미 진정으로 원하는 것으로 제시한다. "도덕적 문제들은 그 종을 자기들의 궁극 목적이 아니라, 인접 목적들로부터 받는다. 이것들은 비록 수적으로는 무한하지만 종에 있어서는 무한하지 않다."(I-II, 60, 1, ad3)

이 분석으로부터 사추덕의 개념이 생겨나는데, 현명, 절제, 용기, 그리고 정의가 그것이다. 덕에 관한 토마스의 논의는(I-II, 55-67) 그중에서도 이 덕들의 필수적이고 본질적인 부분들과 덕들의 주체에 관한 부분들 또는 구체적 종류들을 다룬다. 토마스는 이를 『신학대전』의 제2부 제1편과 제2부 제2편에서 상당히 도식적으로 다뤘다. 그는 덕과 그 종류에 대한 자세한 논의에 들어간다. 나는 그의 논의들을 지나치게 포괄적이지 않으면서도 동시에 의미 있는 방식으로 요약한다는 것이 사실상 불가능하다는 것을 시사하려고 이를 언급한다.

그러나 우리는 덕에 관한 가르침이 도덕철학에 대한 우리의 개념을 위해 가지는 의미에 관하여 무엇인가 말해야 한다. 아리스토텔레스는 우리가 철학함에 의해서, 예를 들면, 50드라크마짜리 윤리학 수업을 들음으로써 선해지는 것이 아니라고 말했다. 그리고 토마스는 도덕철학이 거의 쓸모가 없거나 전혀 없다고 썼다(『덕에 관한 토론문제』(*De virtutibus*), 6, ad1). 이것들은 단순히 잘못 쓴 것, 작가들이 그날 좋지 않았다는 것을 가리키는 것일까? 아니면 간과하기에는 어리석은 일이 될지도 모를 윤리학에 대한 어떤 진리를 가리키는 것일까? 물론 종종 우리는 도덕철학이 우리가 올바로 행동할 수 있도록 하는 지적 기술을 제공해줄 것이라는 인상을 받는다. 어떤 의미에서 이는 참이어야 한다. 그렇지 않다면, 윤리학은 단순히 행위에 관한 하나의 이론과 도덕적 심리학을 우리에게 제공할 목적으로 행해지는 이론적 계획에 그칠 수 있기 때문이다. 그러나 분명히 우리는 윤리학이 우리의 행위들을 인도하는 데에, 사실은 우리가 올바로 행동하는 데에 어떤 도움을 줄 수 있을 것이라는 희망을 갖고 윤리학을 탐구한다. 정확히 이 관점으로부터 아리스토텔레스와 토마스는 윤리학의 부족함을 인지한다. 우리는 앞서 언급한 그들의 이야기를 도덕철학과 현명의 차이점을 살펴봄으로써 잘 이해할 수 있다.

6.2. 윤리학과 현명

도덕철학과 현명은 모두 행위를 안내할 목적으로 실천 이성을 사용하는 것이다. 그들의 차이점은 많지만, 가장 중요한 것은 이것이다. 어떤 사람은 그가 도덕적 덕들을 갖고 있지 않으면 현명의 덕을 가질 수 없지만, 도덕철학의 경우에는 이러한 [반드시 도덕적 덕을 소유해야 할] 필요가 존재하지 않는다.

그 이유는 현명이 '행할 수 있는 것들(agibilia)'에 대한 올바른 이성이기 때문이다. 보편적으로만 그러한 것이 아니라, 특수하게도, 즉 활동들이 펼쳐지는 영역에서 그러하다. 그런데 올바른 이성은 무엇보다 먼저 연역(演繹)의 출발점이 되는 원리들을 요구한다. 하지만 특수한 것들이 다루어질 때 이성은 보편적 원리들로부터 뿐만 아니라 특수한 원리들로부터도 연역할 수밖에 없게 된다. 사람은 행할 수 있는 것들의 보편적 원리들에 대해서는 (어떤 악도 행해서는 안 된다는 것을 알게 해주는) '원리들의 이해'라는 자연적 습성을 통해서나 혹은 어떤 실천적 학문을 통해서 잘 준비되어 있다. 그러나 이것만으로는 특수한 것에 관하여 올바른 추론을 수행하기에 충분하지 못하다. 왜냐하면 지성 또는 학문을 통하여 알려지는 저 보편적 원리들은 특수한 경우들에 있어서 어떤 정념에 의해서 일거에 말소되는 수가 있기 때문이다. 이것은 마치 욕망의 지배를 받는 자에게는 그 욕망의 대상이, 이성의 보편적 판단에 위배됨에도 불구하고, 마냥 좋게만 보이는 것과 같다. 따라서 어떤 사람이 자연적 이해나 학문의 습성을 통해 보편적 원리들에 대해 올바르게 채비를 갖추게 되는 것처럼, 행할 수 있는 것들의 특수한 원리들은 목적들에 관하여 채비를 잘 갖추려면, (그 덕분에 그 목적에 대해서 판단하는 것이 그에게 천성적인 것과 마찬가지가 되는) 어떤 습성을 통해 완성될 필요가 있다. 그런데 이것은 바로 도덕적 덕들을 통해 이루어진다.(I-II, 58, 5)

이 구절은 도덕철학이 한편으로는 자연법의 계명들에 관한 제1원리들의 습성인 양지와, 다른 한편으로는 행위들 안에 구체화된 그 특수한 판단들 사이에 놓여 있음을 시사한다. 자연법과 마찬가지로, 도덕철학은 일반론의 수준에서 이루어진다. 토마스가 말하길, 어떻게 되어야 하는지에 대한 일반적인 판단은 종종 정념에 의하여 말소되는 수가 있다. 이는 우리가 우리의 정념을 억압하고 무시한다는 의미로 정념을 극복할 수 있을 때만 올바로 행동한다는 의미는 아니다. 오직 감각 욕구가 덕의 주체가 아닐 때만, 정념은 보편적인 원리들이 효력을 발휘하지 못하게 만든다. 원리가 [우리의 행동을] 인도하게 하기 위하여, 그 원리는 개별적인 것에 적용되어야 한다. 그리고 이 때문에 도덕적 덕은 단순히 도움이 아니라, 필수다. 우리는 우리가 어떤 존재인가라는 렌즈를 통해 우리가 행동해야 하는 상황을 이해한다. 그리고 그것은 우리가 어떻게 선을 향해 욕구적으로 경향성을 지니고 있는가를 의미한다. 도덕철학의 수준에서, 선은 진리의 한 종류로서 여겨진다(bonum ut verum 참인 만큼 선). 그러나 알려진 선은 갈망되어야 할 어떤 것이고, 그것이 갈망되지 않는 동안은, 그것이 선으로 기능하지 않는 동안은(bonum ut bonum 선인 만큼 선), 불완전하다(I-II, 19, 3, ad1). 개별적인 경우에 참되게 판단하기 위해서 그리고 명령하기 위해서 정신은 욕구의 상태에 의존한다(I-II, 57, 5, ad3).

여기가 몇몇 사람들이 아리스토텔레스와 토마스의 가장 헷갈리는 개념들 중 하나인 실천적 진리를 발견하는 지점이다. 일반론의 수준에서 우리는 무엇이 우리가 행할 선인지에 관해 판단한다. 그리고 그러한 판단을 근거로 계명들을 만들어낸다. 최근의 윤리학들에서 '보편화 가능성(universalizability)'에 관한 많은 이야기가 있었다. 그러나 실제 도덕적 문제는 '특수화 가능성(particularizability)'이다. 다시 말해, 이러한 원리들을 지금 여기에 맞추는 것, 변화를 거듭하는 우리가 처한 상황에 적용하는 것이다. 이는 현명의 판단과 명령의 영역이다. 이리하여 핵심적 문제가 떠오른다. 만약 일반론의 차원에서 판단들이 사물들의 존재 방식이나 그것들이 마땅히 수행되어야 하는 방식을 올바로 표현했기 때문에 참이라면, 무엇이 "이것을 행하라."는 개별적인 명령이 근거하고 있는 실천적 판단의 진리를 판단하는가? 현명의 판단은 참이다. 사물들의 존재 방식과 일치하기 때문이 아니라, 도덕적 덕과 일치하기 때문이다. 오직 우리가 선을 향하여, 특수한 도덕적 덕들의 목적들을 향하여 습성적으로 질서 지어져 있을 때에만, 이 목적들이 지금 여기에서 어떻게 성취될 수 있을지를 이해할 수 있다. 만약 우리가 일반론의 수준에서 우리가 해야 한다고 알고 있는 것과 반대로 행동한다면, 우리의 행위는 우리 욕구들의 무질서한 조건에 의해 설명될 수 있을 것이다. 다른 한편, 우리가 원리에 일치하여 올바로 행동하고 그 원리들을 구체적인 상황에 적용하는 데에 성공할 때에, 이는 올바로 질서 지워진 욕구가 지니고 있는 긍정적 유익이다.

우리가 도덕철학의 탐구에서 하려는 바가 성공을 거두려면, 다시 말해 선행을 하는 데에 있어서 성공을 거두려면, 덕들이 반드시 필수적인 역할을 해야 한다. 그래서 덕에 관한 가르침들은 도덕적 삶에 대한 토마스의 관점의 한가운데를 차지한다. 그것은 그저 우리가 추구하는 덕에 대한 지식이 아니라, 덕을 습득하는 것인데, 덕들은 도덕철학을 탐구하는 것에 의해서 습득되는 것이 아니라, 일정한 종류의 행위를 반복하는 것에 의해 습득된다.

도덕성에 관한 토마스의 관점에는 두 축이 있다. 한편으로는, 일반론의 차원이 있다. 먼저, 우리의 행위들을 인도해야 하는 자연법의 가장 공통적인 원리들이 있고, 그 다음에는 우리 삶을 위해 언제나 덜 일반적인 안내의 임무를 주로 담당하는 도덕철학이 있다. 다른 한편에는, 도덕적 문제들에서는 선한 사람이 판단 기준이라는 아리스토텔레스의 선언에 의해 대표되는 축이 있다. 이 선언은 도덕적 원리들을 적용하는 것과 현명의 판단이 도덕적 덕의 소유에 달려 있다는 특성을 언급하기 위해 사용되었다. 그렇게 도덕철학과 현명의 차이는 단순히 표현될 수 있다. 도덕철학의 옳음은 도덕적 덕의 소유 여부에 달려 있지 않지만, 현명의 옳음은 도덕적 덕의 소유 여부에 달려 있다.

거기에 범위를 구분하는 그런 종류의 분명한 틈이 많지는 않다는 주장이 가능하다. 일반론의 차원에서 어떠한 도덕적 문제들을 논의할 때에 우리가 어떤 종류의 사람인가가 연관된다는 것은 명백해 보이지 않는가? 독신에 관한 논란, 일반적으로는 성적 도덕성에 관한 논란에서 이야기하는 사람들이 [자신들이] 성적으로 행동하는 방식에 영향을 받지 않는 것처럼 보이는 경우는 드물다. 물론, (이겨야 하는 갈망, 허영과 같은) 정념이 지극히 이론적인 문제들에 대한 논의에 영향을 줄 수 있다. 어떤 때에 우리는 심지어 양상 논리학자들이 서로 토론할 때조차 정념의 존재를 감지한다. 하지만 도덕적 문제들에서 논의하고 있는 대상들과 관련한 한 사람의 욕구적 조건은 보다 직접적인 영향을 행사할 수 있다. 이것이 만약 일반론의 차원에서도 그러하다면, 우리가 행위할 때에는 언제나 그러하다. 그가 어떤 사람이냐에 따라서 그에게 그러한 목적이 보이는 것이다.

7. 현명과 양심

우리는 하나의 완전한 행위와 토마스의 덕 목록 사이의 연관성을 기대할 수도 있다. 그리고 이것이 바로 우리가 찾으려는 것이다. 의지에게 추구되어야 할 목적을 제시하는 정신은 행위의 제1원리들의 습성, 곧 토마스가 '양지'라고 부른 것을 갖고 있다. 이는 자연법의 보편적 계명들에 대한 습성적 지식이다. 토마스에게 궁극 목적에 대한 논의와 행위의 가장 일반적인 계명들에 관한 논의는 궤를 같이한다. 그 두 논의는 경쟁적 분석이 아니다. 나아가 행위에 대한 그의 분석에서 토마스는 의도된 목적을 얻기 위한 선하고 가능한 수단들을 찾기 위하여 수행되는 탐구로서 숙고(熟考, deliberatio)를 도입한다. 현명에 관한 그의 논의는 이 실천적 지성의 덕이 우리를 갈망된 목적에서부터 가능한 수단을 거쳐 선택으로, 그리고 명령이나 계명으로 나아가게 하는 평가를 하기 위해 필요하다는 점을 분명히 한다. 여기 관련된 실천 지성의 행위들에 숙고, 판단, 그리고 명령의 세 가지가 있다면, 정신의 실천적 사용은 행동으로 옮기는 것을 의미하기 때문에 가장 중요한 것은 마지막 것[명령]이다.

    사람이 수행하는 모든 것 가운데 (다른 행위들이 그것에 예속되는) 으뜸 행위가 명령하는 것이라는 점은 명백하다. 따라서 잘 명령할 과제를 지니고 있는 덕인 현명에는 잘 숙고하는 과제를 지니고 있는 '심사숙고'뿐만 아니라 판단할 과제를 지니고 있는 '판단력(synesis)'과 '분별력(gnome)'도 부가되어야 한다.(I-II, 57, 6)

토마스는 단순히 아리스토텔레스의 그리스어 용어를 이어받아 사용한다. 이는 한편으로는 인간 행위에 관한 분석을 나타내고, 다른 한편으로는 행위를 완성하는 덕들 사이의 조화를 발견하는 방법을 나타낸다. 그렇게 그 관찰은 물론 지극히 평범한 것이지만, 요점은 덕들을 확장시키는 것이다. 만약 그것이 한 완전한 행위의 구성요소를 확산시키는 것 이상이라면, 행위에 관한 토마스의 이론을 수정하고 완성하는 데 도움이 된다. 토마스의 논거에서 덕들의 확산은 문제를 제기한다. 어쨌든, 토마스는 [인간 행위에 관한] 그 자신의 가르침을 펼치면서 의도적으로 많은 위대한 권위들과 전승들을 한데 모았다. 그래서 예를 들면, 우리는 아리스토텔레스와 요한 다마셰누스(St. Johannes Damascenus)가 한 문단 안에 섞여 있는 것을 발견한다. 그러한 종합은 다양한 용어들 사이의 균형을 이루어야 하는 문제를 드러낸다. 여기서 현명과 양심의 관계에 관한 문제는 중요한 사례이다.

매우 솔직하게 이야기하면, 질문은 이것이다. 현명과 양심은 다른 것인가? 아니면 단순히 같은 대상을 가리키는 두 개의 이름인가? 요셉 피퍼(Josef Pieper)는 그것들이 같다고 여겼다.

양지와 현명의 우연한 살아 있는 일치는 보통 우리가 '양심(良心, conscientia)'이라고 부르는 것과 다르지 않다. 현명, 아니 현명으로 발전한 완성된 실천 이성은 '양지'를 구체적인 상황들에 적용한다는 면에서 '양지'와 구별된다. 가능하다면, 우리는 그것[현명]을 '상황 양심(situation conscientia)'이라고 부를 수 있을 것이다. 구체적인 지식을 위해 원리들에 대한 이해가 필요한 것처럼, 본성적[자연적] 양심 또한 '상황 양심'의 구체적인 결정을 위한 전제조건과 토양이 된다.*

이렇게 피퍼는 양지를 '자연적 양심'이라고 부르고, 현명을 '상황 양심'이라고 부른다. 첫 번째 이야기하는 방식은 토마스를 해석하는 관점에서 보면 유감스럽지만, 두 번째, 현명과 양심을 동일시한 것은 적어도 처음에는 그럴듯해 보인다. 토마스는 양심과 현명 두 가지 모두에 대해 그것들이 공통의 원리들을 특수한 것에 적용한다고 이야기한다. 왜 그들을 동일한 대상을 가리키는 두 이름으로 여기지 않는가? 분명히, 토마스가 양심에 대해 이야기할 때 그는 현명에 대해 이야기하는 것과 매우 유사한 것들을 말한다.

토마스는 우리의 관심을 끄는 활동을 논의하기에 앞서서 '양심'이 지니고 있는 세 가지 의미가 반드시 구분되어야 한다고 했다. 라틴어는 영어의 의식(consciousness)과 양심(conscience)과 같이 두 단어를 갖지 않는다. 그것이 '콘시엔시아(conscientia)'의 첫 번째 의미가 "의식적인 행위나 행동"에서처럼 우리가 하고 있는 것을 의식하는 것인 이유이다. 도덕적 의미에서 양심은 그 의미에서 유래한 두 가지 활동을 수용하기 위해 2차적으로 구별된다. 한편으로 양심은 우리가 행동하기에 앞서 내려진 유도하고, 안내하고, 인도하는 판단이다. 다른 한편 양심은 우리가 이미 마친 일들을 평가하고, 가책이나 만족을 일으킨다. 양쪽 모두의 경우 양심은 어떤 특수한 행

---

* Josef Pieper, *The Four Cardinal Virtues*, Notre Dame: University of Notre Dame Press, 1961, p.11.

위를 일반적인 원리의 빛에 비추어 평가한다. 토마스는 어떤 의미에서는 이에 대한 예시들을 드는 데 인색하다. 그러나 그는 효과적으로 이 예를 든다. 간통은 틀렸다. 베아트리체는 혼인했다. 그러나 나와 혼인하지는 않았다. 그렇다면 베아트리체와 성관계를 갖는 것은 나에게 (그리고 그녀에게) 잘못된 일일 것이다.

양심은 습성이 아니라 행위라고 한다. 더더욱 그것은 덕이 아니다. 그러나 만약 그것이 행위라면 양심은 반드시 어떤 기관의 행위여야 하는데, 토마스는 어떤 기관의 어떤 습성의 행위로 간주한다. 기관은 정신이고, 습성들은 양지, 지혜, 그리고 지식과 같은 여러 가지다. 우리는 양지가 도덕 질서의 제1원리들에 대한 습성적 지식, 다시 말해 자연법의 습성임을 알고 있다. 양심은 우선적으로 특정 행위에 자연법의 원칙들을 적용하는 것으로 여겨진다. 나아가, 이 적용은 숙고하고 판단하는 것으로 여겨진다(*De veritate*, 17, 1). 그렇게 지금까지는 양심이, 특별히 선행적 양심이 어떻게 작동하는지에 관한 설명이 현명이 어떤 단계를 거쳐 특정 행동을 명령하기 위해 움직이는지에 관한 설명에서 분리될 수 없는 것으로 보인다. 그래서 요셉 피퍼와 다른 이들이, 현명과 양심은 그저 동일한 행위의 두 이름이라고 결론을 내린 사실이 놀랍지 않다. 사실 성 토마스의 작품들을 연대기 순으로 살펴보면, 초기 작품들에서는 양심에 대한 논의에 많은 공간을 할애하는 반면, 후기 작품들에서 양심은 거의 시야에서 사라지는 것을 볼 수 있다. 우리는, 그의 사상이 발전하면서 특별히 『신학대전』에 와서 꽃을 피우면서 토마스가 두 개념의 불필요한 중복을 인지하고 양심이라는 개념 대신 현명을 강조했다고 결론을 내려야 하는 것이 아닐까? 하지만 나는 그렇게 생각하지 않는다.

초기 작품 중 하나인 『진리에 관한 토론문제』에서 우리는 양심에 관한 광범위한 논의를 만난다. 그 과정에서 양심의 절차와 자유재량(liberum arbitrium)의 절차라고 부르는 것 사이의 비교가 이뤄진다. 양측 모두 특수한 행위와 관련된다. 양측 모두 우리가 어떻게 행동해야 하는가에 관한 일반적인 진리들을 전제한다. 그들은 어떻게 다른가? 토마스는 양심의 판단은 순수하게 인지적인 반면, 자유 선택의 판단은 그렇지 않다고 말한다. 자유 선택의 판단은 우리의 도덕적 성격을, 양심의 판단과는 다른 방식으로 드러낸다. 앞 장에서 우리가 살펴본 것처럼, 선택들은 우리의 성격, 우리 욕구의 조건을 드러낸다. 그러나 양심의 판단은 문제가 되는 행동이 금지되었는지, 명령되었는지 혹은 허락되었는지를 이해하는 인지적 능력을 드러낸다.

> 그렇기 때문에 자유재량의 판단은 종종 왜곡되는 데 반하여, 양심의 판단은 그렇지 않다. 예를 들면, 어떤 사람이 지금 당장 무엇을 해야 하는지 검토하고 (아직까지는 원리들과 관련된 사변적인 것으로서) 그것이, 예를 들면 이 여자와 성관계를 갖는 것을 악하다고 판단한다. 그렇지만 그가 이를 바탕으로 행동에 착수할 때 다양한 원천들로부터 다른 요소들이 개입한다. 성관계가 주는 담보된 쾌락과, 이성의 눈을 가리고 그 판단을 무시하는 갈망과 같은 것으로부터 다른 요소들이 개입하는 것이다. 그렇게 비록 그가 양심을 거슬러 행동했고 그의 행실이 그의 지식과 일치하지 않았다는 점에서 나쁜 양심을 따라 행동했다고 여겨진다 하더라도, 그 사람은 양심에서가 아니라, 선택에서 오류를 범한다.(*De veritate*, 17, 1)

이 문단은 우리에게 도덕적 지식과 특별히 실천적 지혜 또는 현명에게 무엇이 중요한지 생각하게 한다. 앞선 문단에서 언급된 사람은 결함이 있다. 그는 무엇을 해야 하는지 알고 있지만, 그것을 행하지 않았다. 이 결함이 분명 욕구적인 것임에는 틀림이 없지만, 단순히 욕구적인 결함만은 아니다. 만약 우리가 여기에 인지적인 결함이 있다고 한다면, 우리는 그 결함을 행위로 구체화된 결정에 위치시켜야 할 것이다. 그리고 그 결정은 '카르페 디엠(*Carpe Diem*)', 곧 '그날을 붙잡으라', 혹은 이 경우에는 '그 여성을 붙잡으라'는 결정이다. 우리는 그러한 행위자가 그가 어떻게 행동해야 하는지에 대한 추가적인 일반적 정보를 필요로 할 것이라고는 생각하지 않을 것이다. 만약 그가 인지적 결함을 갖고 있다면, 그것은 그 차원에서가 아니다. 아니면 혹시 그 차원에서일까?

성 토마스가 도덕철학을 하면서 따라간 절차를 떠올려보자. 그는 우리가 특정한 목적을 위해 그를 염두에 두고 행동한다는 추정에서 시작했다. 그는, 선은 우리가 찾는 것이라고 올바르게 묘사되었다고, 다시 말해 처음에는 목적과 선이 동일하다고 생각했다. 행위의 목적은 오직 그 행위를 잘 수행하는 것일지도 모른다. 그것은 그 행위를 수행한 결과로 어떤 결과물을 내기를 필요로 하지 않는다. 우리는 친숙한 방식으로 '인간에게 선한 것'에 대한 묘사로 나아간다. 이 절차는 우리가 먼저 인지적으로 인간적 선에 대해 생각할 것을 요구한다. 다시 말해, 우리는 인간적 선이 무엇인지에 관한 지식에 도달할 수 있다. 그리고 우리가 그에 성공한다면 물론 우리의 지식은 참이다. 그러나 우리가 이야기하고 있는 것은 선이다. 그리고 선에 관해 이야기하는 것, 그에 대해 인지적으로 생각하는 것, [외적인 형식 혹은 형태로서] 진리라는 겉모습 아래 그를 아는 것은 아직 선을 선으로 다루는 것이 아니다. 선은 욕구의 대상이다. 그것은 우리가 찾고, 추구하고, 갈망하는 것이다. 심지어 아주 일반적인 원리들의 차원에서도, 만약 선이라고 밝혀진 선들이 나의 선들이 아니라면, 만약 내가 효과적으로 그 선들을 내 욕구의 대상으로 삼도록 질서 지워지지 않는다면, 이 원리들은 온전한 의미의 도덕적 혹은 실천적인 원리들이 아니다.

사추덕들의 목적은 인간적 선, 궁극 목적을 구성하는 것이다. 그저 도덕적 이상(理想)을 안다는 사실만으로 도덕적 이상이 도덕적 이상으로 작동할 수는 없다. 나는 선으로서, 도덕적인 것으로서 도덕적 이상과 인간적 선을 이해하기 위해서 절제, 용기 그리고 정의라고 부르는 습득된 욕구의 성향들(태세들)을 필요로 한다. 그러한 욕구의 성향들, 도덕적 덕들을 습득하기 위해서 나는 토마스가 현명이라고 부르는 실천 지성의 덕을 필요로 한다. 몇 차례 언급된 것처럼 여기에는 선순환이 있다. 도덕적 덕들은 현명을 전제하고, 현명은 도덕적 덕들을 전제한다. 최소한, 이는 그것들이 동시에 습득되어야 함을 의미한다. 그들의 상호 작용에 관하여 다음의 상황이 우리에게 시사하는 바가 있다. 도덕적 덕들은 궁극 목적의 구성요소인 특수한 목적들을 향한 욕구적 위계를 보장한다. 현명 혹은 실천적 지혜는 어떻게 도덕적 이상이 지금 여기에서 실현될 수 있는지를 결정한다. 다시 말해, 현명 덕분에 우리는 그 목적을 실현하는 수단에 관해 숙고하고, 판단하고 명령한다. 여기서 실천적 지혜라는 개념이 모습을 드러낸다. 목적을 실현하는 수단에 관한 현명의 판단은 사물들이 어떠한지와 일치하는 데서가 아니라, 도덕적 덕에 의해 목적을 향해 전제된 위계와의 일치에 의해 참이라고 여겨진다. 오직 용기가 선하다는 나의 판단이 선으로서 그 선을 향한 나의 욕구적 위계에 의해 보완될 때만, 궁극 목적의 구성요소가 어떻게 지금 여기에서 실현될 수 있는지에 대한 나의 숙고, 판단, 그리고 명령이 효과적이 될 수 있다. 아리스토텔레스가 어떻게 선이 지금 여기에 실현될 수 있는지에 관한 정신의 판단, 현명의 판단이 '즉각적으로(*euthus*, straightaway)' 수행될 수 있다고 말할 수 있었던 것은 바로 선으로서 선을 향한 이 욕구적 위계에 대한 추정에 근거해서이다.

현명의 과정에서 알 수 있는 실천적 삼단논법의 개념에 반하여 생겨나는 많은 어려움들은 우리가 "선으로서의 선(bonum qua bonum)"이라는 문장의 힘을 이해할 때 사라진다. 만약 대전제가 단순히 인지적인 것으로만 여겨진다면, 행위는 추론 과정의 결론이 될 수 없을 것이다. 그러나 대전제 안에 표현된 선이 나의 선일 때, 그 선을 실현하는 수단들이 있다면, 거기에는 이미 그 수단들을 선택하도록 하는 성향(태세)이 있다.

성 토마스는 양심의 판단과 자유 선택의 판단을 대조했다. 양심의 판단은 전적으로 인지적이고 자유 선택의 판단은 그렇지 않다고 보았다. 양심이 작동하기 위해서는 단지 선을 향한 인지적 위계만 요구될 뿐이다. 나는 그것이 무엇인지 안다. 토마스는 자유 선택의 판단이 어떻게 왜곡될 수 있는지를 보여줌으로써, 사실상 자제할 수 없는 또는 도덕적으로 약한 인간을 묘사한다. 그는 그가 무엇을 해야 하는지 안다. 그의 양심은 모두 옳다. 그러나 선에 관한 그의 지식은 선으로서 선을 향한 효과적이고 정서적인 위계에 의해 보완되지 않았다. 그 때문에 중요한 상황에서 선택을 하는 중에 그는 그릇된 방향으로 나아간다. 그의 마음은 다른 곳에 있다.

양심은 전적으로 행위가 일어나기 전이나 후에 일어나는 일반 원리들의 빛으로 바라본 특수한 상황에 대한 인지적 평가이다. 반면에 자유 선택과 관련된 판단과 명령은 행위 안에 구현된 것으로, 행위자의 성격을 드러낸다.

양심은 분명히 매우 중요한 도덕적 요소이다. 그것은 지금 여기서 내가 무엇을 해야 하는지에 대한 판단을 나타낸다. 그것은 내가 결정을 내릴 때에 분명해지겠지만, 아쉽게도 내 성향의 결과는 다른 방향으로 갈지도 모른다. 또 양심은 가책이나 만족을 초래하는 내가 행한 일에 대해 다시 돌아보는 평가이다. 그것은 내면의 목소리, 하느님의 목소리(vox Dei)라고 여겨졌다. 그러나 우리가 그것을 들을 때 우리는 그것이 우리 본성의 지성적 빛에 힘입어 우리가 아는 것을 지금 우리에게 요구되는 것으로 표현된 우리의 목소리임을 깨닫는다. 그것의 판단은 최종적인 것이 아니다. 그것은 우리가 수행할 행위 안에 구현될 수도 있고 우리가 수행할 행위는 반대되는 판단을 담고 있을지도 모른다. 그 경우에 우리는 양심의 선행하는 판단을 떠올리며 가책을 느낀다.

양심의 궁극적 성격에 대한 자각은 도덕에 객관성이 있다는 주장에 파괴적인 영향을 가져오는 것처럼 보인다. 우리는 종종 마치 각 사람이 사물들을 그들 각자에게 고유한 방식으로 이해하고 그것이 양심의 목적임을 핵심으로 하는 것처럼 보이는, 양심에 대한 호소를 듣는다. 만약 한 사람이 혼전 성관계가 그릇되었다고 이야기하는데, 다른 사람은 그것이 허용된다고 한다면, 우리는 단순히 두 관점에 맡겨진 것인가? 그에 대해 논의하기 전에 각 사람은 사실 자기 자신의 관점에 맡겨졌음을 이야기해야 한다. 만약 내가 혼외 성관계가 그릇되었다고 생각한다면, 나는 이 판단에 일치하여 행동해야 할 의무가 있다. 반대되는 입장을 견지하는 사람은 그렇게 의무가 지워지지 않는다. 분명, 만약 양심이 도덕적 문제들에 있어서 최종적인 항소의 자리[법정]라면, 서로 다른 행위자들에 따라 하나의 도덕적 계명과 그에 반대되는 계명이 둘 다 동시에 의무를 부과할 수 있다고 말하는 것처럼 보인다.

우리가 혼외 성관계에 관해 한 사람은, "나의 양심이 나에게 그것은 옳다고 말한다."하고, 다른 사람은 "좋아, 나의 양심은 그렇게 말하지 않아."라고 대답하는 것을 상상할 때, 상대주의(相對主義, relativism)의 위협은 증가한다. 만약 이것이 모든 도덕적 논의를 중단해야 한다는 것을 의미한다면, 분명 양심과 그에 대한 호소는 도덕적 객관성을 약화시킬 것이다. 한 종류의 행동이 나에게는 그릇된 것이지만, 너에게는 그렇지 않고, 그 반대도 마찬가지다.

물론 상정된 불일치는 어떤 한 종류의 행위와 관련된 하나의 공통적인 원리에 관한 것이지, 양심의 고유 임무인 '지금 여기에(hic et nunc)' 그 원칙을 적용하는 것에 관한 것은 아니다. 그렇다면 합의된 계명 혹은 규칙에 대한 예외와 관련된 것으로서 불일치를 상정하는 것이 낫다. 그러나 어떤 경우에도 우리는 한 사람은 이런 방식으로 바라보는데, 다른 사람은 저런 방식으로 바라보는 교착 상태에 빠지게 될 것으로 보인다. 그러한 요구가 있는 만큼, 그와 관련된 혼란에 관해 무언가 이야기하는 것이 좋을 것이다.

분명히 혼외 성관계는 그릇되었거나, 그렇지 않다. 인간 존재들이 성행위에 따르는 모든 함축적인 결과들을 받아들이지 않는 한, 혼인(婚姻)이라고 부르는 어떤 수락이 없이 인간 존재들이 성행위에 연루되는 것은 비이성적이고 혐오스럽다는 판단은 참이거나 거짓이다. 마치 도덕적 계명들이 내가 세상을 보는 어떤 주관적인 특이한 점에서 기인하는 것처럼, 나의 판단을 다른 사람들에게 강요하는 것으로 묘사된 도덕적 계명들의 개념이 독재적이라고 말하지 않는 것은 이상하게 보일 것이다. 다른 한편, 나는 살인이 틀렸다고 생각하지만, 너는 너 스스로 결정을 내리라고 하는 것처럼 도덕적 판단들이 그 판단을 내린 사람에게만 적용된다고 말하는 것은 논리적인 문제투성이이기에 우리는 그것을 열거하기를 주저한다. 만일 그렇게 된다면, 윤리학은 단순히 자서전이

되어버릴 것이다.

 우리가 양심의 궁극적 성격을 이런 식으로 받아들이지 않는다는 것은 매우 분명하다. 우리가 [특정 행위를 바로 그것으로 만드는] 행위의 종류를 고려할 때, 강간을 한 사람과 당한 사람이 강간의 도덕성에 관해 다른 관점을 가지고 있다는 사실은 그다지 우리의 관심사가 아니다. 어떤 행위들은 [그 행위를 바로 그것으로 만드는] 그 종 때문에 악하고, 어떤 행위들은 그 종류에 따라 선하다. 어떤 행위들은 행위의 종으로서 선하지도 악하지도 않은 중간이다. 그러나 만약 어떤 사람이 어떤 행위의 종이 언제나 틀렸다는 사실을 알지 못한다면 어떻게 되는가? 분명히 도덕적 행위자를 인도할 수 있는 지식은 오직 그가 갖고 있는 지식뿐이다. 분명 어떤 사람은 악한 것이 선하다고 생각할 수 있고, 그 반대도 가능하다. 분명히 만약 내가 정말로 선하거나 중간인 어떤 종류의 행위를 두고 악하다고 생각한다면 나는 내가 생각하는 것에 따라 행동해야 한다는 것 또한 분명하다. 이는 양심에의 호소가 단순히 관련된 행위자의 수적 다양성으로 인해 다른 도덕적 색채를 띠기 때문에, 주어진 행위의 종류가 동시에 선하면서 악하거나, 선하면서 중간이거나, 중간이면서 악할 수 있다는 의미로 받아들여질 수는 없지만, 그럼에도 불구하고 모든 행위자는 그가 내린 판단을 따를 의무가 있다는 것을 의미한다.

 이에 대해 단순히 모든 도덕적 원리들을 상대화하는 것으로 시작한다면 결과는 같을 것이라는 반대가 있을 수 있다. 결국, 사람들은 그들 자신의 빛을 따라 행동할 것이다. 사실, 그들은 그렇게 해야 할 의무가 있고, 우리는 그 결과인 도덕적 다양성을 받아들여야 한다. 하지만 물론 우리는 그것을 받아들이지 않을 수도 있다. 만약 당신의 이웃이 그의 양심이 그에게 당신의 허가 없이 당신의 차고에서 물건들을 가져갈 권리를 부여한다고 주장한다면, 당신은 그게 문제의 끝이라고 생각하지 않을 것이다. 만약 당신의 배우자가 그의 양심이 간통을 금지하지 않는다고 주장한다면, 당신은 그 말을 배우자의 두통, 주근깨 또는 머리카락이 빠진 것에 대한 말과 동일한 수준으로 받아들이지는 않을 것이다.

각 행위자는 그의 양심을 따를 의무가 있다. 그러나 이는 모든 행위자가 잘 형성된 양심을 갖고 있다는 것과 같은 뜻은 아니다. 도둑질이 허용된다고 믿는 것은 잘못된 것이다. 간통도 괜찮다고 주장하는 것은 틀렸다. 한 사람은 자신의 판단에 따라 행동해야 할 의무가 있지만, 그는 자신이 내린 판단에 책임이 있다. 만약 그의 판단이 틀렸다면 그는 그것을 바꾸는 데에 관심을 가질 것이다. 사실 우리는 사람들이 가진 관점이 틀렸을 때, 종종 그들이 실제로 가지고 있거나 가졌다고 추정되는 관점에 따라 행동하지 못하게 막는다. 우리는 전문 도둑들이 사유재산에 관해서 주목할 만하고 옹호 가능한 관점을 갖고 있다고 생각하지 않는다. 토마스의 표현대로라면, '그릇된 양심(conscientia erronea)'은 [행위를] 구속할 수 있지만, 그렇다고 그것이 죄로부터 면제되는 것은 아니다.

우리가 기대한 것처럼, 그는 이 문제에 관해 논의하면서, 행위의 의도적인 성격을 박탈하는 것으로서 무지에 관해 이야기한 것으로 돌아온다. 내가 행하고 있는 것의 참된 본성을 알지 못하는 것은 나의 행위로부터 그 의도적인 성격을 박탈하는 것으로 보인다. 그럴 수 있지만, 꼭 그렇지는 않다. 어떤 경우에는 무지 자체가 의도될 수 있다. 그리고 그렇다면 그는 의도적인 것이다. 내가 습득할 의무가 있는 지식은 나의 무지를 의도적인 것으로 만들지 않는다.

그러므로 만일 이성 또는 양심이 반드시 알아야 하는 것에 관하여 직접적으로든 간접적으로든 의도적인 오류로 잘못에 떨어진다면, 그런 오류는 이성이나 양심을 따르는 의지를 죄로부터 면제하지 않는다. 반면에 만일 그것이 그 어떤 소홀함도 없이 어떤 특수한 상황에 대한 무지로부터 촉발되었기 때문에 비의도성을 낳은 오류라면, 그때 이성이나 양심의 그런 오류는 의지를 죄로부터 면제시켜준다.(I-II, 19, 6)

그러므로 간통이 허용된다고 그릇되게 판단하고 이 지식에 따라 행동하는 사람은 그릇되게 행동한다. 그는 더 잘 알아야 한다. 그리고 만약 그가 그렇지 못했다면, 그는 자신의 무지에 대해 답을 내놓아야 한다.

양심과 그 역할은 도덕의 객관성을 위협하는 것이 아니다. 사실, 어떤 행위들은 그 종류에 따라서 언제나 악하다는 이론 없이는 선하고 악한 양심을 구별할 방법이 없을 것이다. 그리고 만일 [그 이론에 따라 선하거나 악한 양심을 구별할] 방법이 없다면, 아벨라르두스주의자들의 논리적으로 앞뒤가 맞지 않는 입장이 곧 우리를 삼켜버릴 것이다. 모든 행위자들이 그 자신의 양심을 따라야 할 뿐만 아니라, 모든 양심이 참되고 올바르게 형성되었다면, 도덕적 논의는 도무지 알아들을 수 없는 것이 될 수도 있다. 어떤 행위가 선하거나 악하다는 나의 판단은 아무 의미가 없을지 모른다. 왜냐하면 나는 내가 그것이 선하거나 악하다고 생각할 때, 내가 생각하고 있는 것이 무엇인지 말할 수 없을 것이기 때문이다. 만약 최소한의 의미로 나는 그것이 나에게 선하거나 악하다고 말해야 한다면, 나는 그렇게 말함으로써 옳거나 그르치게 되고 이것은 완전히 사적인 문제라고 말하기 어렵다. 양심은 의무를 부과하지만, 그렇다고 해서 그것이 자동적으로 죄로부터 면제되는 것은 아니다.
  이는 한 인간 행위자가 잘못된 것을 행할 수 없다는 입장에 처하는 결과를 낳을 수도 있다. 토마스가 그러한 사람을 가리키기 위해 사용한 용어는 '혼란스러운 사람(perplexus)'이다. 그는 어떤 도덕적 딜레마에 처해 있다. 그는 해도 단죄받을 것이고, 하지 않아도 단죄받을 것이다. 그릇된 양심을 지닌 사람을 상정해보자. 그는 선한 것을 악한 것이라고 혹은 반대로 생각한다. 자, 만일 그가 양심에 따라 행동하지 않는다면, 그는 악하게 행동하는 것이다. 그가 그의 양심에 따라 행동한다면, 그는 악하게 행동하는 것이다. 따라서 필연적으로 그는 악하게 행동한다. 그러나 그것은 도덕적 문제에서의 기본적인 선택권을 그로부터 박탈한다. 우리는 우리가 '그릇된 양심'을 따라 행동하는 것은 선하다고 말함으로써 그 불행한 결과를 피하고 싶어 할지도 모른다.
  이를 논의함에 있어서, 토마스는 도덕적 문제에서 어떤 악한 것이 다른 악한 것에게 주어질 때, 이는 마치 필연적으로 그것으로부터 따라 나오는 것처럼 보인다고 말한다. 그는 허영을 좇아 행동하는 어떤 사람을 상정한다. 그가 이 지향이 요구하는 것을 행하든 아니면 행하는 데 실패하든 그는 악하게 행동하는 것으로 보인다. 그러나 토마스는 그것이 그를 모든 면에서 '혼란스러운(perpelxus)' 상태로 남겨둔다는 데에 동의하지 않는다. 왜 그럴까? 왜냐하면 그가 그의 지향(의도)을 바꾸는 것이 가능하기 때문이다.

  이처럼 죄스러운 무지에서 기인하는 이성 또는 양심의 오류를 전제할 때, 필연적으로 의지에도 죄가 따르게 마련이다. 그러나 그럼에도 불구하고 저 사람은 혼란스러워하지 않는데, 그것은 그 무지가 극복이 가능하고 의도적인 것이기에 그가 오류로부터 물러설

수 있기 때문이다.(I-II, 19, 6, ad3)

더 말할 필요도 없이, 여기서 우리는 다른 곳에서와 마찬가지로 [특정 행위를 금하는] 부정적 계명과 [특정하게 행동하라는] 긍정적 계명이 갖는 차이를 깨달아야 한다. 비록 언제든 자기 탓 없이 그 행위가 부정적 계명을 어긴 것임을 알지 못할 수도 있지만, 부정적 계명을 어긴 어떤 구체적 행위도 선한 것이 될 수는 없다. 따라서 토마스의 예에서, 어둠 속에서 그에게 안긴 여성이 자신의 아내라고 잘못 생각한 남자가 그녀와 관계를 갖는다고 해서, 비록 그가 한 행위는 악한 것이고, 불이 밝혀지면 사실을 깨닫게 될 터이지만, 악하게 행동하는 것은 아니다. 긍정적 계명을 구체적 상황에 적용하는 것은 거의 무제한에 가까운 자유를 갖는다. 왜냐하면 행위들은 그 구체성 안에서 [수적으로] 무한하기 때문이다(I-II, 60, 1, ad3). 소크라테스는 그의 다이몬[신]이 그에게 무엇을 행해야 하는지는 말해주지 않았고, 다만 무엇을 행하지 말아야 하는지만 알려줬다고 말했다. 우리는 양심도 그와 같다고 생각할 수 있다. 그러나 양심은 우리가 처한 상황이 긍정적 원리들에 따라 행동하기에 적절한지 판단하는 역할 역시 갖고 있으며, 여기서는 다양성이 요구된다. 한 남자가 그의 아내를 사랑하고 존경해야 한다는 것은 모든 남편들에게 해당한다. 그러나 아내를 향한 애정이 표현되고 깊어질 수 있는 방식의 무한함은 그에 관해 어떤 식으로든 예측하지 못하게 한다.

도덕적 질서는 부정적 계명에 의해 설정된 경계에 의해 보호된다. 그러나 그 안쪽에서 긍정적 계명은 인간적 선에 대한 무궁무진한 개방성을 보여준다.

8. 종교와 도덕성

우리는 성 토마스 아퀴나스 도덕철학의 주요 내용을 독자들 앞에 소개하기 위해서 위대한 신학 작품인 『신학대전』에 거의 전적으로 의존했다. 이렇게 할 수 있었다는 사실은 철학과 신학의 관계에 대한 토마스의 이해와 관련해 우리에게 시사하는 바가 있다. 이를 이해하기 위해서는 토마스에게 두 학문이 어떻게 다른지를 먼저 알 필요가 있다.

철학에서 오늘날 상황의 특징 가운데 하나는 철학자들이 정확하게 그들이 하고 있는 것이 무엇인지 설명하는 데 어려움을 느낀다는 것이다. 이런 곤경의 이유는 원래 철학이 다루었던 영역 중 매우 많은 부분이 이후에 생겨난 학문들에 의해 장악되었기 때문이다. 그래서 철학 전체가 결국은 과학으로 변화될 것이라고, 오랜 세월 지혜를 추구하던 사람들이 실업자의 대열을 가득 채울 것이라고 생각하게 한다. 철학은 철학 고유의 주제를 갖고 있지 않으면서 특정한 주제를 갖고 있는 학문들 안에서 일어나고 있는 일을 비판적으로 숙고하는 것을 과제로 하는 2차적인 학문이라고 말하는 것이 이 위협적으로 보이는 상황에 대한 답변이었다. 그런 식으로 과학철학, 역사철학, 예술철학과 같은 그러한 활동들이 계속 확산될지도 모른다.

오늘날의 상황이 무엇이든, 토마스 아퀴나스는 그리스인들로부터 이어져온 철학의 개념을 갖고 작업을 했다. '지혜의 추구(pursuit of wisdom)'로 이해된 철학은 지혜를 획득하는 데 필요하고 유익한 모든 지식들이 그 아래에 모이는 우산과 같은 개념이 된다. 그리고 지혜는 인간이 신성에 이를 수 있는 그러한 지식으로 받아들여진다. 고전적으로 이해된 철학적 탐구의 궁극 목적은 지혜라고만 불리는 것이 아니라, 또한 신학이라고도 불린다. 우리가 자연과학이라고 부르는 것들 중 다수는 아리스토텔레스로부터 유래한다. 그에게는 우리가 자연과학이라고 부르는 것들이 철학적 활동의 필수적인 요소였지, 철학으로부터 구별되는 어떤 것이 아니었다. 그는 오로지 자연 세계에 관한 지식을 통해서만 우리가 신성한 것들에 대한 지식에 도달할 수 있다고 생각했기 때문에, 이런 관점을 견지했다. 논리학, 자연과학들, 수학, 윤리학과 정치철학, 문학비평, 사실 모든 자유학예(artes liberales)들은 그들 자신을 위해서가 아니라 형이상학(形而上學)이라는 정점의 학문에 이르기 위한 디딤돌로 추구되었다. 그런 고전적 의미에서의 철학은 우리 대학교들에서 행해지는 대부분의 [학과를] 포함하고 있었다고 생각해 볼 수 있다. 그런 이유로 우리는 다른 많은 학과들로부터 구별된 철학과를 마주하게 된다면, 당황할 아리스토텔레스를 상상할 수밖에 없다. 철학이 어떻게 하나의 전공으로 간주될 수 있는가? 그것은 아마도 아리스토텔레스를 놀라게 할 것이다. 마찬가지로 토마스도 우리의 상황에 대해 놀랄 것이다.

 그렇더라도, 토마스는 아리스토텔레스보다 철학의 범위에 관해 보다 제한적인 관점을 갖고 있었다. 철학이 고전적 방식으로 그것이 사용하는 용어를 '신학(神學, theologia)'이라고 부르는 학문 안에서 발견한다고 해도, 토마스는 하느님에 대한 모든 숙고가 단순히 철학적인 것이라고 인정하지는 않을 것이다. 그러므로 토마스는

'철학자들의 신학'과 '그리스도인들의 신학'이라는 두 종류의 신학을 구별할 필요를 느낀다. 우리는 그가 하느님에 대한 두 종류의 진리를 말한다고 생각할 수도 있다. 첫 번째는 [신적] 도움을 받지 않고 자연 이성에 의해 도달할 수 있고 세계에 관한 진리들로부터 유래하는 하느님에 관한 진리들이다. 토마스가 이 자연신학의 절차에 관한 구상을 얻기 위하여 내어놓은 다섯 가지의 신 존재 증명(神存在證明)을 생각해보면 된다. 두 번째로, 계시를 통해 하느님 자신에 의해 우리에게 알려진, 철학에서는 상상할 수 없는 하느님에 관한 진리들이 있다. 그리스도인은 하나의 신적 본성 안에 세 위격(位格, persona)이 있다는 것, 그리스도는 인성이자 신성을 둘 다 지니고 있다는 것, 우리가 하느님과 사랑으로 일치해야 하는 운명이라는 것, 그리고 많은 다른 비슷한 것들을 진리로 받아들인다. 신경(信經, Credo)의 조목들을 생각해보자. 그리스도인의 신학은 하느님께서 당신에 관하여 당신의 자비로 우리에게 계시하셨다는 진리들에 대한 숙고로 이루어져 있다.

한 분이신 하느님이 존재한다는 것, 한 분이신 하느님 외에 다른 신은 없다는 것, 하느님이 다른 모든 것의 원인이라는 것, 그분은 지성이 있고, 단순하고, 선하다는 것, 토마스는 인간이 단순히 그들의 본성적[자연적] 능력을 사용함으로써 이러한 진리들에 도달할 수 있다고 생각했다. 그는 이것들이 몇몇 이교도들도 깨달은 진리라고 여겼다. '존재로부터 가능성을 추론하는 것은 타당하다(*ab esse ad posse valet illatio*).' 다른 한편, 삼위일체와 육화는 모든 사람이 모두에게 가능한 다른 진리들로부터 유래한다는 의미에서 누구나 알고 있기 때문이 아니라, 오직 하느님께서 그것들을 계시하셨기 때문에만 진리로 간주될 수 있다.

토마스가 각각 '신앙의 현관(praeambula fidei)'과 '신앙의 신비

(mysterium fidei)'라고 부른 하느님에 대한 두 종류의 진리 사이의 분명한 경계는, 첫 번째 종류의 진리가 함축적으로 계시 진리 안에 존재하는가 아니면 명시적으로 존재하는가에 관한 문제를 제기한다. 다시 말해 신앙인들이 하느님에 대해 믿는 것들, 하느님은 존재하시고 한 분 하느님 외에 다른 신은 없다는 것과 하느님에 관해 자연적으로 알려질 수 있는 다른 진리들 사이의 문제이다. 토마스는 이를 명백하게 지식과 신앙의 절대적인 구별을 위협하는 경우로 받아들인다. 어떤 진리를 아는 것은 대체로 의심의 여지가 없는 다른 것들의 진리에 호소함으로써 그것이 진리라는 것을 다른 사람들에게 보여줄 수 있는 것이다. 어떤 진리를 믿는 것은 하느님의 계시의 권위에 근거하여 그것이 진리임을 견지하는 것이다. 설령 신앙의 현관과 신비 양쪽 모두가 계시되었다고 하더라도, 계시된 모든 것이 신앙에 관한 것은 아니며, 우리가 계시의 권위에 의해 견지하는 하느님에 관한 진리들의 일부는 (자연적 이성으로도) 알려질 수 있는 것들이다. 계시된 진리들이 대부분 이러한 의미의 지식의 대상이 될 수는 없다. 그렇다고 하더라도, 일부라도 알려질 수 있다는 사실이 의미가 없는 것은 아니다. 사실 그것은 어떤 사람이 이해하지 못하는 것을 진리로 받아들이는 것이 합리적이라는 이야기를 하기 위한 근거를 제공한다. 만약 하느님께서 계시하신 것들 중 일부가 진리로 알려질 수 있다면 나머지를 받아들이는 것, 신비들을 그 자체로 이해할 수 있는 것으로 받아들이는 것은 합리적이다. 그러나 그것들은 우리에게 이 삶에서는 이해하기 어려운 것으로 남아야 한다. 신앙의 합리성에 관한 논의가 신비들의 진리를 증명하기 위한 노력이 아니라는 것에 주목해야 한다.

그들의 다름을 보존하는 [신앙의] 현관과 신비 사이의 관계는 철학과 신학의 비교에까지 미친다. 철학은 보통의 경험과 원칙적으로 누구에게나 접근 가능한 진리들로부터 시작한다. 다른 한편, 신학은 하느님께서 당신 자신에 관하여 계시한 진리들을 출발점으로 삼는다. 토마스에 따르면, 신학을 신앙으로부터 구별하는 것은 신학이 우리가 믿는 진리들에 대한 다소 현학적인 성찰이라는 점이다. 이 성찰에서 우리가 믿는 것들은 다른 원천들로부터 우리가 알고 있는 것에 영향을 미친다. 이것이 철학이 '신학의 시녀(ancilla theologiae)'라는 전통적 관점의 의미이다. 다시 말해, 신학자는 철학과 모든 자연적 지식을, 자신이 믿는 것을 이해하는 노력에 사용한다.

이러한 숙고들은 우리가 토마스 아퀴나스의 신학적 작업에서 철학적 사색을 그렇게나 자주 만날 수 있는 이유를 설명하기에 충분할 것이다. 그것은 단순히 토마스가 철학적 진실을 전할 준비가 되어 있었고, 그리고 신앙에 적용했다는 의미가 아니다. 가끔은 그렇게 했다. 그러나 그는 종종 신앙의 신비를 성찰하기 위해 그가 필요로 한 철학적 기반을 발전시켜야 할 필요를 느꼈다.

토마스가 신앙의 신비와 더불어 신앙의 현관도 마찬가지로 계시 안에 포함되도록 인정한 것은 명백한 문제 하나를 야기한다. 왜 하느님께서는 인간이 깨달을 능력이 있는, 다시 말해 그들 스스로 발견할 수 있는 당신에 관한 진리들을 계시하셨는가? 토마스가 이 문제에 대답하기 위해 전개한 답변은, 그가 철학적 신학 또는 자연신학에 대하여 무엇을 주장하고 무엇을 주장하지 않았는지에 대해 좀 더 잘 이해하게 해준다. 하느님에 관한 어떤 지식, 하느님에 관한 어떤 진리들은 계시와 별개로 얻어질 수 있다는 입장을 견지함과 동시에, 그 지식이 오직 오랜 시간 동안 많은 노력을 들여서만 얻어질 수 있는 것이며 동시에 오류가 섞여 있음을 강조한다. 인간의 정신은 죄, 다시 말해 원죄(原罪)와 본죄(本罪)에 의해 어두워

졌다. 그래서 원칙적으로 그가 파악할 수 있는 범위 안에 있는 것이라고 하더라도, 하느님에 관한 지식을 습득하는 것은 그에게 결코 쉬운 문제가 아니다. 그렇지만 하느님에 관한 지식, 한 분 하느님께서 계시다는 확신과 그분께서 '존재하는 분(qui sum)'(탈출 3,14 참조)이라는 것은 인간의 삶을 위해 지대한 중요성을 지닌다. 만약 하느님께서 존재하지 않으시다면 모든 것이 허용될 것이라는 말은 진실이 아닐지도 모른다. 하지만 분명 우리가 무신론자라면 유신론자 또는 그리스도인으로서의 삶과는 다른 삶을 살 것이다. 하느님께서 당신 자신에 관하여 자연적으로 알려질 수 있는 진리들을 계시하셨다는 사실은 만약 하느님께서 그것을 계시하지 않으셨다면, 우리가 그에 관하여 분명히 알아듣기 어렵거나 아니면 많은 사람들이 그 지식을 얻기 어려웠을 것임을 시사한다.

   이는 토마스가 그렇게 생각한 것처럼 도덕적 질서에서 훨씬 더 특별한 결과를 가져온다. 우리는 철학자들이 인간적 선을 불완전한 행복이라고 묘사하는 것처럼 그도 인간적 선에 대해 마찬가지로 이야기하고 있음을 보았다. 이 사실은 인간이 인간적 본성에 상응하는 어떤 것도 뛰어넘는 완성으로 불리움을 받았다는 뜻이다. 우리는 피조물의 한 종류이기 때문에 지복직관은 우리에게 달린 것이 아니다. 우리는 인간이 상상조차 할 수 없을 행복으로 불리움을 받았다. 우리가 그리스도와 그의 구원 업적에 의해 얻어진 은총 덕분에 초자연적인 삶으로 고양되는 것은 우리 삶의 핵심과 의미에 대한 이해를 완전히 바꾸어놓는다.

   바로 우리가 습득하기 어렵다고 하더라도, 하느님에 관하여 자연적으로 알려질 수 있는 특정한 진리들이 있는 것처럼, 현세에서 성취할 수 있는 불완전한 행복이 존재하지만, 그 불완전한 행복조차도 겨우 소수의 사람들만 다다를 수 있다. 완전한 행복, 하느님과의 결합은 은총이라 부르는 하느님의 특별한 도움 없이는 달성할 수 없는 목적이다. 역설적이게도 자연신학은 신앙의 분위기 안에서 이뤄지는 것이 가장 좋다. 그렇게 마찬가지로, 인간으로서 어떻게 행동해야 하는지에 관해 자연적으로 알려질 수 있는 진리들은 종교적 신앙에 의해 뒷받침되고 북돋아진다.

인간적 행위에 대한 위대한 진리들이 그를 뒷받침하기 위해 오로지 인본주의적인 맥락만을 갖고 있을 때, 그 진리들에 무슨 일이 일어나는지는 명백하다. 우리 시대에는 낙태와 같은 문제들에 관하여 우리를 분명하게 지켜주는 교회의 역할과 성적 도덕성에 관한 요구가 나타난다. 논의가 불안정해질 때, 우리는 믿음의 도움이 필요하다. 그리고 신앙 없이는 이런 논의가 좀처럼 형성되지 않거나 혹은 잘못 형성될 것이고, 혼란이 가중될 것이다.

사변적 질서에서의 신앙의 현관과 두드러지게 유사한 면이 도덕적 질서에도 있다는 사실이 언제나 주목받은 것은 아니다. 토마스가 십계명에 대해 언급할 때, 그는 거의 모든 십계명이 자연적으로 알려질 수 있는 행위에 관한 진리들임에 주목했다. 사실, 그는 그것들이 대체로 자연법의 계명들이라고 했다. 그렇다면 그러한 실천적 진리들이 하느님에 의해서 계시되었어야 했다는 것이 놀랍지 않은가? 분명히, 그것은 신앙의 현관과 관련된 경우보다 더 놀라운 것이다. 하느님에 관한 모든 사변적인 진리들은 다른 것들에 관한 모든 것이 알려진 이후에만 도달할 수 있는 것일지도 모른다. 하느님에 관한 진리들에 대한 지식은 다른 많은 위대한 진리들에 대한 지식을 전제한다. 그러나 비록 자연법이 그 출발점일지는 몰라도, 분명 도착점은 아니다. 그럼에도 하느님께서는 십계명판에서 중요한 것들을 계시하셨다. 왜인가?

토마스는 우리가 죄에 의해 입은 상처가 지성적 질서에서보다 도덕적 질서에서 더 크다고 단언한다. 우리가 살아가는 현세의 삶은 우리의 정신을 흐릴 수 있다. 그 결과로 거의 자명한 원리들에 대한 혼란이 있을 수 있다. 이를 바로잡기 위해서, 세속 철학자들에 의해 알려진 불완전한 행복이나마 성취하려면, 우리는 우리의 정신을 비추고 우리의 의지를 강하게 해줄 은총(恩寵, gratia)이 필요하다.

물론 은총의 기능은 단순히 우리가 우리의 본성적[자연적] 목적을 얻도록 하는 것이 아니라, 우리에게 우리의 초자연적[초본성적] 목적, 영원토록 하느님과 사랑의 일치를 누리는 것을 성취하기 위해 필수적인 수단을 제공하는 것이다. 이것이 토마스가 같은 종류의 행위를 반복하는 것에 의해 습득된 것이 아닌 덕에 관하여 이야기한 이유이다. 다시 말해, 주입된 덕도 존재한다. 믿음, 희망 그리고 참사랑은 하느님으로부터 온 선물인 신학적 덕들(virtutes theologales)이다. 주입된 도덕적 덕들 또한 존재한다.

> 덕은 사람을 참행복으로 인도하는 저 행위들에 미리 준비시켜준다. …그런데 인간에게는 두 가지 유형의 행복이 있다. 첫째는 인간 본성에 비례하는 것으로서, 인간이 자기 본성의 원리들을 통해서 거기에 도달할 수 있다. 둘째는 인간의 본성을 능가하는 행복으로서, 인간은 거기에 오직 하느님의 권능에 힘입어서만 신성에의 참여를 통해서 도달할 수 있다. 왜냐하면 베드로 2서 1장 [4절]에서 말하는 것처럼 그리스도를 통해 우리는 "신적 본성에 참여하도록" 만들어졌기 때문이다.(I-II, 62, 1)

은총의 도움이 없이는 인간 행위자는 중대한 죄를 피할 수 없다. 토마스는 철학자들이 이해한 것처럼 인간이 은총 없이도 덕을 획득할 수 있음을 인정했다. 그러나 이제 그는 그러한 획득된 덕들이 충만한 의미에서의 덕은 아니라고 이야기하고자 한다. 그것들은 [온전한 의미에서가 아니라] '어떤 의미에서(secundum quid)'만 덕이다. 왜냐하면 그것들은 인간을 그의 참되고 궁극 목적으로 인도하지 않기 때문이다. 그것은 주입된 덕들이 한다. 따라서 그것들은 무조건적인 덕이다. 주입된 덕들이 갖는 또 하나의 특징은 단 한 번의 반대되는 행위에 의해서 상실될 수 없다는 점이다. 이는 획득된 덕의 경우에는 해당하지 않는 것이다.

말할 필요도 없이 토마스의 윤리신학은 또 다른 가장 복잡한 이야기이다. 앞선 언급은 단지 그런 복잡한 이야기들이 더 존재하고 그것이 도덕철학 분야에서 토마스의 가르침에 대하여 우리가 이야기하려고 시도한 바에 새로운 빛을 비춰주는 특징을 갖고 있음을 가리키기 위한 것이다.

도덕성에 관한 문제는 인지적이고 실존적인 것이다. 다시 말해, 우리는 우리가 무엇을 해야 하는지 알아야 하고, 그리고 그 지식에 따라 행동해야 한다. 어떤 사람이 그가 무엇을 행해야 하는지 알면서도 그렇게 해야 한다고 아는 대로 행동하기를 실패할 수 있음을 깨달을 때, 문제는 오래도록 풀리지 않는 것이 된다. 이것은 도덕철학자들이 쉽게 받아들일 수 있는 그런 것이 아니다. 물론 그러한 지식에는 어떤 약점들이 있어야 한다. 만약 어떤 사람이 옳은 일을 행하지 않는다면, 그것은 그가 무엇이 행해야 할 옳은 일인지 '실제로' 모르고 있기 때문이다. 그렇지 않다고 생각하는 것은, 이성의 우위성에 대해 의문을 제기하는 것처럼 보인다.

우리는 이미 토마스가 이 어려움과 관련된 문제를 어떻게 다루었는지 보았다. 이 어려움으로 인해 위협받는 것은 인간이 이성적 동물이라는 주장이 아니라, 인간의 그 특성에 대한 분명한 이해이다. 우리는 우리의 이성을 많은 방식으로 사용한다. 그 방식들은 이성이 사고하는 사물들과 이성이 향하는 목적들 때문에 서로 달라진다. 만약 이성의 추론이 이성의 수학적인 형태로만 이해되고 인간적 행위가 그런 의미에서 이성적이라고 여겨진다면, 행위자에게 이상한 요구, 이상하고 충족될 수 없는 요구를 하게 될 것이다. 그러한 요구가 충족될 수 없다고 생각되면, 그 행위가 이성적이거나 합리적이지 않다고 말하려는 경향이 생겨날 것이다.

앞에서 나는 성 토마스의 도덕철학을 이성적 행위자로서의 인간에 대한 그의 개념으로부터 흘러나오는 것으로 이해할 수 있는 그러한 방식으로 소개하려고 시도했다. 토마스에게 있어서 이것이, 그가 행하는 것 그리고 그가 그 자신을 실현하는 것으로서 이해한 선들을 향해 자신을 의도적으로 방향 지우는 것에 전념하는 것이 인간 행위자의 고유한 특징이다. 그것은 출발점이다. 수많은 선택과 결정을 하고 삶의 상황에 따라 부침(浮沈)을 거듭하는 인간 인격이 출발점이라는 것이다. 따라서 도덕철학에서 무엇보다 중요한 질문은 이것이 된다. 우리가 이미 행하고 있는 것, 행하지 않을 수 없는 것, 다시 말해 의도적인 숙고 행위에 관여하는 것을 어떻게 잘할 수 있는가?

그렇게 고찰된 인간 행위자의 본성으로부터 우리는 인간적 선에 관한 거부할 수 없는 위대한 진리들을 공식화할 수 있다. 그러한 진리들은 모든 특수한 결정들 안에 내포되어 있다. 그들을 분명하게 표현하는 것은, 그것들이 우리가 행동하는 상황의 우발성과 지속적인 변화, 한 세기를 다른 세기와 매우 다르게 만드는 역사적 변화에도 불구하고, 인간 행위에는 절대적인 것이 존재함을 시사하기 때문에 가치가 있다. 어떠한 선들은 인간의 도덕적 이상을 구성할 것이고, 어떤 종류의 행위들은 언제나 인간적 선을 파괴하는 것이다. 이것이 토마스가 자연법에 관한 그의 이론에서 발전시킨 확신이다.

그러나 그러한 자연법 원리들에 대한 확신은 대가가 있다. 절대적인 것이 되기 위해서는 그 단어가 시사하는 것처럼, 그 원리들이 변화하는 조건들로부터 자유로워야 한다. 그러나 인간은 오직 구체적인 상황들 속에서만 행동한다. 그리고 우리는 행위의 영역에 보다 잘 맞춰진 도덕철학의 조언을 기대한다. 우리는 보다 유용한 정보를 주는 규칙들, 너무 일반적이지 않은 조언들을 필요로 한다. 그리고 우리는 그것을 받는다. 우리는 도덕철학자들이 이야기하는 [구체적인] 상황에 충분히 관련된, 법률 체계의 일부인 도덕적 관례에 명시되어 있는 규칙들을 발견한다. 그러나 이처럼 보다 큰[구체적이고 유용한] 정보를 주는 것에는 대가가 따른다. 그러한 규칙들은 언제 어디서나 적용되지 않는다. 행위자는 언제 그것들이 적용 가능한지, 어떻게 그들을 적용할 수 있는지 그리고 다른 많은 것들을 스스로 결정해야 한다. 도덕철학이 더욱 도움이 되는 만큼 그것은 덜 확실해진다. 그리고 그것들은 시간이 흐르면서 고풍스럽고 사용할 수 없는 것이 되기 쉬워 보인다.

이렇게 결국, 도덕철학은 개별 행위자들에 의해 그들의 것이 되어야 하고, 지금 여기에 적합한 것이 되어야만 한다. 우리는 토마스가 실천적 삼단논법에 대해 이야기하면서, 거기서 이성은 사변적 학문들은 물론 도덕철학에서 작업하는 방식과는 다른 방식으로 일한다는 사실을 확인하면서 이 과정을 어떻게 바라보았는지를 살펴보았다. 일반적인 것이 개별적인 것이 되기 위해서는 분명 어떤 인지적 문제가 수반된다. 그러나 인식이 그 조건에 도달하기 위해서는 무언가가 전제된다. 행위 안에 구현된 이성은 행위자의 성격의 영향을 받는다. 만약 욕구의 취향이 일반론의 차원에서 내가 행해야 한다고 알고 있는 것과 충돌을 일으킨다면, 적용의 문제는 추가적인 논의에 의해서도 해결될 수 없을 것이다.

　이것이 놀랄 만한 일은 아니다. 그것은 우리 모두가 이미 알고 있는 무언가를 가리킨다. 우리가 행위에 대해 성찰하기 시작할 때 우리는 우리의 마음을 바꿀 준비가 된다. 그러나 우리의 궁극 목적은 우리의 삶을 바꾸는 것이다. 우리는 우리가 행해야 하는 바대로 행할 때, 우리가 되어야 하는 종류의 행위자가 된다. 하프를 연주하는 법을 배우는 유일한 길은 하프를 직접 연주하는 것이다. 그러므로 도덕철학은 제한된 유용성을 지닌다. 그러나 도덕철학의 가장 유용한 교훈 중 하나는 도덕철학을 탐구하는 생각의 종류가 덕과 동일한 종류의 생각은 아니라는 것이다. 논의들은 훌륭하다. 그리고 우리는 도덕철학을 하기 위해 그것들이 필요하다. 우리의 삶을 바꾸고, 우리가 되어야 하는 것이 되기 위해서는 같은 종류의 반복된 행위들을 지속적으로 수행해야 한다. 처음에는 어쩌면 우리 자신이 갖고 있는 결을 거슬러서, 나중에는 점차 적은 저항으로, 마침내 우리가 옳은 일을 기쁘고 즐겁게 행할 때까지 수행해야 한다.

　우리가 그 지점에 도달하면, 우리는 아리스토텔레스가 이야기한 그런 종류의 사람이 될 것이다. 인간적 선에 대한 질문 또는 무엇을 행해야 하는가에 대한 질문들에서, 그 척도는 선한 인간이다.

부록
계시 없는 윤리철학?

버논 부르크

이 논문은 캐나다 출생 미국 토미스트 철학자 버논 부르크(Vernon Bourke, 1907-1998)가 세인트루이스대학의 《웨이드 기념강연》(Wade Memorial Lecture)에서 1976년 3월 7일에 행했던 강연 원고를 다듬어 『더 토미스트』지 제40호에 발표한 것을 완역한 것이다: ["Moral Philosophy Without Revelation?", *The Thomist* 40(1976), 555-570.]

계시 없는 윤리철학?

저명한 토미스트 철학자 자크 마리탱(Jacques Maritain)은 일찍이 1930년대에 여러 저서를 출간하면서, 그리스도교 신학의 안내를 받지 않고는 제대로 전개된 윤리학이 있을 수 없다고 주장하였다.[1] 마리탱은 최근의 두툼한 연구서에서 자신의 윤리학 연구를 마무리하면서 인간의 조건을, "정신이 본질적으로 육체와 결합되어 물질세계에 연루되어 있는" 불행한 여건 속에 놓여 있는 것으로 묘사하였다. 그는, 철학자는 이 결합으로부터 발생하는 문제들에 대해 아무런 해결책도 가지고 있지 않다고 말한다. 그리고 이렇게 결론짓는다. "오로지 그리스도교의 가르침과 함께할 때에만 인간 조건을 뛰어넘으려는 노력이 진정한 실현에 이르게 된다."[2] 나의 옛 스승인 에티엔 질송(Étienne Gilson)은 순수하게 철학적인 윤리학은 실천적인 가치가 별로 없다는 마리탱에 동조하기에 이르렀다.

하지만 이상하게도 많은 가톨릭 신학자들은 이에 동의하지 않았다. 위대한 베네딕토회의 신학사가인 돔 오돈 로탱(Dom Odon Lottin)은 확고하게 단언하였다: "하느님께 직접적으로 호소하지

---

1. Jacques Maritain, *Science and Wisdom*, New York, Scribner's, 1940.
2. Maritain, *Moral Philosophy*, New York, Scribner's, 1964, pp.452 & 458.

않고서도 인간 이성은 어떤 행위를 수행해야 할 도덕적 의무를 입증할 수 있다. 이는 그것이 …그 자연적 목적인 도덕적 선을 향해 기울어져야 할 도덕적 의무를 입증할 수 있는 것과 마찬가지다."[3] 비슷하게 도미니코회의 라미레즈(J. M. Ramirez) 신부도 마리탱이, 윤리철학이 인간을 위한 선한 삶에 대해 우리에게 일깨워줄 수 있는 기여를 과소평가하였다고 지적하였다.[4]

물론 철학적 윤리학이 종교적 신앙의 안내를 받지 않고서는 매우 부적합하다는 관점은 비단 가톨릭 사상가들로 한정되는 것이 아니다. 많은 개신교 창설자들은 철학을 그리 높게 평가하지 않았다. 우리의 세기에 성공회 주교 모티머(R. C. Mortimer)는 인간의 도덕적 의미에 관한 합리적 연구에 대해 그 어떤 시도도 배격하였고, 그리스도교 윤리학이야말로 단적으로 하느님이 원하시는 것이라고 가르쳤다. 유럽 대륙에서 에밀 부르너(Emil Brunner)는 이렇게 썼다. "선은 언제나 그 어떤 특정 순간에도 하느님이 원하시는 것을 행하는 데에서 성립된다."[5] 린 볼릭(Lynn Boliek)은 최근에 한 네덜란드 칼뱅주의 학술지에 발표한 논문[6]에서 비종교적인 윤리학에 대한 동일한 불신을 표명하며, 특히 루돌프 불트만(Rudolph Bultmann)이 하이데거의 현상학을 활용하는 것을 비난하였다. 볼릭 박사는 이렇게 결론짓는다: "우리는 토마스 아퀴나스 안에서 성서에 기반한 동기와 아리스토텔레스의 질료형상설에 기반한 동

---

3. Odon Lottin, OSB, *Moral fondamentale*, Tournai, Desclee, 1954, p.209.
4. J. M. Ramirez, OP, "De philosophia morali Christiani", *Divus Thomas*(Friebourg) 14(1936), 87-122, 181-204.
5. Emil Brunner, *The Devine Imperative*, Philadelphia, Westminster Press, 1947, p.83.
6. Lynn Boliek, "The Integrity of Faith. Toward a Reformed Response to the Neoscholastic Method of Rudolf Bultmann", *Philosophia Reformata*(Amsterdam), 39(1974), 41-65.

기 사이에 유사한 충돌을 보았다."[7]

그럼에도 불구하고 우리는 철학적 윤리학의 독립성을 인정하는 매우 역량 있는 개신교 대변인을 알고 있다. 『그리스도교 윤리학 사전』(Dictionary of Christian Ethics)의 편집자인 존 매쿼리(John Macquarrie)가 좋은 예이다. 그는 실존철학과 그리스도교 가르침을 설득력 있게 결합하였다.[8] 영국에서는 성공회의 토미스트인 에리히 마스칼(Erich L. Mascall)이 신학 작업에서 철학의 활용을 오래도록 옹호해 왔다.[9] 그러나 현대 개신교에서 가장 인상적인 집필가는 폴 램지(Paul Ramsey)다. 램지는 그리스도교 윤리학과 윤리철학의 관계에 대한 일반적 관점에서는 물론, 현대인의 삶에서 삶과 죽음에 관한 고찰에서도 균형이 잘 잡힌 미국 개신교 사상가의 대변자이다.[10]

그렇다면 그리스도교 사상에서 오늘날 철학적 윤리학의 지위에 관한 매우 다양한 판단이 병존하고 있는 셈이다. 하지만 윤리철학자들은 윤리학에 있어서 그리스도교적 가르침의 가치 평가에서 광범위하게 갈리고 있다. 그리스도교적 영향에 대한 극단적 배격의 전형은 로버트 올슨(Robert G. Olson)이다. 그는 "오늘날의 지배적인 종교관들은, 도덕적 양성으로 이끌기는커녕 사실상 심각하게 도덕성의 실천을 파괴한다."고 주장한다.[11] 올슨은 특히 도덕법

---

7. Art. cit., pp.52-59.
8. Cf. John Macquarrie, *Three Issues in Ethics*, New York, Harper, 1970; *An Existentialist Theology*, New York, Holt, 1945.
9. E. L. Mascall, *The Openness of Being*, London, Darton, 1971.
10. Cf. especially Paul Ramsey, *Deeds and Rules in Christian Ethics*, New York, Scribner's 1967.
11. Robert G. Olson, *The Morality of Self-Interest*, New York, Brace & World, 1965, pp.v & 158.

에 관한 신-토미즘에서의 강조에 대해 비판적이다. 영국 윤리학자 노웰-스미스(P. H. Nowell-Smith)는 유신주의적 윤리학의 법리주의(legalism)에 대해 마찬가지로 무뚝뚝한 비판을 가한다. 1966년에 그는 한 논문을 통해 "종교적 도덕성은 유치하다."고 지적하였다. 그것이 글자 그대로라는 것을 보여주기 위해서 그는 이렇게 설명한다: "나는 종교적 태도가, 어른에게 적합한 것이 아니라, 어린이 발달에나 적합하고 필요한 의무론, 이타주의, 실재주의의 특성들을 유지하고 있다는 것을 보여주려고 노력할 것이다."[12] 그는 그리스도교 윤리학이 의무를 부가하려 들고, 영국에서 어린이들을 대하는 그런 방식으로 어른들을 취급하려 든다고 생각한다.

이런 비판에 대한 직접적인 반응은 분개(憤慨)이겠지만, 사실 그 비난 속에는 배울 만한 점이 들어 있다. 그 비판은 어쩌면 그리스도교 윤리학의 어떤 유형들에서는 의무가 지나치게 강조되고, 우리 자신을 위해서나 이웃을 위해서나 도덕적 선성에 대한 우리 자신의 평가에서 우러나오는 올바른 행위를 충분히 강조하지 않은 결과일지 모른다. 다시 말해, 인격적인 덕의 성장에 바탕을 두고 건설된 윤리학이 외적으로 부과된 의무들 위에 건립된 윤리학보다 우월할 것이다.

이쯤에서 우리의 용어들을 좀더 간명하게 정비하기로 하자. 나는 신학자가 아니고, 또 분명 가톨릭교회의 대변인도 아니다. 하지만 나는 주요 그리스도교 사상가들의 주요 작품들을 연구하였다. 아우구스티누스, 안셀무스, 아퀴나스, 둔스 스코투스, 라이프니츠, 존 로크 같은 사상가들은 철학자이면서 신학자들이었다. 그

---

12. P. H. Nowell-Smith, "Morality: Religious and Secular", in Iam T. Ramsey(ed.), *Christian Ethics and Contemporary Philosophy*, New York, Macmillan, 1966, pp.95 & 103.

런데 우리가 그리스도교를 윤리학과 연관지어 생각할 때, 신앙과 신학의 역할을 구별하는 것이 좋다. 신앙은, 합리적으로 명백하기 때문이 아니라, 어떤 권위에 의해서 보증되었기 때문에 특정 명제들에 동의하는 개인적인 성향(dispositio)이다. 유신주의적 신앙의 경우에 궁극적 권위는 하느님이다. 어떤 그리스도인도 신앙 없이 헤쳐나갈 수 없다. 다른 한편 신학은, 윤리신학이든, 다른 분과 신학이든, 자신의 종교적 신념들의 의미를 이해하고 설명하려고 노력하는 소수의 전문가들에 의해서 배양된 특별한 연구이다. 신학은 평범한 그리스도인들이 구원을 받기 위해 습득해야 하는 무엇이 아니다. 참으로 초창기 그리스도교에서는 신학이 매우 적었다. 성 아우구스티누스에게 '신학(theologia)'이란 이교도의 헛소리에 불과했다.

우리의 문제는 종교적 신앙을 지니고 있지 않으면서도 접근할 수 있는 윤리학을 어떻게 발전시키느냐는 것이 아니라, 철학적 윤리학이 윤리신학의 지지가 없이도 견뎌낼 수 있느냐는 것이다. 문제가 이렇게 설정되면, 우리의 답변은 이미 명백하다: 물론 그럴 수 있다. 만일 마리탱과 그의 동조자들이 실제로 윤리신학 또는 그리스도교 윤리학의 안내가 없이는 윤리학이 가능하지 않다는 것을 의미했다면, 그들은 그리스도의 때가 도래하기 이전에 그리스인들과 로마인들이 실현한 윤리적 사고의 4세기를 간과한 것이다. 참으로 나는 나중에 윤리철학이 신학에 의존하기는커녕 오히려 윤리신학이 언제나 철학으로부터 소재들을 빌려오는 것이라고 제언할 것이다.

마찬가지로 "윤리학"이라는 용어는 "도덕성"과 똑같은 것을 의미하지 않는다. 윤리학은 소수의 사람들에 의해 배양된 특별한 연구로서 인간에게 선한 삶을 구성하는 것이 무엇인지에 대한 매우 기본적인 이해를 도모한다. 윤리학은 남들에게 가르칠 수 있는 일종의 지식이지만, 도덕적 관점들은 매우 사사로운 것이어서 가르칠 수 있는 것이 아니다. 우리는 때때로 도덕성을 '전해줄 수 없는 지혜'라고 말한다. 그것의 목표는 선한 또는 올바른 행위를 촉진하는 것이지만, 윤리학의 목표는 도덕적 사고 속에 포함되어 있는 것이 무엇인지를 '아는' 것이다.

그렇다면 우리가 실제로 묻고 있는 것은 윤리학이 그리스도교적 윤리학과의 관계에서 자율적이냐는 것이다. 한 가지 대답하는 것을 확인하기 위해서 살아 있는 네 명의 사상가들을 바라보기로 하자. 두 명은 가톨릭 신앙인이 아닌 미국인이고, 다른 두 명은 가톨릭 신앙인인 영국 윤리학자들이다.

오늘날 이 분야에서 널리 활용되고 있는 교재들 가운데 하나는 리처드 브랜트(Richard Brandt)의 『윤리 이론』(Ethical Theory)이다. 그는 윤리학에서의 권위의 사용 문제를 세 가지 질문과 연관시켜 다룬다. 1) "종교 교사들의 윤리적 권고들은 진지하게 고려할 만한가?" 이 질문에 대해 그는 어떤 경우에는 고려할 만하다고 답한다. 2) "종교적 가르침에 대한 지식은 윤리적 신념의 정당화에 본질적인가?" 브랜트는 그 정당화에 하느님에 관한 지식을 요구하는 어떤 윤리적 의무들이 있다고 답한다.[13] 그는 디트리히 폰 힐데브란트(Dietrich von Hildebrand)의 다음과 같은 구절을 인용하고 있다(*Christian Ethics*, New York, McKay, 1953, pp.455-6):

도덕성은 …하느님의 존재를 …전제하고 있다. 그렇지만 이것이,

---

13. Richard Brandt, *Ethical Theory*, Englewood Cliffs(NJ), Prentice-Hall, 1959, pp.63-81.

우리가 계시에 의해서든 이성적 증명에 의해서든 하느님의 존재에 관한 지식을 가지고 있어야 한다는 것을 의미하는 것은 아니다. … 어떤 위격적 하느님에 대한 지식은 도덕적 가치의 경험에 불가분적으로 연결되어 있는 것이 아니다. 그렇다고 양심의 소리가 어떤 위격적 하느님에 관한 지식을 전제하는 것도 아니다.

마지막으로 브랜트는 "어떤 종교 지도자들의 윤리적 가르침은 무류적(無謬的, infallible)인가?"라고 묻고, 그에 대한 대답으로 우리 가운데 누가 하느님의 뜻에 대해 말하는지를 결정하기 위해 어떤 시험이 필요하다고 제언한다. (만일 우리가 브랜트가 가리키는 종교 지도자들이 교황이나 라인홀트 니이버(Reinholt Niebuhr)와 같은 저명한 개신교 학자뿐만 아니라 그리스도교 메시지를 대중화시킨 많은 사람도 포함하고 있음을 상기한다면, 우리는 브랜트의 답변의 타당성을 알 수 있을 것이다.) 어쨌든 브랜트는 신학이 학술적 윤리학에서 본질적인 역할을 한다는 주장은 "명백히 무효(invalid)"라고 주장한다.

그 관점들을 잘 고찰할 가치가 있는 또 하나의 미국 윤리철학자는 미시건대학의 윌리엄 프랑케나(William K. Frankena)이다. 조기에 받은 칼뱅 교육에도 불구하고 그는 신학자가 아니라 엄격히 철학적 윤리학자이다. 그는 자신의 교재[14] 제14장에서 윤리적 원리들의 정당화가 논리적으로 신학적 전제들에 의존할 수 없다고 말한다. 그 이유는, 그런 전제들은 철학적 자명성에 의해서 확립되지 않기 때문이다. 그렇지만 그는 어쩌면 "종교 없이는 도덕적이기 위한 그 어떤 적절한 동기화도 가능하지 않을" 수 있다는 것을 인정한다. 하지만 이것은 학술적 윤리학이 신학 안에 어떤 기초

---

14. William K. Frankena, *Ethics*, Englewood Cliffs(NJ), Prentice-Hall, 1963, p.85.

를 요구한다고 말하는 것과는 전혀 다르다. 지난해 『종교윤리학지』(Journal of Religious Ethics, 3[1975], 7-62)에서 프랑케나는 감리교대학의 카니(F. S. Carney)와 노트르담대학의 스탠리 하워워스(Stanley Hauerwas)와 함께 이 문제를 전반적으로 논한 적이 있다. 여기서 프랑케나는 윤리학이 종교적 사고에 의존하는지에 대한 자신의 의구심을 인정한다. 어쩌면 그의 입장을 가장 잘 드러내 보여주는 것은 다음 구절일 것이다: "내가 제언하고 있는 이 관점은 …도덕성과 종교가 두 가지 다소 다르지만 반드시 서로 배타적인 것은 아닌 관점을 포함하고 있다는 것인데, 이 관점들로부터 규범적이거나 평가적인 판단들이 나오거나 아니면 적어도 만들어진다."[15] 나는 프랑케나의 이 판단에 동의한다.

영국과 스칸디나비아에서는(그리고 점차 미국의 비-종파적인 대학들에서도) 가장 인기 있는 유형의 학술적 윤리학이 언어 분석과 연계되어 있다. 분석철학은 끊임없이 "우리는 X로 무엇을 의미하는가?"라고 물음으로써 명료성에 도달하고자 한다. 여기서 X는 도덕적 경험의 그 어떤 부분에 해당된다. 이리하여 X가 의도하는 행위 또는 행동하기에 "좋은 이유"라고 불리는 것, 또는 "공동체 표준" 관념이라면, 이 용어들이 일상 용어에서 어떻게 사용되는지를 조사하는 것은 유익하다. 스콜라 윤리학 또는 윤리신학을 공부한 사람은 "의도성(voluntariness)"과 같은 용어에 대한 설명이 얼마나 복잡해질 수 있는지를 잘 안다. 분석가들은, 만일 당신이 다르게 행할 수 있었다면 당신의 행위는 의도적이라고 말함으로써 사태 전체를 단순화한다. 이것은 [그들의] 평범한 화법이다.

---

15. Frankena, "Conversations with Carney and Hauerwas", *Journal of Religious Ethics* 3/1(1975), p.57.

유럽 대륙의 철학자들(그들은 현상학자나 마르크스주의자가 되려는 경향이 있다)은 영국적 분석철학자들을 이해할 수 없다. 그리고 감정은 상호적이어서 영국인들은 프랑스인, 독일인, 이탈리아인들을 두고 관념주의적 헛소리를 하고 있다고 생각한다. 더 이상한 것은, 뒤처지지 않으려 애쓰는 저 몇몇 가톨릭 철학자들이 흔히 이른바 현상학적 방법을 선호한다는 사실이다. 이것이 바로 (이 나라 젊은 예수회원들 사이에 갑자기 인기를 끌게 된) '초월적 토미즘(Transcendental Thomism)'이라고 불리는 운동에서 일어난 일이다.

그렇지만 몇몇 가톨릭 철학자들은 이제, 우리는 가톨릭 전통 안에서 작업해 왔지만 이제부터 영어권에서는 우리의 주의를 대륙 관념주의의 신비화에서 분석철학의 일상 대화로 옮겨가는 것이 더 나을 것이라고 제언하고 있다. '현존재(Da-sein)'와 '상-존재(So-sein)'에 대해, '불안(Angst)'과 '존재 필연(devoie de l'existence)'에 관해 말하는 대신에, 우리의 영어권 문화와 관심사에 더 적합한 윤리적 사고의 한 방법을 배양해야 한다. 이것이, 어쨌든 호주의 학자 사제 에릭 다아시(Eric D'Arcy)의 견해이다.[16] 다아시 신부는 자기들의 철학 유산을 활용하고자 하는 마이스터 에크하르트(Meister Eckhart)로부터 시작해서 칸트, 헤겔, 피히테를 거쳐 니체와 키에르케고르(Søren Kierkegaard)에까지 이르는 프랑스인이나 독일인과 다투지 않는다. 요점은, 대륙철학을 더 특징짓는 정신적 사건들에 대해 내적으로 바라보는 집중이 결국 영-미적 경험에는 낯설다는 것이다. 영어로 글을 쓰는 신학자들이 왜 현상학에 그토록 많은 주의를 기울이는지는 에릭 다아시가 파악할 수 없는 어떤 것

---

16. Eric D'Arcy, "Worthy of Worship: A Catholic Contribution", in G. Outka & J. P. Reeder(eds.), *Religion and Morality*, Garden City(NY), Doubleday, 1973, pp.173-205.

이다. 나도 역시 파악할 수 없다. 다만 한가지 어떤 가톨릭 신앙인들은 유럽 관념주의와 관련해서 좀 더 영적인 어떤 것이 있는 듯한 인상을 받는다.

사실상 영국에서 지금 분석윤리학에 종사하고 있는 상당수의 사람들은 로만 가톨릭 철학자들이다. 나는 엘리자벳 앤스콤(Elizabet Anscombe)과 그의 남편 피터 기치(Peter Geach), 데스몬드 헨리(Desnond Henry), 미즐리(E. B. F. Midgley), 막스 찰스워스(Max Charlesworth), 존 핀니스(John Finnis) 등을 염두에 두고 있다. 한 가지 좋은 예는 『도덕적 판단의 본성』(The Nature of Moral Judgement, 1967)에서 "권리들이 우리의 도덕적 의무들의 궁극 척도를 구성한다."(p.322)는 것을 보여주기 위해서 언어 분석을 활용하고 있는 패트릭 맥그라스(Patrick McGrath) 신부의 작업이다. 그리고 맥그라스는, 그리스도교의 사랑의 계명들은 도덕적 판단에 적절한 규범을 제공하지 못한다고 강조한다.

그렇지만 전반적으로 윤리학과 윤리신학에 관해 글을 쓰는 미국 가톨릭 사상가들은 분석윤리학에서 무슨 일이 벌어지고 있는지를 알지 못한다. 그러나 분석철학자들이 내놓는 그 분야에서의 저작 분량은 현상학자들의 생산량에 비해 엄청나다. 양보다 더 중요한 것은, 두 학파에서 시도되고 있는 일의 종류이다. 많은 현상학적 윤리학은 치유적이다. 그것은 도덕적 어려움을 겪고 있는 이들을 치유하고자 애쓴다. 일종의 도덕적 심리치료이다. 그러나 최근 윤리학자들은 두 가지 상이한 핵심 요점들을 구별하게 되었다. 어떤 사상가들에게 한가지 주의의 초점은 도덕적 결단의 안내역을 하는 규칙과 일반적 판단들에 쏠리고 있다. 이 초점과 더불어 우리는 자연법 사고의 경우에서처럼 규칙-윤리학을 발전시키는 데로 나아간다. 다른 한편 다른 종류의 윤리철학은 사람들의 실제 행동에 초점을 맞추려고 한다. 규칙보다는 행동이 중요하다. 옛 윤리학 전통에서 이것은 현명의 판단의 영역이었지 윤리학으로 간주되지 않았다. 내가 보기에는, 아직도 그러하다. 행동-윤리학은 보편성을 지니고 있지 않기 때문에 가르칠 수 있는 것이 아니다.

예컨대 디트리히 본회퍼(Dietrich Bonhoeffer)의 작업을 생각해 보자. 그는 의심의 여지없이 매우 진지한 그리스도교 사상가였다. 19세기의 쇠렌 키에르케고르와 마찬가지로, 그는 학교[스콜라] 윤리학은 아무 소용이 없다고 느꼈다. 실제로 선량한 그리스도인이 해야 하는 것은 전지하신 하느님이 도덕적 문제에 직면하고 있는 각 사람에게 제공하는 직접적인 개인적 자극들을 따라야 한다. 이리하여 만일 본회퍼가 아돌프 히틀러(Adolf Hitler)를 암살할 음모에 가담하라는 요청을 받았다면, 그는 그런 일을 관장하는 어떤 규칙을 발견하려 들지는 않을 것이고, 오히려 겸손하게 하느님께 안내를 청할 것이다. 그런데 나는 그런 전개법을 깔보고 싶지 않지만, 그것은 윤리학이 아니라고 말하고 싶다. 나는 하느님과 그토록 가까이 있어서 직접적으로 하느님의 뜻에 따라 규제되는 소수의 운 좋은 사람들이 있다는 것을 부인하지 않는다. 대학원 첫해에 나는 아우구스티누스(Augustinus)와 클레르보의 베르나르두스(Bernardus de Clairvaux)를 읽는 데 몰두하였다. 하지만 그런 사람들에게 윤리학을 가르치려 시도한다는 문제를 상상해 보라. 참으로 선한 사람은 어떠한 법도 필요로 하지 않는다는 신약 성경 본문이 있다. 그들은 일반화된 명령에 호소하지 않은 채 자기 의무를 이행한다. 만일 모든 인류가 이러하다면, 어떤 윤리학도, 어떤 교회법도, 그리고 참으로 그 어떤 시민법이나 형법도 필요 없을 것이다. 그러나 세상에는 성 베르나르두스 같은 사람이 그리 많지 않다. 나는 대다수의 사람들이 잘 살기 위해서는 얼마간의 일반법과, 경우에 따라서는 약간의 강제도 필요하다고 생각한다. 내가 알고 있듯이, (현상학적 윤리학이 추구하는) 행동-윤리학은 이런 안내를 위한 아무런 기초도 제공하지 않는다.

새로운 도덕성, 상황의 도덕성이라 불리는 것은 행동-윤리학을 향한 한 시도이다. 사랑에 의해 추동된 행동은 그 어떤 것도 다 선이라는 주장이 행동-사랑주의(act-agapism)를 형성한다. 하지만 이것은 학술적 윤리학이 갈 수 있는 길이 아니다. 그 안에서 가르칠 수 있는 것은 아무것도 없다. 사랑의 윤리학의 이름으로 거의 모든 종류의 활동을 다 하기로 결심하는 것이 가능할지 모른다. 최근에 '아이오와 항소심 사건(Iowa Court Appeals case)'이 있었는데, 여기서는 감옥에 갇혀 있는 죄수와 상담 중에 성관계를 가지는 것이 관찰되었다는 혐의를 받는 여성 간수의 행위를 다루었다. 모르긴 몰라도 그녀는 변론에서 자신의 동료 인간을 위한 사랑에서 그 행위를 했다는 주장을 펼쳤을 것이다. 문제는, 그런 사랑의 성격을 규정하는 것이다. '그리스도교'라는 수식어를 달고 있는 대단히 다양한 종파들이 있지만, 종교에 의해서 시인되는 그 어떤 종류의 사랑도 다 참사랑 또는 '아가페(agape)'의 사랑이라고 말하는 것은 큰 의미가 없다. 아우구스티누스가 잘 알고 있었던 것처럼 사랑에는 선한 사랑과 악한 사랑의 두 종류가 있다. 결국 우리는 윤리적 태도로서의 사랑에 어떤 의미를 주기 이전에 무엇이 사랑받아야 하고 또 무엇이 그렇지 않은지를 '알아야' 한다. 내가 보기에 이것은 아가페적 유형의 행동-윤리학은 작동하지 않으리라는 것을 의미한다.

그러나 자연법 윤리학은 어떠한가? 이 주제를 흔히 가톨릭 그리스도인들에 의해서 운용되는 것으로서 구별해주는 것은 바로 그 사물의 종류가 아닌가? 우리는 모두 어떤 종류의 행위는 매우 자연스럽게 올바르고 선하지만, 다른 것들은 그릇되고 나쁘다는 것을 알지 않는가? 나의 대답, 많은 사람들이 오늘날 자연법의 타당성에 관해 의구심을 품고 있다는 것이다. 세 가지 종류의 비판을 살펴보기로 하자.

첫째, 제2차 바티칸 공의회 이후 많은 가톨릭 저술가들이 자연법적 사고의 실재주의적(realistic) 토대들이 공격받고 있다는 것을 깨닫게 된다. 그들은 인간 본성(human nature)이 인간의 본질적 특성이라는 관념 자체에 도전장을 내민다. 그들은 이성이 한 사람을 종적으로 인간으로 만드는 것이라는 관점을 배격한다. 일부 새로운 유형의 신학자들은 그리스도교의 헬레니즘화에 대해 지금은 낡은 것이라고 말한다. 그들은 구약과 신약의 단순성으로 되돌아갈 것을 호소한다. 이 새 신학자들에 따르면, 아우구스티누스, 요한 크리소스토무스, 캔터베리의 안셀무스, 알베르투스 마뉴스, 토마스 아퀴나스, 보나벤투라, 둔스 스코투스 등은 자기 신학에 그리스 철학으로부터 따온 온갖 헛소리를 도입함으로써 그리스도교 메시지를 더럽힌 셈이다.

노트르담대학의 신학대학원 책임자인 스탠리 하워워스가 이에 대한 적절한 사례이다. 그는 지난해에 발표된 「자연법, 비극, 그리고 신학적 윤리학」이라는 논문에서[17] 이렇게 말한다. "이 논문에서 나는 그리스도교 윤리학은 신학적으로 독립적이고 충분한 도덕성으로 이해된 '자연법'과 아무런 관계도 없다고 논할 것이다." 같은 페이지에서 조금 더 나아가 하워워스는 "이성(理性)은 인간의 본질이 아니다."라고 덧붙인다. 그리고 자기 주장을 지지하기 위

---

17. Stanley Hauerwas, "Natural Law, Tragedy, and Theological Ethics", *American Journal of Jurisprudence* 20(1975), p.3.

해 그는 두 명의 사상가에게 호소한다. 먼저 리처드 맥코믹(Richard McCormick)의 다음 구절이 인용된다: "실존적으로 그리스도의 법으로부터 분리될 수 있는 자연법과 같은 것은 없고, 한 번도 있은 적이 없었다. 오로지 그리스도교 도덕성이 있을 뿐이다."[18] 그리고 조지 리건(George Regan)은 이렇게 말한다: "자연법은 실제로 자연적이지 않다. 그것은 완전히 그리스도의 은총을 통해 발생하는 초자연적 구원경륜에 포함된다. 조셉 푹스(Joseph Fuchs)는 옳게도 '그리스도가 자연법을 구제하였다. …자연법은 그리스도의 은총과 동떨어져서 존재하지 않는다.'"[19] 물론 자연법과 스콜라 사상 전체에 대한 가장 요란한 비판은 나의 옛 대학, 곧 토론토에 있는 생 마이클스 칼리지(St. Michael's College)의 평신도 신학자 레슬리 드워트(Leslie Dewart)의 비판이다.

이런 종류의 비판에서 실망스러운 것은, 그것이 반쯤만 진실이고, 나머지 절반은 거짓이라는 점이다. 두 가지 짧은 해명을 하고 싶다. 첫째, 이런 사상가들은 자연법의 범위를, 오직 그리스도의 법을 알고 있고 그래서 하느님의 은총에 의해서 초자연적으로 고양된 이들에게만 접근 가능한 것으로 지나치게 한정한다. 이것은 오늘날 엄청난 수의 사람들을 배제한다: 중국, 인도, 러시아, 아프리카의 수십억 인구가 그리스도교를 알지 못하거나 받아들이지 않는다. 둘째, 신신학자들 측에서의 자연법에 대한 이 비판은 자연적인 것과 초자연적인 것 사이의 관계를 포함하고 있다. 하지

---

18. Richard McCormick, "Human Significance and the Christian Significance", in Paul Ramsey & G. Outka(eds.), *Norm and Context in Christian Ethics*, New York, Scribner's, 1968, pp.233-261.
19. George Regan, *New Trends in Moral Theology*, New York, Newman Press, 1971, pp.130-131: cited by Hauerwas, pp.3-4.

만 나는 이 문제를 여기서 논할 생각이 없다. 그것을 논하는 것이 필요하지 않다. 중세의 위대한 신학자들이 자연법에 관해 말했을 때, 그들은 '자연적(naturalis)'에 특별한 의미를 부여하여 그것이 '습득된(acquisitus)'에 대립되는 것으로 보았다. '자연법(lex naturalis)' 또는 '자연권(jus naturalis)'에서 '자연적(naturalis)'의 의미는 그런 법이 인류에게 전달되는 '길(way)', 다시 말해 그 전달 양식에 집중되었다. 어떤 종류의 지식은 외적 표지들을 통해 표현됨으로써 우리에게 알려진다. 이리하여 우리는 그 주(週)의 어떤 특정한 날은 거룩하게 지내야 한다는 말을 들을 것이다: 그것이 무슬림에게는 금요일이고, 유다인에게는 토요일이며, 대부분의 그리스도인들에게는 일요일이다. 표지를 통해 전달하는 이런 방식은 '우리 앞에 놓여 있는' 것을 뜻하는 라틴어 '포지툼(positum)'에서 파생된 형용사 '포지티부스(positivus)'를 활용하여 실증적 전달(promulgatio positiva)이라고 불린다. 다른 종류의 인식은 우리 자신의 개인적 경험과 성찰로부터 획득한다. 생애 초기에 대부분의 사람들은 '평등(equality)'이나 '공정함(fairness)'이 무엇을 의미하는지를, 그런 관계에 대한 자기들 자신의 타고난 자각의 내적 자극으로부터 알게 된다. 그런데 이런 지식 습득 양식은, 어떤 것이 외적 표지들을 통해 우리에게 전달되지 않은 채 우리에게 명백하다는 의미로 '자연적'이라고 불린다. 토마스 아퀴나스가 법이 '자연적'이라고 말할 때, 그가 의도하는 것은 바로 이것이고, 이런 사용에 있어서 그는 르네상스 이전의 모든 위대한 사상가들과 다르지 않다. 똑같은 정보가 자연적으로, 또는 실증적으로, 또는 두 가지 방식으로 다 수용될 수 있지만, 만일 우리가 두 가지 전달 방식을 혼동한다면 명료함을 잃어버리게 될 것이다.

그렇다면 자연법의 지위와 관련해서 모든 세기에 걸쳐 오해와 논쟁이 있어 왔다는 사실은 놀랍다. 다른 사람에게 자연법이 무엇을 요구한다고 생각하는지를 말하거나 가르치기 시작하자마자, 당신은 이미 자연적 전달 방법과는 다른 전달 방식으로 옮겨 갔다. 어쩌면 이것이 왜 가톨릭 신앙인이 아닌 사람들이 가톨릭 신앙인들로부터 자연법에 대한 설명을 듣게 될 때 종종 분개하는지를 이해하는 데 도움이 될 것이다.

단순주의적 자연법 이론에 대한 세 번째 심각한 반론은 나 자신이 만든 것이다.[20] 모든 사람이 자기 자신의 정신 안에서 도덕적 행동 규약(code) 전체를 간단히 직관함으로써, 쉽사리 "자연법이 가르치는 바"를 알 수 있는 것은 아니다. 심지어 윤리학의 기본적 판단들을 파악하는 것이 몇 분간의 개인적 통찰보다 훨씬 더 많이 걸린다. 자연법의 지식을 '거의 타고난다(quasi-innate)'는 주장은 유지될 수 없다. 아퀴나스가 자신의 윤리신학 논고, 곧 『신학대전』 제2부를 집필할 때, 그는 자연법 또는 일반적인 법에서 출발한 다음에, 우리의 도덕적 의무에 대한 그의 관념을 설명한 것이 아니다. 오히려 그는 먼저 89개 문(Quaestio: 이것은 대체로 현대 도서들의 장[chapter]에 해당된다)을, 사람들이 어떻게 선과 악을 구별하는지에 헌정하였다. 이 오랜 분석(오늘날로 치자면, 여러 권의 단행본에 상당한다) 이후에야 비로소 『신학대전』은 우리에게 말하자면 그런 긴 조사의 결론들을 요약하는 '자연법'이 있다고 말한다. 이 자연법은 영원법과 동일하지 않고, 인정법과도 다르며, 신법(神法, lex divina)과도 다르다.

아퀴나스가 자신의 법에 관한 논고(I-II, 91, 1-4)에서 제시하는

---

20. Cf. Vernon Bourke, "Is Thomas Aquinas a Natural Law Ethicist?" *The Monist* 58(1974), 52-66.

이 다른 종류의 법들에 대한 설명은 고찰할 가치가 있다. 첫째, 만물에 대한 하느님의 지고한 통치 원리(ipsa ratio gubernationis)인 '영원법'(lex aeterna)이 있다. 이 영원법은 오직 하느님께만 충만히 알려진다. 어떤 사람도 영원법 전체를 다 알 수 없다. 둘째, 자연법(lex naturalis)이 있다. 이것은 이성적 존재자가 적절한 목적과 활동들을 향한 자신의 기본적 경향들(inclinationes in proprios actus et fines) 또는 필요들에 관해 생각함으로써 알게 되는, 영원법의 그 부분에 대한 참여를 포함하고 있다. 셋째, 인간의 추론에 의해서 발견되는 특수한 규칙들(particulares dispositiones)로 구성되고 자연법의 매우 일반적인 계명들에 추가된 인정법(lex humana)이 있다. 이런 인정법들은 실증적으로 전달된다. 넷째, 자연법과 인정법을 뛰어넘는(praeter legem naturalem et legem humanam) 신법이 있다. 신법은 여러 가지 이유로 필요하지만, 특히 인간 행위자들이 하느님에 의해서 인간의 자연적 역량들을 뛰어넘는 궁극 목적(지복직관)으로 인도되기 때문에 필요하다. 신법은 우리를 초자연적 계시의 차원으로 끌어올린다. 그래서 그것은 자연적인 것이 아니라, 어떤 다른 것이고, 좀 더 높은 차원에 있다. 토마스 자신이 이렇게 말하고 있다(제4절 제1답).

> 인간은 인간 본성에 비례하는 역량에 따라(secundum proportionem capacitatis humanae naturae) 자연법을 통해 영원법에 참여한다. 그런데 인간은 초자연적인 궁극 목적을 향해 더욱 고차원적인 방법으로 인도되어야 한다. 따라서 그것을 통해 영원법이 더욱 고차적인 방식으로(altiori modo) 참여하게 되는, 하느님으로부터 주어지는(divinitus data) 법이 추가된다.

이런 본문 분석을 하였으니, 이제는 중요한 한 가지를 지적하고 싶다. 신법은 실증적으로 전달되고(토마스는 모세[Moses]에게 기록되어 전해진 십계명과, 신약의 사랑의 두 계명을 염두에 두고 있다.), 자연법과 국법에, 궁극적 행복을 달성하기 위해 사람이 무엇을 해야 하는지에 대한 특별한 지식을 추가한다.[21] 그렇다면 오늘날 신적인 자연법에 대해 말하는 것은 혼란스러울 뿐이다. 왜냐하면 그 표현은 실증법을 비-실증법과 결합시키려 시도하기 때문이다. 근대 초기의 어느 시점에 많은 그리스도교 사상가들이 이 구별을 망각하였다. 많은 법 전문가들이 모든 법의 본질은 법 제정자의 의지에 의한 의무의 부과라고 생각하게 되었기 때문이다. 바로 이것이 법적 주의주의(legal voluntarism)라고 알려진 것으로, 매우 기만적인 이론이다. 그것이 조셉 플레처(Joseph Fletcher)의 그리스도교 윤리학에서 멋지게 드러난 일종의 윤리적 외부주의(ethical extrinsicism)를 포함하고 있다고 말하는 것으로 충분할 것이다. 불행히도 그는 그런 외부주의의 유일한 옹호자가 아니다. 최근 가톨릭 사상가들이 그것을 채택했기 때문이다.

우리는 영국의 한 정치학 교수가 쓴 국제 관계와 자연법에 관한 최근의 책에서 이 쟁점의 두 면을 본다.[22] 미즐리는 아퀴나스가 이해하는 대로의 자연법이 20세기 세계 정세의 안정 문제들에 중요한 기여를 하였다고 말한다. 이것은 특히 에버딘 대학에서 가르치는 사람에게는 놀랄 만한 관점이겠지만, 나는 그것이 타당하다고 생각한다. 미즐리는 윤리학과 그리스도교의 관계 문제를 매우 솔

---

21. I-II, 91, 4: "Dicendum quod praeter legem naturalem et legem humanam necessarium fuit ad directionem humanae vitae habere legem divinam."
22. E. B. F. Midgley, *The Natural Law Tradition and the Theory of International Relations*, London, Elek Books/ New York, Harper, 1975, pp.78-79 & 111.

직하게 다루고 있다.

> 한 무신주의자(atheist) 또는 불가지주의자(agnostic)가 자연법의 어떤 계명의 의무적 성격을 적절하게 인정할 수 있는지와 관련해서 그 문제는 우리 시대에 날카롭게 제기된다. 분명 그런 어떤 인정은 하느님의 존재와 섭리에 좌우되지만, 하느님의 존재와 섭리에 대한 무신주의자의 '인식'에 필연적으로 달려 있는 것은 아닐 것이다. …실천적 질서에서도 그 무신주의자가 인정하지 못하는 어떤 도덕적 의무들이 있을 것이고, 그가 겨우 가까스로 그리고 많은 오류들과 혼합된 채 인정하게 될 다른 것들도 있을 것이다. 그럼에도 불구하고 한 무신주의자가 자연법의 모든 계명의 의무적 성격을 모두 인정하는 데 실패하지는 않으리라는 것이 성 토마스의 정신과 일치하는 것으로 보인다.(pp.78-79)

이것은 아퀴나스의 입장에 대한 매우 날카로운 지적이다. 미즐리는 그의 해석에서 돔 오돈 로탱의 독서에 의해 안내를 받고 있다. 하지만 바로 그 구절 직후에(p.111) 미즐리는 장 보댕(Jean Bodin) 같은 정치 이론가가, "성경, 가톨릭 전통, 그리고 교회 교도권(magisterium)이라는 삼중 원천에 유용한 자연법 문제에서 자신의 변절에 의해 외적으로 권위 있는 안내를 스스로 상실했기 때문에" 틀렸다고 말함으로써 자신의 송사를 어지럽히고 있다.

미즐리는 자연법이 신법이 아니라는 점과 관련해서 요점을 놓쳤다. 나는 세상의 대부분의 사람들이 오늘날 이 세 가지 안내의 원천들을 받아들이지 않는다는 점을 반복적으로 지적해야 한다. 거대한 인구를 가진 지역들이 지금 비그리스도교적이고, 교회의 권위는, 교황은 얼마나 많은 군단을 지휘하고 있느냐고 묻던 이오

시프 스탈린(Joseph Stalin)에게 그러했던 것처럼, 병력의 수만큼이나 그리 대단하지 않다.

이런 혼동 때문에 나는 자주 자연법에 관해서 말하는 것을 중단하도록 권하는 것이 차라리 낫지 않을까 하는 생각을 품었었다. 그렇지만 그 용어 사용이 지속된다면, 베르나르드 뷜너(Bernard Wuellner)가 자신의 『스콜라 철학 사전』(Dictionary of Scholastic Philosophy, Milwaukee, Bruce, 1956, pp.69-70)에서 했던 바를 우리도 해야 할지 모른다. 그는 두 종류의 자연법이 있다고 말했다.

> 그리스도교 신앙과 법에 대한 이성의 인식을 지도하는 그리스도교 전통에 의해서 명료화되고 해석되며 확증되는 '그리스도교적 자연법'과 …[둘째] 그 법을 구성하는 계명과 권리들의 집합체인 '형식적으로 고찰되는 자연법' [더하기] '잠재적으로 고찰된 자연법' 곧 이성, 그 법을 알려는 이성의 역량과 경향.

이 용어에서 그리스도교적 자연법이란 그리스도인들에게 유효성을 가질 터이지만, 형상적으로 그리고 잠재적으로 고찰된 자연법은 모든 사람들에게 유효해야 한다. 순수 철학적 윤리학을 위한 토대를 형성하는 것은 인류 일반에게 덜 적합하지만 더 보편적으로 쓸모가 있는 후자이다. 바로 그렇기 때문에 나는 여러 해 동안 일부 그리스도교 학자들이 가톨릭 교회의 교도권 또는 성경의 도덕적 가르침에 의존하지 않는 어떤 윤리학 작업에 참여해야 한다고 촉구했던 것이다.

더욱이 설령 전 세계가 그리스도교화되었다고 하더라도, 나는 철학적 윤리학이 아직도 필요하다고 생각할 것이다. 나의 관점은 도덕적 문제들에 관해 어떻게 생각할 것인지에 대한 훌륭한 해설,

말하자면 어떤 윤리학이 윤리신학 또는 그리스도교적 윤리학 이전에 발전되어야 한다는 확신에 근거하고 있다. 도덕적 판단의 기초들에 관한 유용한 이해를 위해서 우리는 에릭 다아시와 엘리자벳 앤스콤이 지속적으로 요구한 것, 곧 작업할 만한 도덕적 심리학을 필요로 한다. 만일 인간 본성의 기능에 관한 보다 나은 이해가 요구된다고 말하는 것이 어떤 이들에게 좀더 의미가 있다면, 그때 나는 그것을 수용할 것이다.

성서적이고 초기 그리스도교적 저술들 전반에 걸쳐 만나게 되는 '마음'의 심리학은 인간적 행위의 수원(水源)에 대한 충분한 분석을 제공하지 않는다. 고대 히브리인들에게 마음(Lev)은 인간의 감정들과 바람의 자리였고, 인격적인 투신과 결단의 초점이었으며, 또한 인간의 지혜와 고등 지식의 자리였다. 하지만 오늘날 우리는 인간의 마음이 그렇지 않다는 것을 잘 알고 있다. 마음은 의식적 기능들을 가지고 있지 않다. 만일 그것이 그것을 가지고 있다면, 심장 전문의가 이 논문을 쓰고 있어야 할 것이다. 물론 우리는 '마음'이라는 용어를 계속해서 은유적으로 사용한다. 특히 인간의 감정과 생각에 관한 일상 대화에서. 그러나 그런 용법은 그것이 사물들을 알고 느끼고 원한다는 것을 의미하지 않는다.

그리스도교 윤리학 또는 가톨릭 윤리신학은, 그런 가르침이 표현될 수 있는 어떤 이해할 만한 대화의 세계가 있지 않는 한, 성경이나 교회 전통들의 단순한 뿌리나, 심지어 가르치는 교회의 형상적 결단들로부터 충만하게 솟아날 수 없다. 어떤 윤리신학자라도 지성적이고 문화적인 진공상태에서는 작업할 수 없다. 그리스도교 윤리학자가 토마스 아퀴나스가 했던 것처럼, 자기 자신의 윤리철학을 구성하려 시도하는 것은 얼마든지 가능할 것이다. 하지만 윤리신학에 봉사하는 데 도움이 되는 그런 철학적 윤리학조차도 그 고유의 독립적 유효성을 지니고 있어야 한다. 그것은 종교적 권위의 보장과는 별개로 작업된 것이어야 한다.

그래서 나의 결론은, 순수 철학적인 윤리학이 그리스도교 신학으로부터 동떨어져서 [구성되는 것이] 가능하지만, 그런 윤리학은 그리스도교 안에 내재하는 영적인 가치들과 연관지어 인간 경험의 보다 높은 차원에서 이루어지는 발전에 열려 있다는 것이다.[23]

---

23. 이것은 또한 볼프강 클룩센과 소피아 반니 로비기라는 두 명의 지도적 유럽 가톨릭 윤리학자들의 관점이기도 하다: Wolfgang Kluxen, *Philosophische Ethik bei Thomas von Aquin*, Mainz, Matthias-Gruenewald, 1964; Sofia Vanni Rovighi, "C'e un etica filosofica in S. Tommaso?" *Rivista di Filosofia Neo-scholastica*(Milano), 66(1974), 653-670.

| 참고문헌 |

• 일반 참고문헌

Bourke, Vernon, *A History of Ethics*, New York, Doubleday, 1964.

Davies, Brian, OP, *The Thought of Thomas Aquinas*, Oxford, Clarendon, 1992.

Finnis, John, *Fundamentals of Ethics*, New York, Fordham University Press, 1983.

Hibbs, Thomas S., *Dialectic and Narrative: An Interpretation of the Summa contra Gentiles*, Notre Dame, University of Notre Dame Press, 1995.

MacIntyre, Alasdair, *A Short History of Ethics*, New York, Macmillan, 1966.

MacIntyre, Alasdair, *After Virtue*, Notre Dame, University of Notre Dame Press, 1980.

MacIntyre, Alasdair, *Three Rival Forms of Moral Enquiry*, Notre Dame, Univ. of Notre Dame Press, 1990.

Maritain, Jacques, *Moral Philosophy*, New York, Scribner's, 1964.

Pinckaers, Servaias, OP, *The Sources of Christian Ethics*, Washington, Catholic University of America Press, 1995

Porter, Jean, *The Recovery of Virtue*, Westminster, John Knox Press, 1990.

1. 도덕성과 인간적 삶
『신학대전』 I-II, q.1, a.3; q.57; q.6, a.8; q.20, a.5.

2. 인간의 선
Geach, Peter, *God and the Soul*, London, Routledge, 1969.
Hardie, W. F. R., *Aristotle's Ethical Theory*, Oxford, Clarendon, 1968.
Rorty, Amelie O., *Essays on Aristotle's Ethics*, Berkeley, University of California, 1980.
Williams, Bernard, *Morality: An Introduction to Ethics*, New York, Harper & Row, 1972.

3. 궁극 목적과 도덕적 원리들
D'Arcy, Eric, *Conscience and Its Right to Freedom*, New York, Sheed and Ward, 1961.
Finnis, John, *Natural Law and Natural Rights*, Oxford, Clarendon, 1980.
Kenny, Anthony(ed.), *Aquinas: A Collection of Critical Essays*, Anchor Books, 1969.
Midgley, E. B. F., *The Natural Law Tradition and the Theory of International Relations*, New York, Barnes and Noble, 1975.
Simon, Yves, *Critique of Moral Knowledge*, tr. Ralph McInerny, Notre Dame, University of Notre Dame Press, 1997.

4. 인간적 행위의 구조
Donagan, Alan, "St. Thomas on the Analysis of Human Actions", in *Cambridge History of Later Medieval Philosophy*, Cambridge University Press, 1982, pp.642-654.

McInerny, Ralph, *Aquinas on Human Action*, Washington, Catholic University of America Press, 1992.

5. 인간적 행위의 선악
Luscombe, D. E., *Peter Abelard's Ethics*, Oxford, Clarendon, 1971.

6. 성격과 결단
MacIntyre, Alasdair, *After Virtue: A Study in Moral Theory*, Notre Dame, University of Notre Dame Press, 1981.

7. 현명과 양심
Pieper, Josef, *The Four Cardinal Virtues*, Notre Dame, University of Notre Dame Press, 1966.

8. 종교와 도덕성
McInerny, Ralph, *Saint Thomas Aquinas*, Boston, Twayne, 1977.
McInerny, Ralph, *A First Glance at Thomas Aquinas: A Handbook for Peeping Thomists*, Notre Dame, University of Notre Dame Press, 1990.

• 역자 추가: 일반 참고문헌

Abba, Giuseppe, *Lex et virtus: Studi sull'evoluzione della dottrina morale di san Tommaso d'Aquino*, Roma, LAS, 1983.

Bourke, Vernon, *Ethics: A Textbook in Moral Philosophy*, New York, Macmillan, 1951.

Bradley, Denis J., *Aquinas on the Twofold Human Good. Reason and Human Happiness in Aquinas's Moral Science*, Washington, Catholic University of America Press, 1997.

Celano, Anthony, *Aristotle's Ethics and Medieval Philosophy*, Cambridge University Press, 2016.

Cessario, Romanus, OP, *Introduction to Moral Theology*, rev. ed., Washington, Catholic University of America Press, 2013.

Elders, Leo, SVD, *The Ethics of St. Thomas Aquinas*, Washington, CUA, 2019.

Gilles, Emery, OP, et al.(eds.), *Aristotle in Aquinas's Theology*, Oxford, Oxford University Press, 2015.

Gilson, Étienne, *Moral Values and the Moral Life: The Ethical Theory of St. Thomas Aquinas*.

Hoffmann, Tobias et als.(eds.), *Aquinas and the Nicomachean Ethics*, Cambridge University Press, 2013.

Irwin, Terence, *The Deveolopment of Ethics: A Historical and Critical Study, vol.1: From Socrates to the Reformation*, Oxford University Press, 2007.

Jordan, Mark D., *Rewritten Theology: Aquinas after His Readers*, Malden(MA), Blackwell, 2006.

Keenan, James F., SJ, *A History of Catholic Moral Theology in the Twentieth Century*, London, Continuum, 2001.

Kluxen, Wolfgang, *L'etica filosofica di Tommaso d'Aquino*, Milano, Vita e Pensiero, 2005.

Kretzmann, Norman et Eleonore Stump(eds.), *The Cambridge Companion to Aquinas*, Cambridge University Press, 1993.

Loewe, Can Laurence, *Thomas Aquinas on the Metaphysics of the Human Act*, Cambridge University Press, 2021.

MacDonald, Scott & Eleonore Stump(eds.), *Aquinas's Moral Theory: Essays in Honor of Normann Kretzmann*, Cornell University Press, 1999.

Mattison III, Willam C., *Introducing Moral Theology*, Grand Rapid, Brazos, 2008.

Pinckaers, Servais, OP, *Morality: The Catholic View*, South Bend, St. Augustine, 2001.

Rhonheimer, Martin, *The Perspective of Morality: Philosophical Foundation of Thomistic Virtue Ethics*, Washington, Catholic University of America Press, 2011.

Stump, Eleonore et. al.(eds.), *The New Cambridge Companion to Aquinas*, Cambridge University Press, 2022.

매키너니, 랄프, 『그리스도교 윤리학: 윤리신학과 철학적 윤리학의 성찰적 대화』, 김율 옮김, 누멘, 2017.

매키너니, 랄프, 『제2차 바티칸 공의회 이후 현대 가톨릭의 위기 진단』, 이재룡 옮김, 가톨릭출판사, 2000.

몬딘, 바티스타, 『성 토마스 개념사전』, 이재룡·안소근·윤주현 옮김, 한국성토마스연구소, 2021.

박주영, 『악이란 무엇인가: 토마스 아퀴나스 철학에서 악의 문제에 관한 연구』, 누멘, 2012.

서병창, 『토마스 아퀴나스의 윤리학』, 누멘, 2016.

이상섭, 『악(惡)과 죄종(罪宗): 토마스 아퀴나스의 '악에 관한 토론문제집' 풀어읽기』, 서강대학교출판부, 2021.

포프, 스테픈(편), 『아퀴나스의 윤리학』, 이재룡·김도형·안소근·윤주현 옮김, 한국성토마스연구소, 2001.

핑케어스, 테어도어, OP, 『정념과 덕』, 이재룡 옮김, 한국성토마스연구소, 2023.

| 인명 색인 |

가디너, 얼(Erle Stanley Gardiner) 34
그리세즈, 제르맹(Germain Grisez) 10, 73, 74
기치, 피터(Peter Geach) 83, 84, 200, 214

노웰-스미스(P. H. Nowell-Smith) 194
뉴먼 추기경, 존 헨리(John Henry Newman, Cardinal) 150
니이버, 라인홀트(Reinholt Niebuhr) 197
니체, 프리드리히(Friedrich W. Nietzsche) 90, 199, 211

다아시, 에릭(Eric D'Arcy) 72, 73, 199, 200, 214
데이비스, 브라이언(Brian Davies, OP) 213
데카르트, 르네(René Descartes) 8, 9
도너간, 앨런(Alan Donagan) 214
도스토예프스키, 표도르(Fyodor M. Dostoevsky) 89
드워트, 레슬리(Leslie Dewart) 204

라미레즈(J. M. Ramirez, OP) 192
라이프니츠, 빌헬름(G. Wilhelm Leibniz) 194
램지, 폴(Paul Ramsey) 193
러셀, 버트런드(Bertrand Russell) 146
러스콤, 데이비드(David E. Luscombe) 215
로비기, 소피아(Sofia Vanni Rovighi) 212
로크, 존(John Locke) 194
로탱, 돔 오돈(Dom Odon Lottin, OSB) 191, 192, 209
로티, 아멜리(Amelie O. Rorty) 214
루스벨트, 프랭클린(Franklin D. Roosevelt) 45
루이스, 클라이브(Clive S. Lewis) 91
리건, 조지(George Regan) 204

마리스, 로저(Roger Maris) 114
마리탱, 자크(Jacques Maritain) 92, 191, 192, 195, 213
마스칼, 에리히(Erich L. Mascall) 193
매쿼리, 존(John Macquarrie) 193
매키너니, 랄프(Ralph McInerny) 210, 214, 215, 217
매킨타이어, 알래스데어(Alasdair MacIntyre) 87, 213, 215
맥그라스, 패트릭(Patrick McGrath) 200
맥코믹, 리처드(Richard McCormick) 204
모세(Moses) 208
모티머(R. C. Mortimer) 192
무어, 조지(George E. Moore) 50, 51, 52, 63, 81, 82, 83, 84, 85, 86
미즐리(E. B. F. Midgley) 200, 208, 209, 214
밀턴, 존(John Milton) 109

바오로, 사도(St. Paulus) 49, 150
베르나르두스, 클레르보의(Bernarfus de Clairvaux) 201
베아트리체(Bratrice) 20, 21, 120, 135, 139, 140, 164
보나벤투라(Bonaventura) 203
보댕, 장(Jean Bodin) 209
본회퍼, 디트리히(Dietrich Bonhoeffer) 201
볼릭, 린(Lynn Boliek) 192
부르너, 에밀(Emil Brunner) 192
부르크, 버논(Vernon Bourke) 190, 213
불트만, 루돌프(Rudolph Bultmann) 192
뷜너, 베르나르드(Bernard Wuellner) 210
브랜트, 리처드(Richard Brandt) 196, 197
비트겐슈타인, 루트비히(Ludwig Wittgenstein) 82

사르트르, 장 폴(Jean-Paul Sartre) 88, 89
스코투스, 둔스(Duns Scotus) 194, 203
스탈린, 이오시프(Joseph Stalin) 210
스티븐슨, 찰스(Charles Stevenson) 85, 86
시몽, 이브(Yves Simon) 214

아리스토텔레스(Aristoteles) 9, 12, 24, **27-47**, 52, 53, 55, 58, 62, 91, 102, 105, 109, 112, 121, 122, 144, 149, 151, 155, 157, 159, 162, 167, 178, 188, 192

아벨라르두스, 페트루스(Petrus Abelardus) 134, 135, 137, 173
아우구스티누스(St. Augustinus) 144, 194, 195, 201, 202, 203
아퀴나스, 토마스(Thomas Aquinas) 7, 9, 10, 11, 12, 14, 17, 18, 19, 21, 22, 24, 25, 27, **47~59**, 62, 63, 65, 66, 67, 68, 69, 70, 71, 72, 73, 74, 75, 76, 78, **80~90**, 91, 93, 94, 96, 99, 100, 101, 102, 104, 106, 107, 108, 109, 110, 111, 112, 113, 114, 115, 116, 117, 118, 119, 121, 122, 123, 125, 126, 127, 128, 130, 131, 132, 133, 134, 136, 137, 140, 141, 142, 144, 145, 147, 151, 152, 153, 154, 155, 157, 158, 161, 162, 163, 164, 165, 166, 167, 172, 174, 175, 177, 178, 179, 180, 181, 182, 183, 184, 185, 186, 187, 192, 194, 203, 205, 206, 207, 208, 209, 211
안셀무스(Anslmus) 194, 203
알베르투스 마뉴스(Albertus Magnus) 203
암스트롱, 리드(Reed Armstrong) 11
앤스콤, 엘리자벳(Elizabeth Anscombe) 200, 211
에크하르트, 마이스터(Meister Eckhard) 199
엘리엇, T. S.(T. S. Eliot) 8
올슨, 로버트(Robert G. Olson) 193
요한 다마셰누스(St. Johannes Damascenus) 162
웰즈, 오손(Orson Welles) 127
윌리엄스, 버나드(Bernard Williams) 214

제임스, 헨리(Henry James) 34, 45, 46
질송, 에티엔(Étienne Gilson) 191, 216
찰스워스, 막스(Max Charlesworth) 200

카니(F. S. Carney) 198
칸트, 임마누엘(Immanuel Kant) 199
케네디, 저스티스(Justice Kennedy) 90
케니, 앤서니(Anthony Kenny) 74, 214
크리소스토무스, 요한(John Chrysostomus) 203
클룩센, 볼프강(Wolfgang Kluxen) 212
키에르케고르, 쇠렌(Søren Kierkegaard) 24, 199, 201

톨스토이, 레프(Lev Tolstoy) 24

포터, 쟌(Jean Porter) 213

푹스, 조셉(Joseph Fuchs) 204
프랑케나, 윌리엄(William K. Frankena) 81, 197, 198
플레처, 조셉(Joseph Fletcher) 208
피츠제럴드, 스콧(F. Scott Fitzgerald) 127
피퍼, 요셉(Josef Pieper) 162, 163, 164, 215
피피 라뤼(LaRue, Fifi) 20 → 베아트리체
피히테, 요한(Johann G. Fichte) 199
핀니스, 존(John Finnis) 10, 200, 213, 214
핑케어스, 세르베(Servais Pinckaers, OP) 213, 217

하디, 윌리엄(William F. R. Hardie) 214
하비, 팻(Pat Hobby) 127
하워워스, 스탠리(Stanley Hauerwas) 198, 203
헤겔(G. W. F. Hegel) 199
헤어, 리처드(Richard M. Hare) 50, 51
헨리, 데스몬드(Desmond Henry) 200
호라티우스(Horatius) 148
흄, 데이비드(David Hume) 63, 65, 80, 81, 84, 91
히틀러, 아돌프(Adolph Hitler) 201
힙스, 토마스(Thomas Hibbs) 213
힐데브란트, 디트리히 폰(Dietrich von Hildebrand) 196

| 사항색인 |

가톨릭(Catholicism) 91, 192, 196, 199, 200, 202, 203, 206, 208, 209, 210, 211
'갈망할 만한(desirable)'과 같은 용어를 이해하는 두 가지 방식 63
감각과 관련된 생명 41
감정적 의미 86
개신교(Protestantism) 192, 193, 197
결여 106, 112
결정론주의의 오류(Definist Fallacy) 81
계시(Revelation) 179, 180, 181, 182, 183, 197, 207
공동체 표준(community standards) 198
공정함(fairness) 205
관념주의(idealism) 199, 200
관상(contemplation) 46, 47, 52, 55, 58, 59
교도권(magisterium) 210
교황(Pope) 197, 209
교회법(canon law) 201
궁극 목적(finis ultima) 27, 32, 33, 34, 35, 36, 38, 39, 44, 45, 46, 47, 48, 49, 50, 52, 53, 54, 55, 58, 59, 61, 65, 77, 78, 79, 92, 93, 117, 154, 161, 167, 178, 185, 188, 207
귀결(consequences) 9, 140, 141
규범(norm) 59, 61, 69, 79, 95, 200
규칙-윤리학(rule-ethics) 200
그 자체로 알려진 70
그가 누구냐에 따라 목적은 달라진다(Qualis unusquisque est, talis finis ei videtur) 148
그것들이 그것들인 이유는 장인이 그것들로 하여금 어떤 것을 하도록 만들었기 때문이다. 그것이 바로 그들의 본성(자연)이고, 그것들의 본성은 바로 그것들을 평가하는 기초가 된다 88
그리스도교 윤리학(Christian ethics) 192, 193, 194, 195, 203, 208, 211
그리스도교적 가르침(Christian doctirine) 191, 193

그리스도인 55, 110, 179, 182, 195, 201, 205, 210
긍정적 절대(absolutum affirmativum) 92, 93
기예[기술](ars/techne) 28, 29, 30, 31, 32, 59, 151, 152
기예는 사물이 어떻게 만들어져야 하는지에 관한 올바른 추론이고, 만들어지는 물건의 선을 목적으로 삼고 있다 152

나는 왜 도덕적이어야 하는가? 16, 17, 18
내 영혼의 반쪽(dimidium animae meae) 148
넓은 의미에서 삶이 어떻게 되어야 할지에 대해 우리가 매우 불완전한 통제력밖에 지니고 있지 않다 24
『니코마코스 윤리학』(Nicomachean Ethics) 28, 30, 35, 37, 38, 39, 42, 62

덕(virtue, 덕의 정의) 18, 44, 45, 45, 47, 56, 57, 59, 65, 68, 73, 144, 150, 151, 152, 153, 154, 155, 157, 158, 161, 162, 164, 184, 185, 188, 194
　도덕적 덕 44, 46, 151, 152, 153, 154, 155, 156, 157, 158, 159, 167, 184
　사추덕 78, 154, 167
　주입된 덕 184, 185
　지성적 덕 44, 46, 151, 152, 153
덕이란, 그 덕분에 우리가 옳게 행동하는, 결코 악하게 사용될 수 없는 정신의 성질이다 144
도덕 생활(도덕적 삶) 55, 109, 110, 141, 142, 146, 147, 148, 150, 158
도덕법(moral law) 193
도덕성(morality) 16, 19, 55, 110, 132, 133, 134, 140, **151~155**, 158, 171, 183, 185, 193, 194, 195, 196, 198, 202, 204
도덕적 딜레마 96, 174
도덕적 성격 137, 140, 142, 165
도덕적 양성(moral formation) 193
도덕적 의무(moral obligation) 192, 200, 206, 209
도덕적 행위자가 된다는 것은 의식적인 순간들을 통해서 그 사람의 여러 가지 다양한 종류의 결정들 안에 도덕적 선을 육화(肉化)시키는 끝없는 과제를 지속적으로 행하는 것이다 148
도덕적(윤리적) 상대주의(moral relativism) 79
도덕철학 7, 11, 14, 20, 61, 62, 63, 68, 80, 89, 90, 92, 110, 155, 156, 157, 158, 159, 166, 177, 185, 186, 187, 188
　도덕철학의 주제 11, 25
　도덕철학의 차원 93

『도덕철학의 기본 관념들에 대한 아홉 강의』(Neuf Lecons sur les notions premieres de la philosophie morale) 92
두 종류의 신학(two kinds of theology) 179
두려움(공포) 25, 59, 104, 105, 121

'~로서(qua)'라는 표현 방식 39, 40

마음(heart) 75, 85, 95, 113, 114, 128, 143, 168, 188, 211
명령된 행위(actus imperatus) 101, 106, 120, 121, 130, 133
목적 또는 완성으로서의 선이 경향(傾向, inclinatio) 혹은 욕구(欲求, appetitus)의 대상이다 75
목적/수단 61, 62
목적 12, 13, 14, 18, 19, 22, 25, 27, 28, 29, 30, 31, 32, 33, 34, 35, 36, 38, 39, 40, 44, 45, 46, 48, 49, 51, 52, 53, 56, 58, 61, 63, 64, 67, 68, 70, 71, 74, 75, 76, 77, 78, 80, 88, 90, 92, 95, 110, 111, 113, 114, 117, 118, 119, 120, 122, 125, 126, 131, 132, 133, 134, 135, 136, 138, 139, 148, 152, 153, 154, 155, 156, 158, 159, 161, 166, 167, 168, 186, 184, 186, 192, 207
    본성적[자연적] 목적 110, 184
    선한 목적 12, 126, 136
    악한 목적 12, 126
    초자연적[초본성적] 목적 184
목적론적(teleological) 28, 31
무류적(無謬的, infallible) 197
무슬림(moslim) 205
무신론자 88, 182
무신주의(無神主義, atheism) 209
무지 75, 100, 106, 107, 108, 172, 173, 174

방법적 의심(Methodic Doubt) 8, 9
법(법률) 33, 66, 69, 70, 77, 90, 108, 187, 201, 204, 205, 206, 207, 208, 210
법리주의(legalism) 194
법적 주의주의(legal voluntarism) 208
보편적 원리들 156, 157
보편화 가능성(universalizability)-특수화 가능성(particularizability) 157
본성(자연) 25, 29, 50, 55, 62, 66, 74, 75, 77, 80, 88, 89, 90, 91, 110, 111, 115, 116, 121, 130, 153, 169, 172, 179, 182, 184, 186

부정적 절대(absolutum negativum) 79, 92, 93
분석윤리학(analytic ethics) 200
『분석』(*Analysis*) 83
분석철학(analytic philsophy) 198, 199, 200
비-도덕적 기준(non-moral criteria) 16
비의도적인 행위(involuntary action) 99, 106, 107
비종교적 윤리학(non-christian ethics) 192

사랑(love) 54, 55, 179, 184. 200, 202, 208
사랑의 두 계명(two precepts of love) 208
사탄(악마) 109
삶 11, 19, 20, 21, 22, 23, 24, 25, 34, 46, 48, 54, 55, 56, 58, 59, 61, 77, 89, 105, 108, 111, 120, 136, 144, 145, 146, 153, 158, 180, 182, 184, 186, 188, 182, 193, 195
    도덕적 삶 55, 109, 110, 147, 146, 148, 150, 158
    인간적 삶 19, 25, 40, 41, 47, 55, 109
상-존재(So-sein) 199
상황(circumstances) 22, 30, 44, 52, 64, 66, 86, 94, 95, 96, 102, 103, 104, 105, 107, 109, 110, 114, 116, 126, 127, 130, 131, 135, 137, 138, 140, 141, 143, 145, 146, 148, 157, 158, 162, 167, 168, 173, 175, 177, 178, 186, 187, 202
선(善, bobum) 12, 13, 14, 16, 18, 23, 24, 25, 28, 29, 31, 33, 38, 39, 40, 41, 43, 44, 45, 46, 47, 48, 50, 51, 52, 53, 54, 55, 56, 58, 59, 63, 65, 66, 68, 71, 73, 74, 75, 76, 77, 78, 79, 81, 84, 92, 93, 94, 95, 109, 110, 111, 112, 113, 114, 115, 116, 119, 121, 125, 133, 134, 138, 139, 142, 143, 148, 151, 152, 153, 154, 157, 158, 166, 167, 168, 178, 184, 186, 187, 188, 192, 202, 206
「선과 악」(Good and Evil) 83
선은 모든 것이 추구하는 것이다 112
선의 근거(ratio boni) 48, 49, 53, 64
선인 만큼 선(bonum ut bonum) 157
선한 행위가 되기 위해 인간적 행위는 반드시 올바른 이성과 선으로 정향된 의지로부터 나와야 한다 151
선한 활동 134, 138, 141, 142
성공회(Anglicanism) 192, 193
성취(달성) 12, 13, 14, 44, 55, 58, 61, 93, 95, 110, 114, 117, 118, 120, 122, 125, 126, 133, 149, 152, 153, 154, 158, 182, 183, 184, 208
세련된 허무주의(chic nihilism) 90

스콜라 사상(Scholasticism) 204
시민법(civil law) 201
시카고 컵스 20, 21
신법(神法, lex divina) 206, 207, 208, 209
신앙(faith) 55, 112, 179, 180, 181,183, 192, 195, 210
신앙의 현관(praeambula fidei)과 신앙의 신비(mysterium fidei) 179, 180, 181, 183
신학(theology) 177, 178, 179, 180, 181, 191, 193, 195, 197, 198, 203, 212
『신학대전』(Summa Theologiae) 47, 61, 62, 69, 77, 144, 154, 164, 177, 206
『신학대전』에서 가장 유명한 또는 몇몇에게는 악명이 높은 부분 중 하나는 자연법에 관한 부분일 것이다 61
실재적 선(bonum verisimile)과 외양적 선(bonum apparens) 13, 28, 29, 125
실재주의적(realistic) 203
『실존주의는 휴머니즘이다』(L'existentialisme est un humanisme) 89
실존철학(existential philosophy) 193
실증법(lex positiva) 208
실증적 전달(promulgatio positiva) 205, 207, 208
실천 이성 65, **66~68**, 71, 72, 73, 91, 119, 155, 162
실천 이성의 제1원리 65, 71, 72
실천적 삼단논법 168, 187
실천적 지식 68, 91
실천적 진리 157, 183
실행의 질서(ordo executionis) 115, 119
십계명(ten commandments) 183, 208

아가페(agape) 202
아리스토텔레스와 토마스의 가장 헷갈리는 개념들 중 하나인 실천적 진리 157
악(evil) 17, 23, 24, 25, 65, 72, 73, 74, 77, 105, 108, 109, 111, 112, 115, 134, 139, 156, 206
악한 활동 137, 138, 140, 141, 142
양심(conscience) 162, 163, 164, 165, 168, 169, 170, 171, 172, 173, 174, 175, 197
    그릇된 양심(conscientia erronea) 172, 174
    상황 양심 163
    자연적 양심 163
양육(upbringing) 109, 149
양지(synderesis) 152, 156, 161, 162, 163, 164
양지는 도덕 질서의 제1원리들에 대한 습성적 지식, 다시 말해 자연법의 습성

이다 164
[양지는] 자연법의 보편적 계명들에 대한 습성적 지식이다 161
에르곤(ergon) 39, 42
여배우와 사귀려고 극장을 드나드는 남자(stagedoor johnnies) 62
영원법(lex aeterna) 69, 206, 207
영혼 44, 55, 118, 148
오류(error) 35, 45, 82, 91, 92, 165, 173, 174, 181
오직 하느님만이 인간의 의지를 충족시킬 수 있다 54
옥스퍼드와 케임브리지의 만세 84
올바른 이성 78, 143, 144, 146, 151, 156
올바른 행동 143, 144
완성 14, 18, 19, 28, 49, 53, 56, 58, 64, 65, 66, 71, 72, 75, 76, 77, 79, 115, 139, 151, 152, 156, 162, 182
완전성(완전함) 14, 29, 45, 50, 139
완전한 행복은 이 지상의 삶에서는 불가능하다 54
욕구 48, 49, 50, 52, 54, 75, 110, 115, 116, 119, 145, 151, 153, 157, 158, 165, 166, 167, 188
    분노적 욕구 153
    욕정적 욕구 153
    이성적 욕구 112, 114
우리는 삶에 대하여 오직 불완전한 통제력만을 지닌 피조물이다 24
우발적 141
우유적인 138
원리/적용(principle/application) 61, 62
유다인(Jews) 51, 205
유발된 행위(actus elicitus) 101
유비 34, 52, 56, 72, 115, 117, 122
유신론자 182
유신주의적 윤리학(theistic ethics) 194
『윤리 이론』(Ethical Theory) 196
윤리신학(moral ethics) 137, 185, 195, 198, 200, 206, 211
윤리적 외부주의(ethical extrinsicism) 208
윤리적 절대(absolutum morale) 78
윤리철학(ethical philosophy) 50, 192, 195, 197, 201
『윤리학 원리』(Principia Ethica) 81, 90
『윤리학, 또는 너 자신을 알라』(Ethica seu liber Scito te ipsum) 134

은어 8
은총(grace) 55, 70, 182, 183, 204
은총은 자연[혹은 본성] 56
의도되지 않은 20, 22, 24
의도된(지향된) 20, 22, 25, 126, 137, 161
의도성(voluntariness) 198
의도적 행위(voluntary action) 99, 100, 102, 103, 104, 105, 106, 107, 109, 112, 122, 132
의무(duty, obligation) 8, 34, 14, 169, 171, 172, 173, 192, 194, 196, 200, 201, 206, 208, 209
의지 행위(will acts) 119
의지와 무관한 행위(non-voluntary action) 99, 107
이교도(pagan) 27, 47, 179, 195
이성(理性, reason) 25, 42, 43, 44, 45, 58, 65, 72, 74, 75, 76, 77, 78, 93, 99, 115, 119, 121, 125, 126, 130, 133, 137, 136, 139, 143, 144, 150, 151, 153, 154, 156, 165, 173, 174, 179, 180, 186, 187, 192, 197, 203, 207, 210
이성에 따라 행동해야 하는 것은 모두에게 올바르고 진리이다. 이 원리로부터, 맡겨진 것은 돌려주어야 한다는 것이 고유한 결론으로 나오게 된다 93
이성적 활동 43, 44, 45, 46, 47, 55, 56, 57, 58, 76, 99
이성적(합리적) 원리(rational principle) 42, 43, 44
인간 본성(human nature) 91, 203, 207, 211
『인간 폐기』(*The Abolition of Man*) 91
인간으로서의 인간(man qua man) 37, 39, 41, 42, 43
인간은 무엇을 욕구하든 그것을 다 선의 근거에서(sub ratione boni) 욕구한다 48
인간이 행하는 것은 무엇이나 선성의 형상성에 따라 행해진다 53
인간적 선(good, human) 38, 44, 45, 47, 58, 74, 76, 77, 79, 92, 142, 166, 167, 175, 182, 186, 187, 188
인간적 행위(actus humanus) 11, 12, 14, 16, 17, 18, 19, 22, 24, 25, 27, 28, 29, 30, 32, 33, 34, 37, 38, 40, 41, 43, 44, 45, 47, 48, 53, 54, 61, 64, 69, 78, 97, 99, 100, 106, 108, 113, 114, 121, 122, 127, 128, 129, 130, 132, 136, **151~155**, 183, 186, 211
인간적 행위에 대한 비-도덕적 평가 16
인격적 덕(personal virtue) 194
인생 20, 59, 141
인식(knowledge) 33, 61, 65, 76, 78, 145, 187, 205, 209, 210
인정법(人定法, lex humana) 206, 207

입법자 33

자발적 활동 99
『자신의 삶에 대한 변명』(*Apologia pro Vita Sua*) 150
자연 56, 75, 80, 91, 110, 129, 179 → 본성(자연)
자연법 윤리학(natural law ethics) 202
자연법(lex naturalis) 61, 62, 65, **69~79**, 91, 92, 95, 152, 156, 157, 161, 164, 183, 187, 200, 202, 203, 204, 206, 207, 208, 209, 210
자연법은 하느님께서 우주를 주관하시는 영원법에 참여하는 인간 고유의 방식이다 69
자연법의 계명들에 관한 제1원리들의 습성인 양지(良知, synderesis) 156
자연법의 계명들은 궁극 목적을 향한 지침들이다 78
자연적 경향 74, 75
자연주의적 오류(Naturalistic Fallacy) 81, 82
자유 17, 89, 108, 109, 110, 111, 112, 175
작용인(作用因) 116
『전쟁과 평화』(*War and Peace*) 24
「전통과 개인적 재능」(Tradition and the Individual Talent) 8
정신 13, 35, 66, 70, 71, 102, 115, 116, 118, 120, 122, 133, 144, 151, 152, 157, 161, 164, 167, 181, 184, 191, 206
정치인 33
정치학 32
제작 29, 31, 66
존재(Is)/당위(Ought) 62, 63, 65, 80, 88, 91, 92
존재로부터 가능성을 추론하는 것은 타당하다(*ab esse ad posse valet illatio*) 179
존재자(ens)가 정신이 파악하는 첫 번째 사물인 것처럼, 선은 정신이 특정 작용에 방향을 부여하는 정신의 실천적 기능에서 첫 번째로 파악하는 것이다 71
종교(religion) 24, 110, 150, 183, 192, 194, 195, 196, 197, 198, 202, 212
종별화 114, 132, 133, 138
종별화의 질서(ordo specificationis) 125
죄책감 25
    도덕적 죄책감 25
    실존적 죄책감 25
주된 기예 31
중립적인 활동 127
지복직관(Beatific Vision) 55, 182, 207

지성적 덕들은 잘 행동하기 위한 역량을 선사하는 데 반해, 도덕적 덕은 선한 사
  용도 보장한다 153
지시(규정)(prescription)와 서술(묘사)(description) 83
지향의 질서(ordo intentionis) 114, 119
질료형상설(hylemorphism) 192

참사랑(caritas) 184, 202
참인 만큼 선(bonum ut verum) 157
창조된 그 어떤 선도 인간의 궁극 목적이 될 수 없다 54
창조된 질서에서 발생하는 그 어떤 사선도 하느님의 섭리를 벗어날 수는 없다 54
책임이 있는(accountable) 23, 25
철학과 신학 177, 180
철학은 신학의 시녀(ancilla theologiae) 181
철학은 자연적으로 알려진 진리들로부터 출발해서, 그것들을 넘어가려고 노력
  한다 9
철학적 윤리학(philosophical ethics) 191, 192, 193, 195, 210, 211, 212
철학적 자명성(philosophical evidence) 197
초월적 토미즘(Transcendental Thomism) 199
초자연적인 것(the supernatural) 204

'**카**르페 디엠(Carpe diem, 그날을 붙잡으라)' 166
케이시 판결(Casey Decision) 90

토마스 아퀴나스가 도덕철학을 수행했던 방식의 개요 7
토마스는 '철학자들의 신학'과 '그리스도인들의 신학'이라는 두 종류의 신학을
  구별할 필요를 느낀다 179
토마스는 인간의 궁극적 운명이 지복직관(至福直觀)에서 하느님과 사랑의 일치
  를 이루는 데 있다고 본다 55
토마스는 철학을 하였지 '토미스트 철학'을 한 것이 아니다 7
토마스와 아리스토텔레스는 실재적 선(bonum verisimile)과 외양적 선(bonum
  apparens)을 구별한다 13
토미스트 윤리학의 개요 10

판단 15, 61, 64, 68, 70, 73, 74, 76, 78, 79, 82, 85, 87, 91, 92, 138, 140, 151, 154,
  156, 157, 158, 159, 161, 165, 167, 168, 169, 170, 171, 172, 173, 193, 198, 200,
  201, 206

도덕적 판단 68, 87, 88, 129, 170, 200, 211
　　　양심의 판단 165
　　　자유 선택의 판단 165, 168
평가 12, 15, 16, 18, 19, 20, 40, 59, 84, 85, 110, 133, 154, 161, 169, 193, 194
　　　도덕적 평가 14, 15, 16, 17, 19, 119, 125, 128, 129, 141
　　　비-도덕적 평가 16
　　　인지적 평가 168
　　　이성적 평가 133, 138, 145
평등(equality) 205
포르피리우스 나무(Porphyrean Tree) 31
폭력(violence) 100, 101, 102
피퍼는 양지를 '자연적 양심'이라 부르고, 현명을 '상황 양심'이라고 부른다 163

하느님의 뜻(divine will) 197, 201
하느님의 섭리 24
하느님의 존재(God's existence) 196, 197, 209
학교[스콜라] 윤리학(school ethics) 201
학술적 윤리학(academic ethics) 197, 198, 202
행동-사랑주의(act-agapism) 202
행동-윤리학(act-ethics) 201, 202
행복(*eudaimonia*) 33, 39, 44, 45, 46, 47, 53, 54, 111, 182, 184, 208
　　　불완전한 행복 182, 184
　　　완전한 행복 55, 54, 116, 182
행운 22, 107
'행위(actio)'와 '제작(factio)' 66
행위의 대상 132, 133
행위의 종류 31, 51, 132, 136, 138, 171
행위자(agens) 12, 14, 6, 17, 19, 22, 23, 24, 28, 29, 30, 39, 40, 49, 50, 52, 53, 57, 59, 61, 62, 71, 74, 76, 78, 93, 96, 100, 107, 108, 111, 125, 130, 133, 142, 143, 144, 148, 153, 166, 168, 169, 171, 172, 173, 174, 184, 186, 187, 188, 207
현명(prudentia, phronesis) 29, 61, 79, 95, 103, 151, 152, 153, **155~159**, 161, 162, 163, 164, 167, 168, 201
현명은 '행할 수 있는 것들(agibilia)'에 대한 올바른 이성이다 156
현상학(Phenomenology) 153, 192, 199
현상학적 방법(phenomenological method) 199
현상학적 윤리학(phenomenological ethics) 202

현존재(Da-sein) 199
형법(criminal law) 201
형상인(形相因) 115
형용사 83, 107, 205
    서술적 용법으로 쓰인 형용사 83, 84
    한정적 용법으로 쓰인 형용사 83, 84
회심(conversion, 회개) 146, 150

| 역자후기 |

이 책은 노트르담대학 철학과에서 평생(1955-2009)을 봉직한 랄프 매키너니(Ralph McInerny, 1929-2018)가 1982년에 간행하고 1997년에 개정판을 낸 『토미스트 윤리학: 토마스 아퀴나스의 윤리철학』(*Ethica Thomistica: The Moral Philosophy of Thomas Aquinas*, Washington, The Catholic University of America Press)을 번역한 것이다. 원제는 조금 길고 중첩된 느낌을 지울 길 없어, 단순화하기로 작정하고 부제(副題)를 제목으로 삼았다.

비록 모두 소책자들이기는 하지만, 국내에 소개되는 저자의 세 번째 작품이다. 공교롭게도 간행된 순서는 역순이다.

첫 번째로 소개된 작품은 역자의 졸역으로 가톨릭출판사에서 2000년에 간행한 『제2차 바티칸 공의회 이후 현대 가톨릭의 위기 진단』(*What Went Wrong with Vatican II: The Catholic Crisis Explained*, Manchester, Sophia Institute Press, 1998)이다. 이 책의 핵심 주제는 인간 생명을 둘러싼 윤리적 쟁점들로, 당초 공의회 의제로 계획되었지만, 너무 민감하고 위험한 주제라 따로 떼어내어 별도의 연구위원회로 하여금 연구를 계속하게 한 다음, 1968년에 교황 바오로 6세가 『인간의 생명』(*Humanae Vitae*)이라는 회칙으로 발표하게 되었다. 본서는 이 회칙에 대해 그 위원회에 참여했던 신학자들을 포함하여 전 세계 저명한 윤리신학자들이 '제2차 바티칸 공의회'의 이름을 걸고 끈질기게 저항하며 반대 성명과 기고문들을 발표함으로써 이후 30년 이상 동안 교회의 성직자들과 평신도들을 혼란으로 몰아가게 된 핵심 논지들을 날카롭게 파헤쳐 밝히고 있는 대단히 중요한 작품이다.

두 번째 작품은 저자가 워싱턴에 있는 교황 요한 바오로 2세 연구소의 초청으로 1990년 네 차례에 걸쳐 행한 '맥기브니 강연(McGiveney Lecture)'을 정리하여 간행한 것을 대구가톨릭대학 토미스트 윤리학자인 김율 교수가 누멘출판사를 통해 2017년에 간행한 『그리스도교 윤리학: 윤리신학과 철학적 윤리학의 성찰적 대화』(The Question of Christian Ethics, Washington, Catholic University of America Press, 1993)로서, 본서의 마지막 장에서 다루는 윤리철학과 윤리신학의 관계 정립을 확장적이고 체계적으로 다루고 있다.

세 작품 가운데 가장 먼저 쓰인 본서에서는 성 토마스의 윤리학, 특히 『신학대전』 제2부 가운데서도 그 합리적 토대를 다지는 제2부 제1편(Ia IIae) 전체를 개관하고 있다. 그러나 본서에 대한 언급은, 매키너니의 연구 전체의 성격과 특히 주의를 기울이는 관심 분야를 간략하게 살펴본 연후에 돌아오는 것이 좋을 것으로 보인다.

캐나다 퀘벡에 있는 라발(Laval)대학에서 『쇠렌 키에르케고르의 실존적 변증법』(The Existential Dialectic of Soren Kierkegaard)이라는 제목으로 박사학위를 취득한 이래, 미국과 캐나다를 중심으로 반세기 넘게 이어진 매키너니의 지칠 줄 모르는 연구는 아퀴나스의 사상에 대한 열정적이고 재치 넘치는 옹호에 집중되었다. 그는 토마스 아퀴나스의 『신학대전』과 다른 작품들을 통해서 자신이 깨달을 수 있었던 통찰들을, 지혜를 추구하는 모든 이가 함께 맛볼 수 있기를 열망한다. 그는 토마스의 철학적 통찰들을 아리스토텔레스의 사상으로부터 분리하려 들지 않는다. 그래서 동료들은 그의 입장을

"아리스토텔레스적 토미즘(Aristotelian Thomism)"이라 부른다. 본서의 제3장에서도 잘 드러나듯이, 그는 아리스토텔레스-토마스 노선의 실재주의(Realism)에 반대하는 반(反)실재주의를 논박하는 열쇠가 자연 또는 본성(natura)에 있다고 보기 때문에, '자연적 원리들의 복원'을 현대인에게 절실한 철학적 과제로 이해하고 있다.

매키너니가 성 토마스의 사상 가운데에서 관심을 집중하는 주제는 두 가지라고 할 수 있을 것이다. 하나는 1961년부터 1999년에 이르기까지 40년에 걸쳐 꾸준히 이어오며 저자 자신이 서너 권의 단행본 제목에서도 드러내고 있는 '유비(類比, analogia)'에 관한 연구이고, 다른 하나는 어쩌면 유비보다 더 한결같이 지속된 '토마스의 윤리학(ethica)'에 관한 연구이다.

먼저 유비에 관해서 한마디 하자면, 매키너니의 관심은 『유비의 논리학: 성 토마스 해석』(*The Logic of Analogy: An Interpretation of St. Thomas*)을 출간한 1961년부터 『유비 연구』(*Studies in Analogy*)를 출간한 1968년과 『존재자와 서술』(*Being ans Predication*)을 출간한 1986년을 거쳐 『아퀴나스와 유비』(*Aquinas and Analogy*)를 출간한 1999년까지 꾸준히 이어진다. 거의 40년에 걸친 연구이다. 유비 개념은 어쩌면 아리스토텔레스의 학문 개념에 입각해서 신학을 체계적으로 정립하려는 그의 기획 전체의 중심을 차지한다 해도 과언이 아니다. 40년 가까이 이어진 일관된 그의 연구의 목적은 아퀴나스가 언어의 논리적이고 어의학적인 구조를 능숙하게 분석함으로써 그 유비적 구조를 밝혔다는 점을 입증하려는 것이다. 그는 지치지 않고 아퀴나스 사상의 기저를 이루는 유비 이론이 '논리적(logical)' 가르침이라는 것을 강조한다. 하지만 언어에 대한 유비적 사용에 주목하는 것이 형이상학적 성과가 아니라는 것을 말하려는 것이 아니다. 다만 언어에 대한 사전의 신중한 주의 없이 형이상학적 단언으로 성급하게 움직이는 것은 불가피하게 "형이상학적 탐구에 고유한 양식은 논리적"이라는 아퀴나스의 경고를 간과하게 될 것이고, 그렇게 되면 원치 않는 상상으로 끝나리라는 것이다. 그래서 그의 독특한 유비 이론은 많은 이들의 검토 대상이 되었다.*

본서의 중심 주제는 성 토마스의 윤리철학 또는 철학적 윤리학으로서, 성인의 방대한 걸작 『신학대전』의 절반 이상을 차지하는 제2부, 그 가운데서도 특히 인간적 행위의 합리적 토대를 정초하고 있는 제1편에 집중된다. "머리말"에서 강조하듯이 저자는 이 소책자를 통해 '성 토마스가 윤리철학을 수행한 방식'을 개관하고자 했고, 그런 의도로 집필된 이 책이 모든 이가 알고 있는 방식과 일치하지 않는다면 그것은 성 토마스의 실재주의적 윤리철학을 소개하는 데 실패했다는 증좌이기 때문에, '이 책을 불태워 버리라'고 자신 있는 어조로 선언한다.

저자는 먼저 제1장에서 윤리적이고 인간적인 행위들의 의미와 구조에 관해 짧게 검토한 다음에, 제2장에서는 아리스토텔레스와 성 토마스에 따른 '인간을 위한 선'이 무엇인지를 검토하는 가운데, 인간의 궁극 목적으로서의 '최고선(summum bonum)'의 역할을 강조한다. 제3장은 본래 노트르담대학 법학과에서 가졌던 강연을 다듬은 것으로서, 초판에서는 그리세즈(Griesez)-핀니스(Finnis)의 입장에 대한 신랄한 비판이 담겨 있었다. 그들의 입장은 실재(is)에

---

* Cf. David B. Burrell, CSC, "From Analogy of 'Being' to the Analogy of Being", in John P. O'Callaghan & Thomas S. Hibbs(eds.), *Recovering Nature: Essays in Natural Philosophy, Ethics and Metaphysics in Honor of Ralph McInerny*, Notre Dame(IN), University of Notre Dame Press, 1999, pp.253-266; Battista Mondin, CMS, *La metafisica di S. Tommaso d'Aquino e i suoi interpreti*, Bologna, Edizioni Studio Domenicano, 2002, pp.137-142; Lawrence Dewan, OP, "St. Thomas and Analogy: The Logician and the Metaphysician", in R. D. Houser(ed.), *Laudemus viros gloriosos: Essays in Honor of Armand Maurer, CSB*, Notre Dame(IN), University of Notre Dame Press, 2007, pp.132-145.

서 당위(ought)로, 사실(fact)에서 가치(value)로 넘어갈 수 없다는 흄(Hume)의 관념을 수용하는 것이다. 그들은 윤리적 사고에 대한 그 어떤 형이상학적 정초도 배격한다. 그들은 자연법의 초기 원리들은 도덕 이전이라 단정하고, 윤리적 추론을 위해서는 어떤 다른 것이 요구된다고 주장하며, 인류에게는 모두 동등하여 위계질서화될 수 없는 몇 가지 기본적 선이 있다는 반론 등을 내세운다. 이 모든 관점들 하나하나에 대해 매키너니는 날카로운 비판을 가했다. 하지만 개정판에서는 구체적인 쟁점들을 최대한 누락시키고, 그 논쟁의 어조를 최대한 누그러뜨려 일반화시켰다. 제4장부터 제7장까지는 의도적 활동, 도덕적 선과 악, 덕망 있는 성격과 도덕적 판단, 현명과 양심의 역할에 관한 아퀴나스의 가르침을 다룬다.

마지막 제8장에서는 아퀴나스가 윤리철학을 어떻게 하느님의 계시에 기초하고 있는 윤리신학으로부터 구별하는지 그 관계를 정립하고 있다. 여기서 짧게 다룬 윤리철학과 윤리신학 사이의 관계 정립 문제는, 저자가 1990년 '맥기브니 강연'을 통해 체계적으로 확장시켜 다시 다루었다. 바로 앞에서 소개한, 대구가톨릭대학 김율 교수의 유려한 번역으로 우리가 읽을 수 있게 된 『그리스도교 윤리학』이다. 그런데 마리탱과 질송 같은 현대 토미즘의 거장들이 부정적인 결론을 제시할 정도로, 토미스트들 가운데서도 의견이 분분하고 까다로운 바로 이 주제, 곧 '윤리철학의 독자적 성립 가능성' 문제는 너무도 중요하기 때문에, 나는 저자보다 한 세대 선배라 할 수 있는 버논 부르크의 「계시 없는 윤리철학?」(Vernon Bourke, "Moral Philosophy Without Revelation?", *The Thomist* 40[1976], 555-570)이라는 간결한 논문 한 편을 선택하여 "부록"으로 추가하였다. 관심 있는 독자들이 이 주제를 탐색하는 여정에 도움이 되었으면 좋겠다.

이 소책자는 분량이 얼마 되지 않는데도, 공역(共譯)으로 내게 되었다. 두꺼운 책이라면 혹시 모를까, 얇은 소책자를 공역하는 경우는 흔치 않기 때문에, 당연히 고개를 갸우뚱하는 독자가 있으리라 믿는다. 해서 다소 구차스럽지만, 경위를 밝힌다. 사실 이 책이 간결한 토미스트 윤리학 교재로 유럽과 북미주에서 오늘날까지도 널리 애용되고 있다는 것을 익히 알고 있기 때문에, 분량도 적절한 이 책을 '토미즘소책' 시리즈로 출간해야겠다고 생각하고, 일찌감치 저작권 협약도 마치고(2020년 9월), 또 연구의 필요 때문에 이 책의 한 장(인간적 행위의 도덕성을 다루는 제5장)을 미리 번역해 놓기도 했다. 하지만 다른 우선적인 과제들 때문에 차일피일 밀려 한두 해가 속절없이 흘러가던 지지난 해에, 마침 로마에서 윤리신학 박사학위를 마치고 특이하게도 주교님의 명에 따라 다시 심리학 석사과정을 이수하는 중에 휴가차 잠시 귀국한 제자 김성수 신부가 들른 김에, 사정 이야기를 하여 공동번역을 하기로 하고 반쯤 분량의 번역을 맡기게 되었다. 제자가 쑥쑥 자기 몫을 다하는 동안 스승은 여전히 다른 과제에 쫓겨 결과적으로는 면목 없게도 나머지 부분마저 거의 다 제자가 번역을 한 셈이 되었다. 제자의 마지막 초고를 받은 것이 2021년 12월! 그러고도 거의 2년 세월이 훌쩍 흘렀으니, 제자에게도 미안해서, 지난 두 달 동안 집중적으로 번역 초고와 원문을 대조하며 꼼꼼히 살피면서, 애매한 부분들의 번역을 명료하게 바로잡고, 적지 않은 용어를 통용되는 토미즘의 용어로 바꾸어, 이제야 탈고를 하게 되었다.

원서에는 색인도 없고, 참고문헌은 본질적인 최소로 제시되었지만, 이미 초판으로부터 40년의 간격이 있다는 점과 주제의 중요성을 고려하고 독자의 편의를 도모하기 위해, 앞에서도 언급한 것처럼 부르크의 논문 한 편을 번역하여 "부록"으로 첨가하였고, 얼마간의 참고문헌을 추가하였으며, 색인은 부록까지 포함하여 가급적 상세하게 달았다.

나는 1993년 학위를 마치고 귀국하자마자 출간하게 된 『신학대전 요약』을 시작으로 이제까지 예닐곱 권의 두툼한 작품을 공동 작업을 통해 출간한 경험이 있지만, 이번에 제자와 함께 출간하는 작업에서는 다른 때와 다른 신선한 느낌을 받았다. 학생 때부터 눈여겨 지켜본 제자가 어느새 훌쩍 성장해 박사학위를 취득하고 스승을, 대등한 위치에서 돕게 되었다는 것이 참으로 신기했다. 특히 번역의 문체와 사용하는 용어들이 상당 부분 내가 사용하고 있는 것과 흡사하고 이질감이 적은 것에 놀랐다. 지난여름 다시 방문한 기회에 이런 느낌을 제자에게 전하며 '어떻게 이게 가능하지?'라고 말했더니, '신부님의 강의를 들은 제자니까요!'라고 답하였다. 비록 소책자이지만, 이번 공동 작업이 마음에 두고 두고 여운을 남긴다.

이런 과정을 거쳐 탄생한 이 작은 역서가 스콜라학의 종합적 완성자의 방대한 윤리 체계의 철학적 토대를 이해하는 데 조금이라도 도움이 될 수 있기를 희망한다. 원저는 '매우 명료하게 쓰여 일반 윤리학의 짧은 강좌 교재로 쓰이기에 매우 적합하다'는 평을 들었다. 혹시라도 이 번역서가 어딘지 부족하다고 느끼는 독자가 있다면, 지난봄에 졸역으로 출간한 세르베 핑케어스의 2009년도 (생애 마지막) 작품 『정념과 덕』을 함께 읽는다면, 서로서로 보완이 될 수 있으리라 믿는다.

2023년 10월 28일 사도 시몬과 유다 축일에
횡성 정금산(鼎金山) 자락에서, 이재룡 신부